领导干部应知应会党内法规和国家法

总主编 付子堂 林 维

国家安全法

释义与适用

主 编 周尚君

副主编 罗亚文 倪春乐 郑善光

撰稿人（以姓氏笔画为序）

马晨凯 王昭袭 王 瑶 冯瑛琦

刘亚奇 李春光 李鑫文 何 花

张学文 陈云志 武旭强 罗有成

罗 璇 赵佳慧 高旭星 谢林杉

魏 杰

中国人民大学出版社

· 北京 ·

总 序

两千多年前，亚圣孟子就曾提出“徒善不足以为政，徒法不能以自行”[①]。在全面落实依法治国基本方略、加快推进法治中国建设进程中，领导干部肩负着重要责任，是社会主义法治建设的重要组织者、推动者、实践者，是全面依法治国的关键，在很大程度上决定着全面依法治国的方向、道路、进度。习近平总书记强调：“各级领导干部要坚决贯彻落实党中央关于全面依法治国的重大决策部署，带头尊崇法治、敬畏法律，了解法律、掌握法律，不断提高运用法治思维和法治方式深化改革、推动发展、化解矛盾、维护稳定、应对风险的能力，做尊法学法守法用法的模范。”[②] 2023年，中共中央办公厅、国务院办公厅印发了《关于建立领导干部应知应会党内法规和国家法律清单制度的意见》，并发出通知，要求各地区各部门结合实际认真贯彻落实。领导干部应知应会党内法规和国家法律清单制度对于推动领导干部带头尊规学规守规用规、带头尊法学法守法用法具有重要作用。

为更好地学习贯彻习近平法治思想，增强领导干部的法治观念，提升领导干部的法治思维能力，抓住领导干部这个“关键少数”，西南政法大学组织编写了这套“领导干部应知应会党内法规和国家法律丛书”，旨在依托西南政法大学优秀的法学师资队伍汇编、解读相关法律法规，引导领导干部把

---

① 孟子·离娄上.

② 习近平谈治国理政：第4卷.北京：外文出版社，2022：298.

握应知应会法律法规的核心要义以及依法行政的工作要求，深刻理解习近平法治思想的丰富内涵，带头做习近平法治思想的坚定信仰者、积极传播者、模范实践者。

本套丛书精准把握文件要求，在编写过程中坚持抓住关键、突出重点，充分考虑领导干部的实际工作需要和学习效果，精选与领导干部履职密切相关的重点条文进行讲解、导学，致力于提升领导干部学习的精准性、科学性、实效性，进而推动领导干部学法用法常态化、规范化，增强领导干部学法用法的示范效应。为提升学习效果，本套丛书中的每本在各章正文前设“导学”版块，重点介绍该章涉及的相关法律法规的立法背景、主要意义，概述相应法律法规与领导干部履职的关系，提示领导干部应关注的重点内容。正文部分采取“条文解读 + 案例引入”的形式，通过专家解读和真实案例介绍的方式，增强内容的可读性和专业性。

西南政法大学是新中国最早建立的高等政法学府，办学七十余年来，为国家培养了各级各类人才达三十余万，是全国培养法治人才最多的高校，同时也是法学专业招生规模最大的高校，在法学教育、法治人才培养等方面有着丰富的经验和深厚的积淀。西南政法大学以“政”字挂帅，用党的创新理论凝心铸魂；以“法”字当头，抓好习近平法治思想研究阐释、教育引导和宣传宣讲，创新构建中国自主的法学学科体系、学术体系、话语体系；同时继续发挥特色优势，争创一流水平，更好服务国家重大战略，努力为经济社会高质量发展提供人才支撑、法治保障和智力支持。本套丛书由西南政法大学十余位资深专家学者领衔主编，融汇西南政法大学七十余年的法学教学、科研积淀于一体。期待本套丛书能够对领导干部带头尊规学规守规用规、带头尊法学法守法用法发挥积极作用，期待本套丛书能够为推动全面依法治国提供助力和保障。

是为序。

付子堂　林　维

2024 年 6 月

目　录

第一章　总　则

导　学

总则是国家安全法的核心，整部国家安全法都围绕总则有序展开。总则共 14 条，涵括了立法宗旨、国家安全内涵、贯彻总体国家安全观的指导思想、国家安全的领导体制、国家安全战略、维护国家安全应遵循的原则以及设立全民国家安全教育日等内容。

总则的重点内容是：（1）第 2 条规定了我国国家安全的内涵，明确指出国家安全一方面在于国家处于安全状态，另一方面在于国家是否有能力维护这种安全状态。这成为本法的理论基础。（2）第 3 条规定了总体国家安全观是国家安全工作的指导思想。总体国家安全观的关键是"总体"，强调系统安全理念，涵盖政治、经济、文化、社会等诸多领域。第二章以总体国家安全观为依据，以此在维护国家安全的各个领域具体任务上进行明确。（3）第 4 条规定了国家安全工作的领导体制，坚持中国共产党对国家安全工作的绝对领导，建立集中统一、高效权威的国家安全领导体制。（4）第 5 条进一步规定了中央国家安全领导机构的职责权力。第三章与总则中的第 4 条和第 5 条相呼应，明确在中国共产党领导下，在中央国家安全领导机构具体负责下，维护国家安全的职责划分。（5）第 7 条、第 8 条、第 9 条、第 10 条规定了维护国家安全应当坚持的法治原则，尊重和保障人权原则，统筹兼顾原则，预防为主、标本兼治原则，专群结合原则和共同安全原则。以这些原则为指引，第四章规定了在中央国家安全领导机构的统一组织协调下，应当建立健全的维护国家安全的各种制度；第五章规定了维护国家安全的各种保障措施。因此，总则在本法中起到统领各章的作用。

第一条　为了维护国家安全，保卫人民民主专政的政权和中国特色社会主义制度，保护人民的根本利益，保障改革开放和社会主义现代化建设的顺利进行，实现中华民族伟大复兴，根据宪法，制定本法。

条文解读

本条是关于立法目的和立法依据的规定。

一、本法的立法目的

1. 维护国家安全

国家安全伴随国家的产生而产生，它既是一个主权国家的首要问题，又表征着一种国家秩序正常、稳定的状态。通过维护我国国家安全，能够保障中国特色社会主义建设事业顺利进行、保障国家长治久安和中华民族伟大复兴得以实行。党和国家历来重视维护国家安全工作，始终把维护国家安全作为党和国家的一项基础性工作来抓。本法的出台，是贯彻落实总体国家安全观的必然选择，更是适应我国国家安全面临新形势、新任务的现实需要。

2. 保卫人民民主专政的政权和中国特色社会主义制度

维护国家安全首要的是保卫人民民主专政的政权和中国特色社会主义制度。习近平总书记在中央国家安全委员会第一次会议上的讲话中强调，我们党要巩固执政地位，要团结带领人民坚持和发展中国特色社会主义，保证国家安全是头等大事。[①] 本法全面贯彻落实总体国家安全观，以人民安全为宗旨，以政治安全为根本，为保卫人民民主专政的政权和中国特色社会主义制度提供坚实的法治保障。

---

① 习近平．在中央国家安全委员会第一次会议上的讲话（2014 年 4 月 15 日）// 中共中央党史和文献研究院编．习近平关于总体国家安全观论述摘编．北京：中央文献出版社，2018：3.

3. 保护人民的根本利益

国家安全工作归根结底是保障人民利益，要坚持国家安全一切为了人民、一切依靠人民，真正夯实国家安全的社会基础。本法贯彻以人民为中心的法治理念，开篇便规定立法宗旨为保护人民的根本利益；在第 7 条基本原则中明确了“尊重和保障人权，依法保护公民的合法权利和自由”的内容；在第二章明确了“保卫人民安全”是我国国家安全的一部分，并作为兜底条款加以明确；第四章规定采取国家安全管控措施时“应当选择有利于最大程度保护公民、组织权益的措施”；第六章还规定了公民和组织维护国家安全的各项权利。

4. 保障改革开放和社会主义现代化

只有国家安全和社会稳定，改革发展才能不断推进。《中共中央关于全面深化改革若干重大问题的决定》提出，国家安全和社会稳定是改革发展的前提。面对波谲云诡的国际形势、复杂敏感的周边环境、艰巨繁重的改革发展稳定任务，需统筹发展和安全两件大事，完善国家安全体系，强化国家安全方面的法律保护，增强防范和应对安全风险的能力，使广大人民群众在改革开放和社会主义现代化建设中享受更多安全感与获得感。

5. 实现中华民族伟大复兴

习近平总书记在首个全民国家安全教育日之际作出的指示中强调：国泰民安是人民群众最基本、最普遍的愿望。实现中华民族伟大复兴的中国梦，保证人民安居乐业，国家安全是头等大事。① 以总体国家安全观为指导，全面实施国家安全法，加快国家安全法治建设，坚定维护我国国家主权、安全、发展利益，对于实现中华民族伟大复兴具有重要意义。

二、“根据宪法，制定本法”说明了本法的法律渊源

《宪法》第 1 条第 1 款规定：“中华人民共和国是工人阶级领导的、以工农联盟为基础的人民民主专政的社会主义国家。”第 2 条第 1 款规定：“中华

---

① 习近平．在首个全民国家安全教育日之际作出的指示（2016 年 4 月 10 日）// 中共中央党史和文献研究院编．习近平关于总体国家安全观论述摘编．北京：中央文献出版社，2018：10-11.

人民共和国的一切权力属于人民。”第28条规定：“国家维护社会秩序，镇压叛国和其他危害国家安全的犯罪活动。”第53条规定：“中华人民共和国公民必须遵守宪法和法律，保守国家秘密。”第54条规定：“中华人民共和国公民有维护祖国的安全、荣誉和利益的义务，不得有危害祖国的安全、荣誉和利益的行为。”这些规定共同构成了本法的宪法基础。

案例分析

案例

田某长期收听境外反华媒体广播节目，经常浏览境外大量有害政治信息，逐渐形成了反动思想。进入大学后，田某经境外反华媒体记者引荐，成为某西方知名媒体北京分社实习记者，并接受多个境外反华敌对媒体邀请担任驻京记者。在此期间，田某大量接收活动经费，介入炒作多起热点敏感事件，累计向境外提供反华宣传素材3 000余份，刊发署名文章500余篇。在境外反华势力蛊惑教唆下，田某于2018年创办了一个境外反动网站，大肆传播各类反动信息和政治谣言，对我国进行恶毒攻击。2019年4月，田某受境外反华媒体人邀请秘密赴西方某国，同境外20余个敌对组织接触，同时接受该国10余名官员直接问询和具体指令，秘密搜集提供污蔑抹黑我国的所谓“证据”。国家安全机关通过严密侦查，于2019年6月依法将田某抓捕归案。2020年11月，法院对此案进行非公开审理。[①]

分析

本案中，田某与境外反华组织接触开展的一系列渗透活动，受教唆创办的境外反动网站，严重危害我国政治安全。国家安全机关依据《国家安全法》，全力侦破了这一起煽动颠覆国家政权案，及时斩断境外反华敌对势力的犯罪触手，从而保卫了人民民主专政的政权和中国特色社会主义制度，保护了人民的根本利益。

关联法规

《宪法》第1、2、28、53、54条，《刑法》第102、103、104、105、

---

① 人民论坛网．国家安全机关披露：境外反华敌对势力拉拢内地学生内幕．[2023-11-22]. https://baijiahao.baidu.com/s?id=1697100882595246704&wfr=spider&for=pc.

106、107、108、109、110、111、112、113 条,《香港特别行政区维护国家安全法》第 1 条,《密码法》第 1 条,《保守国家秘密法》第 1 条,《反外国制裁法》第 1 条,《反间谍法》第 1 条,《陆地国界法》第 1 条,《反恐怖主义法》第 1 条,《反分裂国家法》第 1 条。

习近平法治思想指引

我们党要巩固执政地位，要团结带领人民坚持和发展中国特色社会主义，保证国家安全是头等大事。

——习近平总书记在中央国家安全委员会第一次会议上的讲话（2014 年 4 月 15 日）

第二条 国家安全是指国家政权、主权、统一和领土完整、人民福祉、经济社会可持续发展和国家其他重大利益相对处于没有危险和不受内外威胁的状态，以及保障持续安全状态的能力。

条文解读

本条是关于国家安全内涵的规定。

从词汇构成来看，国家安全由“国家”和“安全”组成。如果仅从词汇的角度来看，我国古代已经出现了“国家安全”的表述。例如，日本保存的最古老的印刷字体号标准手册上，印有六种不同字号“明朝体”的“天下泰安，国家安全”。即便这一词汇源自日本的特殊转借，但是其基本内涵仍然属于汉语的范畴。从中国传统的角度来看，“国家安全”的含义相当于国民熟悉的“国泰民安”一词。

国家安全的核心词汇是“安全”。在汉语中，“安全”由“安”和“全”组成。《现代汉语词典》对“安”的第四个释义是“平安；安全（跟‘危’相对）”，并举“转危为安”作为例子。“安全”的解释是“没有危险；平安”，如《易林·小畜之无妄》载：“道里夷易，安全无恙。”“全”主要是指“保护，保全”。在本条语境中，安全是相对的而不是绝对的，安全不是一个状态而是一个过程。

本条对“国家安全”的定义充分整合了国家利益、国家的内外环境、国际政治等理论视角，明确指出国家核心利益和重大利益是维护国家安全的核心，国家安全不仅以国家的安全状况为内涵，还以是否能保障国家安全为内涵。

具体来看，可以从以下三个方面来理解其内涵：

第一，国家安全主要维护的是国家重大利益。这些重大利益既包括国家政权、主权、统一和领土完整等政治层面的利益，也包括人民福祉、经济社会可持续发展和其他方面的利益。这意味着，国家安全的核心内容应当是具有根本性、决定性和全局性的国家重大利益。

第二，国家安全的对立面是危险和内外威胁。国家安全最根本的任务是消除各种危险和内外威胁。但是，来自各方面的隐患、风险和威胁往往是一种客观存在，难以被完全消除，因此，国家安全是一种相对安全，维护国家安全也是一个长期的过程。

第三，兼顾主观和客观方面。国家安全既是一种客观状态，同时也与主观认知密切相关。从国家治理体系和治理能力现代化的角度来看，国家安全属于国家治理能力的重要组成部分，而保障国家处于持续安全的能力，则是国家治理能力的重要体现。因此，本条将国家安全的主观能力纳入国家安全的内涵。相应的，本法第五章专门规定了"国家安全保障"，就加强国家安全能力建设提出具体要求，注重国家安全观的建构和完善。

事例分析

事例

2020 年 6 月 23 日 9 时 43 分，我国在西昌卫星发射中心通过长征三号乙运载火箭成功发射北斗系统第五十五颗导航卫星，暨北斗三号最后一颗全球组网卫星，至此，北斗三号全球卫星导航系统星座部署比原有计划提前半年全面完成。我国北斗卫星导航系统在全球四大导航系统中起步虽晚，但随持续性科研攻关，实现"后来者居上"。北斗三号全球卫星导航系统包含 30 颗卫星，致力于提供导航定位授时服务，全球短报文通信、国际搜救等服务，可应用于交通运输、农林渔业、减灾救灾等各大领域。[①]

① 北斗三号最后一颗全球组网卫星发射成功 北斗全球系统星座部署完成 . [2023-11-28].https://baijiahao.baidu.com/s?id=1670334082079038765&wfr=spider&for=pc.

分析

在数字时代，信息已然成为国家间相互渗透乃至开展利益制衡、战略博弈的重要砝码。信息安全的重要性日益凸显，并对国家安全构成威胁。卫星导航系统关系我国现代化建设的核心部门与关键性产业，成为我国数据安全领域的“咽喉”，具有极其重要的战略价值。北斗卫星导航系统的研发，既能够保障我国信号通信与信息安全持续稳定运行，维持不受外部干扰或威胁的良好运行状态。也是保障国家处于持续信息安全的能力的重要体现，必将为我国信息安全构建“防火墙”与“保护罩”。

关联法规

《国家安全法》第二章、第五章有关条文。

习近平法治思想指引

当前我国国家安全内涵和外延比历史上任何时候都要丰富，时空领域比历史上任何时候都要宽广，内外因素比历史上任何时候都要复杂，必须坚持总体国家安全观，以人民安全为宗旨，以政治安全为根本，以经济安全为基础，以军事、文化、社会安全为保障，以促进国际安全为依托，走出一条中国特色国家安全道路。

——习近平总书记在中央国家安全委员会第一次会议上的讲话

（2014 年 4 月 15 日）

第三条　国家安全工作应当坚持总体国家安全观，以人民安全为宗旨，以政治安全为根本，以经济安全为基础，以军事、文化、社会安全为保障，以促进国际安全为依托，维护各领域国家安全，构建国家安全体系，走中国特色国家安全道路。

条文解读

本条是关于国家安全工作指导思想的规定。

“国家安全观”是有关国家安全及其相关问题的观念、认知和战略判断的总和。从世界范围来看，国家安全观的建构和发展，呈现出日益综合和多元的趋势。与此同时，我国对国家安全的认识也不断演进和拓展：新中国成立初期，强调维护政权和军事安全；改革开放时期，重点是维护经济安全；进入 21 世纪，倡导以“互信、互利、平等、协作”为核心的新安全观；进入新时代，提出以人民安全为宗旨的总体国家安全观。

党的十八大以来，以习近平同志为核心的党中央准确把握新时代国家安全工作面临的内外形势，创造性地提出了“总体国家安全观”这一重大理论成果。[①] 2014 年 4 月，习近平总书记在中央国家安全委员会第一次会议上首次指出，要准确把握国家安全形势变化新特点新趋势，坚持总体国家安全观，走出一条中国特色国家安全道路。[②] 由此，“总体国家安全观”被正式提出，并被确立为我国国家安全工作的指导思想。

关于总体国家安全观，理解的重点在“总体”二字。这里需要指出的是，“总体”不是一个加法的问题，不是今天加什么未来再加什么的问题，它强调的是思维方式，以及应对各种挑战、化解各类风险的工作方法。“总体”是一种相互配合、相互统筹、相互协调的工作方法——要专业化、系统性、协调性地解决和应对各类风险挑战。

总体国家安全观的基本内涵，主要包括两个方面的内容，可以用“两项准则”和“五大要素”加以概括：

第一，两项准则。一是坚持底线思维、居安思危、未雨绸缪。底线思维是习近平总书记反复强调的应对威胁和挑战的基本策略和方法，即凡事从坏处准备，努力争取最好的结果，这样才能有备无患、遇事不慌，增强自信，牢牢把握主动权。[③] 二是坚持国家利益至上。把国家利益放在第一位，就需要我们拥有强烈的危机和防范意识，高度防范对国家利益和国家安全构成威胁的行为。

第二，五大要素，即“以人民安全为宗旨，以政治安全为根本，以经济安全为基础，以军事、文化、社会安全为保障，以促进国际安全为依托”。

---

① 习近平．在中央国家安全委员会第一次会议上的讲话（2014 年 4 月 15 日）// 中共中央党史和文献研究院编．习近平关于总体国家安全观论述摘编．北京：中央文献出版社，2018：4.

② 习近平．在中央国家安全委员会第一次会议上的讲话（2014 年 4 月 15 日）// 中共中央党史和文献研究院编．习近平关于总体国家安全观论述摘编．北京：中央文献出版社，2018：4.

③ 习近平．在十八届中央政治局第十四次集体学习时的讲话（2014 年 4 月 25 日）// 中共中央党史和文献研究院编．习近平关于总体国家安全观论述摘编．北京：中央文献出版社，2018：6.

"以人民安全为宗旨"体现了中国共产党全心全意为人民服务的根本宗旨；"以政治安全为根本"体现了国家安全中的传统安全因素和根本所在；"以经济安全为基础"体现了经济基础决定上层建筑的历史唯物主义观点；"以军事、文化、社会安全为保障"体现了国家安全的内部要素，既涉及"硬实力"领域，也涉及"软实力"领域；"以国家安全为依托"则体现了国家安全的外部要素，要通过不断促进共同安全来增强自身安全。这五大要素清晰地揭示了国家安全的整体性和内在逻辑关系，同时也较为完整地勾勒出了中国特色国家安全道路的基本要求。

总之，在新时代、新形势、新要求下，总体国家安全观是重要的战略创新，是对中国特色社会主义国家安全理论的最新发展，为中华民族伟大复兴提供了坚实的保障。在本法中以总体国家安全观作为指导思想，为今后维护各领域国家安全奠定了重要制度基础。

事例分析

事例

2020 年 10 月，我国国家安全机关组织实施"迅雷—2020"专项行动，依法打击台湾间谍情报机关针对祖国大陆开展的各项渗透、破坏活动，累计破获数百起间谍窃密案件，抓获一批台湾间谍及其运用人员，打碎台湾间谍机关在大陆所布的间谍情报网络。①

分析

政治安全决定和影响着国家经济安全、军事安全、社会安全等各领域的安全，是国家安全体系的根基与核心所在。党的十八大以来，习近平总书记多次强调要坚决维护我国国家政治安全，牢固树立总体国家安全观，并依据新时代呈现的新形势与新任务增设中央国家安全委员会，实现对国家安全工作的统一领导，将维护国家政治安全置于关涉"两个一百年"伟大奋斗目标的实现的战略高度上。维护我国政治安全，首要方针是坚持党对一切工作的领导，坚定做到"四个自信""两个维护"，充分发挥党总揽全局、协调各方的领导核心作用，坚决打击台湾间谍在我国大陆开展的一切颠覆渗透活动，

① 和平年代亦有暴风！维护国家安全，是你我共同的责任 . [2023-11-23]. https://m.gmw.cn/toutiao/2021-02/27/content_1302137335.htm.

不为“台独分子”留下任何行动的余地。

关联法规

《国家安全法》第1、2、3、4、7、16、33条，《国家情报法》第2条，《密码法》第3条。

习近平法治思想指引

坚持总体国家安全观。统筹发展和安全，增强忧患意识，做到居安思危，是我们党治国理政的一个重大原则。

——习近平总书记在中国共产党第十九次全国代表大会上的报告（2017年10月18日）

第四条　坚持中国共产党对国家安全工作的领导，建立集中统一、高效权威的国家安全领导体制。

条文解读

本条是关于国家安全领导体制的规定。本条与第5条关于中央国家安全领导机构职责的规定，一同构成了国家安全工作的重要制度基础。

一、坚持中国共产党对国家安全工作的领导

国家安全工作能否创造新局面、掌握主动权，关键是道路如何选择。中国共产党是中国特色社会主义事业的领导核心，中国共产党领导是中国特色社会主义的本质特征。国家安全工作既是中国特色社会主义事业的重要组成部分，也是中国特色社会主义事业的坚强安全保障。党对国家安全工作的领导，既是社会主义制度的必然政治要求，也是维护国家安全和社会安定的根本政治保证。

习近平总书记在主持中央政治局第二十六次集体学习时，就贯彻总体国家安全观提出了十点要求，其中排在首位的要求就是“坚持党对国家安全

工作的绝对领导，坚持党中央对国家安全工作的集中统一领导，加强统筹协调，把党的领导贯穿到国家安全工作各方面全过程，推动各级党委（党组）把国家安全责任制落到实处”[①]。2022 年 10 月，习近平总书记在党的二十大报告中也指出，“应坚持党中央对国家安全工作的集中统一领导”。坚持中国共产党对国家安全工作的绝对领导是国家安全法治工作的根本保障和成败关键。

《宪法》是我国的根本大法，2018 年 3 月 11 日通过的《宪法修正案》在第 1 条第 2 款增加规定“中国共产党领导是中国特色社会主义最本质的特征”。这是我国《宪法》中有关中国共产党的领导和执政地位的明确规定，使我国《宪法》中党的领导规范具有更强的制度约束力，为坚持和加强党的全面领导提供了根本法依据。《国家安全法》是国家安全领域的基本性法律制度，本法第 4 条对党的领导地位予以明确。这是《宪法》中党的领导地位在国家安全工作中的具体体现。

国家安全法治是国家整体法治的重要组成部分，是中国特色社会主义法治体系建设的重要环节，因此必须将党的领导贯穿于国家安全法治建设的全过程。本条以法律的形式确认了党的领导原则。

二、国家安全领导体制

对于具有高度敏感性与复杂性的国家安全工作，一方面需要进行统筹，另一方面也需要进行有序管理。当前，我国仍处于并将长期处于重要战略机遇期，国家安全形势总体稳定，但面临的外部环境发生重大变化，国家安全形势复杂严峻。为更好地开展国家安全工作，我国必须通过集中统一、高效权威的领导体制实现对国家安全事务的领导。我国建立国家安全领导体制也遵循了这一规律。

---

① 习近平在中央政治局第二十六次集体学习时强调 坚持系统思维构建大安全格局 为建设社会主义现代化国家提供坚强保障 . [2023-11-29].https://www.gov.cn/xinwen/2020-12/12/content_5569074.htm.

事例分析

事例

2020 年 7 月 8 日上午，中央人民政府驻香港特别行政区维护国家安全公署在香港揭牌。维护国家安全公署的建立充分践行了宪法、香港基本法和全国人大的有关规定，坚持了党对国家安全工作的领导，坚持和完善了“一国两制”制度体系，充分考虑了维护国家安全的现实需要和香港特别行政区的具体情况，有利于为香港维护国家安全提供更有力支撑，保障“一国两制”实践在正轨运行，为香港繁荣稳定保驾护航。[①]

分析

过去一年多的香港社会动荡充分说明，仅仅依靠香港特区的力量来维护国家安全是远远不够的。中央政府在港设立维护国家安全的机构，设计初衷就是为了补充和完善香港特区维护国家安全的体制机制，构建更严密的国家安全制度体系，为香港抵御国家安全风险加上一道不可或缺的“强力防盗门”。贯彻落实本法本条规定，必须坚持党对国家安全工作的集中统一领导。相信驻港国安公署等新机构能够依法履行职责，为国家守好门，为香港保平安，切实担当，履职尽责，不辱使命，不负重托。

关联法规

《宪法》第 1 条,《国家安全法》第 5 条。

习近平法治思想指引

党的十八届三中全会决定成立国家安全委员会，是推进国家治理体系和治理能力现代化、实现国家长治久安的迫切要求，是全面建成小康社会、实现中华民族伟大复兴中国梦的重要保障，目的就是更好适应我国国家安全面临的新形势新任务，建立集中统一、高效权威的国家安全体制，加强对国家安全工作的领导。

——习近平总书记在中央国家安全委员会第一次会议上的讲话

（2014 年 4 月 15 日）

---

① 中央人民政府驻香港特别行政区维护国家安全公署在香港揭牌 . [2023-11-23].https://baijiahao.baidu.com/s?id=1671616555063895669&wfr=spider&for=pc.

第五条　中央国家安全领导机构负责国家安全工作的决策和议事协调，研究制定、指导实施国家安全战略和有关重大方针政策，统筹协调国家安全重大事项和重要工作，推动国家安全法治建设。

条文解读

本条是关于中央国家安全领导机构职责的规定。

一、中央国家安全领导机构的职能定位

2013年10月，党的十八届三中全会对全面深化改革作出了重大战略部署，将全面深化改革的总目标定为完善和发展中国特色社会主义制度，推进国家治理体系和治理能力现代化。同时，该会议作出一项重要决定："设立中央国家安全委员会，完善国家安全体制和国家安全战略，确保国家安全。"

中央国家安全委员会作为中共中央关于国家安全工作的决策和议事协调机构，对中央政治局、中央政治局常务委员会负责。2014年1月24日，中央政治局会议确定了中央国家安全委员会的设置，标志着中央国家安全委员会的正式成立。中央国家安全委员会是中央国家安全领导机构，遵循"集中统一、科学谋划、统分结合、协调行动、精干高效"的原则开展国家安全工作。

设立中央国家安全委员会，是党和国家在国家安全制度建设上的顶层设计和重大创新，对于完善国家安全体系和提升国家安全能力具有重要的作用。自从中央国家安全委员会设立之后，根据总体国家安全观的要求，对国家安全工作进行了整体规划，对国家安全体系的主要架构进行了初步的搭建，并在此基础上，形成了国家安全理论体系。这为我国的国家安全战略体系进一步完善，全方位加强国家安全工作，以及牢牢掌控国家安全的全局主动权奠定了坚实基础。

二、中央国家安全领导机构的主要职责

1. 研究制定、指导实施国家安全战略和有关重大方针政策

根据本法第6条的规定，中央国家安全领导机构要负责制定并不断完善国家安全战略，全面评估国际、国内安全形势，明确国家安全战略的指导

方针、中长期目标以及重点领域的国家安全政策、工作任务和措施。根据本法第 46 条的规定，中央国家安全领导机构要建立国家安全工作督促检查和责任追究机制，确保国家安全战略和重大部署贯彻落实。根据本法第 47 条的规定，各部门、各地区应当采取有效措施，贯彻实施国家安全战略。这些都明确了中央国家安全领导机构在制定实施国家安全战略中的具体职责和要求，明确了各部门、各地区在中央国家安全领导机构领导下贯彻实施国家安全战略的职责和任务。

2. 统筹协调国家安全重大事项和重要工作

我国国家安全体制总体是好的，但也存在不适应、不完备的问题，如国家安全资源和力量分散、国家安全战略规划缺乏，等等。内外安全形势对从国家层面统筹协调安全工作提出了更高的要求。设立中央国家安全委员会，可以充分发挥党总揽全局、统筹协调的作用。本法第四章“国家安全制度”就体现了中央国家安全领导机构在统筹协调国家安全重大事项和重要工作中的具体职能，如建立国家安全重点领域工作协调机制、国家安全工作督促检查和责任追究机制、跨部门会商工作机制和中央与地方之间、部门之间、军地之间以及地区之间关于国家安全的协调联动机制等。

3. 推动国家安全法治建设

国家安全，重于泰山。治国之要，奉法则强。国家安全是法治建设的先决条件，而法治则是保障国家安全状况和提高国家安全水平的最好途径。国家安全法治建设是一国整体法治建设的重要方面。党的十八届四中全会指出，要“贯彻落实总体国家安全观，加快国家安全法治建设，抓紧出台反恐怖等一批急需法律，推进公共安全法治化，构建国家安全法律制度体系”。

关联法规

《国家安全法》第 6、46、47 条，第四章“国家安全制度”有关条文。

习近平法治思想指引

而我们的安全工作体制机制还不能适应维护国家安全的需要，需要搭建一个强有力的平台统筹国家安全工作。设立国家安全委员会，加强对国家安全工作的集中统一领导，已是当务之急。

——习近平总书记关于《中共中央关于全面深化改革若干重大问题的决定》的说明

（2013 年 11 月 15 日）

第六条　国家制定并不断完善国家安全战略，全面评估国际、国内安全形势，明确国家安全战略的指导方针、中长期目标、重点领域的国家安全政策、工作任务和措施。

条文解读

本条是关于制定和完善国家安全战略的规定。

一、国家安全战略的内涵和主要内容

从字面来看，国家安全战略就是保障国家安全的战略。“战略”一词源于古希腊语，与军事和战争紧密相关。随着近代西方民族国家的发展，特别是一战后，“战略”的含义不断扩张，早已经超出军事领域，成为更大范围内统御政策思考的认识论工具。同时，“国家安全”这个词也具有综合性，在使用中体现出丰富的内涵。从各国实际情况看，不同国家对“国家安全战略”的定义不同，但都制定了维护本国国家安全的战略或者政策。国家安全战略的表现形式可能是成文的，也可能是不成文的；可能是系统的，也可能是不系统的；可能表现为一份完整而统一的文献，也可能存在于不同的文献中；可能是公开的，也可能是不公开的。

国家安全战略通常是指一个国家根据自身对国家利益的理解、对潜在和现有威胁的评估以及可用资源的考量，结合地缘政治、经济和社会文化环境，制定的一套全面方法或资源配置方案，以最大限度地维护国家安全。这种战略具有全面性、指导性和权威性，它在国际层面上明确表明我国的核心利益不可侵犯，在国家内部则是制定具体战略、政策和措施的基石。它不仅包括传统的军事策略，还涵盖了政治、经济、文化、信息、资源和生态等与国家安全相关的多个领域的规划。

国家安全战略的主要内容通常包括：一是影响国家安全战略的因素，主

要有国家安全利益、国家实力、战略环境、战略文化和安全观。二是国家安全战略的构成因素，主要有战略目标、战略方针和原则、战略能力、战略途径。三是国家安全战略的政策，涉及政策的程序、机制和体制等问题。四是国家安全战略的实施，主要包括战略目标的分解、战略阶段的划分、战略途径的选择、战略实力的动员和战略能力的运用等。五是国家安全战略的调整，包括国家安全战略的充实、完善以及转换的原因和条件等。

二、我国国家安全战略的演进

2012 年中国共产党第十八次全国代表大会首次提出了“国家发展战略和安全战略”问题。2015 年 1 月 23 日，中共中央政治局召开会议，审议通过了《国家安全战略纲要》。2017 年，习近平总书记在党的十九大报告中明确指出：“要完善国家安全战略和国家安全政策，坚决维护国家政治安全，统筹推进各项安全工作。”在中国特色社会主义建设的新阶段，中华民族伟大复兴事业的新时期，党和国家正不断探索我国的国家安全战略。2021 年 11 月 18 日，中共中央政治局召开会议，审议《国家安全战略（2021—2025 年）》，全面部署未来五年国家安全工作。会议强调，必须坚持把政治安全放在首要位置，统筹做好政治安全、经济安全、社会安全、科技安全、新型领域安全等重点领域、重点地区、重点方向的国家安全工作。2022 年 10 月，习近平总书记在党的二十大报告中以战略思维布局国家安全，将国家安全置于报告的显要位置，充分体现出“推进国家安全体系和能力现代化，坚决维护国家安全和社会稳定”是拓展和实现“中国式现代化”的重中之重的地位。

事例分析

事例

在“第二次世界大战”结束，“冷战”打响的时候，美国为了在国际上抗衡苏联，削弱亚非拉民族解放运动，并解决国内矛盾和政府管理中存在的某些弊端，使国家安全活动程序化、合理化，于 1947 年 7 月颁布了《国家安全法》，并据此设立了国家安全委员会。1950 年，国家安全委员会出台了名为《美国国家安全的目标和计划》的第 68 号文件。这一文件，可以说是美国历史上第一个成文的国家安全战略，其核心内容被人们概括为“遏制战略”。事实上，在第二次世界大战结束后不久就开始的整个冷战时期，美国基本上都在奉行一种稳定美洲“后院”、联合西欧天然盟友、控制中东能源基地、利用日本制衡亚洲、“遏制”苏联和中国的全球性“优势主导”的国家安全战略。这一战略性目标一直延续到冷战后期，并体现在冷战后期开始出台的美国总统的年度《国家安全战略报告》之中。①

分析

从这个事例可以看出，无论是我国，还是美国等其他国家，一国的国家安全战略都是在全面评估国际、国内安全形势的基础上作出的，其服务于国家最根本的国家安全与发展利益。一国的国家安全战略重点在于明确国家安全战略的指导方针、中长期目标、重点领域的国家安全政策、工作任务和措施。

关联法规

《国家安全法》第46、47条，《国防法》第一章相关条文，《军事设施保护法》第一章相关条文。

习近平法治思想指引

要完善国家安全战略和国家安全政策，坚决维护国家政治安全，统筹推进各项安全工作。

——习近平总书记在中国共产党第十九次全国代表大会上的报告

（2017年10月18日）

第七条　维护国家安全，应当遵守宪法和法律，坚持社会主义法治原则，尊重和保障人权，依法保护公民的权利和自由。

条文解读

本条是关于法治原则、尊重和保障人权原则的规定。

按照总体国家安全观的要求，《国家安全法》明确规定了维护国家安全

---

① 刘跃进主编．国家安全学．北京：中国政法大学出版社，2004：329.

工作的基本原则。根据《国家安全法》的规定，维护国家安全工作的基本原则主要包括法治原则、尊重和保障人权原则。

一、法治原则

维护国家安全应当坚持法治原则。法治原则要求在国家安全工作中遵守宪法与法律的规定，依法维护国家安全。在国家安全维护过程中，任何组织与个人都不能超越宪法和法律的规定，必须维护宪法与法律的权威，依照宪法与法律的规定行使维护国家安全的权力或权利、履行维护国家安全的义务。此外，法治原则还要求在维护国家安全的工作中重视运用法治思维和法治方式，发挥法治的引领与推动作用。这就要求我们在国家安全维护工作中首先要建立起以《宪法》《国家安全法》为基本法的国家安全法律规范体系，在此基础上加强国家安全领域的执法与司法工作，进而增强全民的国家安全法治观念，推进全民守法。

二、尊重和保障人权原则

《宪法》第 33 条规定："国家尊重和保障人权。"社会主义法治的基本原则之一是尊重和保障人权，尊重和保障人权这一原则也是国家安全保障工作必须遵循的一项基本原则，所以本条还特别突出了对人权的尊重和保护，对人民的各项权利与自由进行法律保护。人权是人们所应该享有的最基本的权利，通常包括生存权、平等权、安全权、发展权、社会保障权、接受教育权等内容。人权作为公民最基本的权利具有优先保障的地位。国家安全维护工作虽然有一定的特殊性，但依然要以尊重和保障人权为基本原则，遵守国家法律中关于人权保障的规定。这也是现代法治精神的基本要求。

案例分析

案例

2021 年 3 月，因工作需要，国家安全机关多次前往北京市西城区某餐厅开展工作，依法要求该餐厅副经理黄某某配合调查，同时告知其保守秘密的义务。不久后，国家安全机关发现，该餐厅配合调查的情况疑似被其他人员知悉掌握，给后续工作开展带来了严重不利影响。国家安全机关随即对这一情况进行了深入调查。通过进一步调查取证，证实了黄某某涉嫌泄露有关反间谍工作的国家秘密。

经鉴定，黄某某泄露内容系秘密级国家秘密。在确凿的证据面前，黄某某如实交代，其在明确被告知应保守国家秘密的前提下，先后两次故意对外泄露国家安全机关依法开展工作的情况。此外，在国家安全机关此前依法要求黄某某配合调查时，他还对办案人员故意隐瞒了其所知悉的情况。针对以上违法事实，根据2009年《反间谍法》第54条之规定，2021年6月17日，国家安全机关对黄某某处以行政拘留十五日的处罚。①

分析

本案中，国家安全机关始终坚持法治原则，依法要求嫌疑人黄某某配合调查，并在掌握其违法事实后，依照《反间谍法》的相关规定对其作出行政处罚。本案除了体现法治原则，还充分体现了尊重和保障人权原则。国家安全机关在办案过程中严格遵守法定程序，充分保障犯罪嫌疑人的权利，给予了犯罪嫌疑人黄某某知情权和提出抗辩理由的权利。因此，本案的办理体现了《国家安全法》坚持的法治原则、尊重和保障人权原则。

关联法规

《宪法》第5、23条，《国家安全法》第2、13、66条。

习近平法治思想指引

要依法加强对大数据的管理。一些涉及国家利益、国家安全的数据，很多掌握在互联网企业手里，企业要保证这些数据安全。

——习近平总书记在网络安全和信息化工作座谈会上的讲话

（2016年4月19日）

第八条　维护国家安全，应当与经济社会发展相协调。

国家安全工作应当统筹内部安全和外部安全、国土安全和国民安全、

① 故意泄露国家秘密，北京西城一餐厅负责人被拘 . [2023-11-23]. https://m.gmw.cn/baijia/2022-04/16/1302902509.html.

传统安全和非传统安全、自身安全和共同安全。

条文解读

本条是关于统筹兼顾原则的规定，是贯彻总体国家安全观必须遵循的重要原则。第 1 款规定的是国家安全与经济社会发展相协调原则，第 2 款规定的是统筹全面安全原则。

一、国家安全与经济社会发展相协调原则

习近平总书记在中央国家安全委员会第一次会议上指出：既重视发展问题，又重视安全问题，发展是安全的基础，安全是发展的条件，富国才能强兵，强兵才能卫国。发展是要解决吃饭问题，而安全涉及生存问题。国家发展与国家安全是辩证统一的关系，相互促进、相辅相成：国家只有持续不断地发展，其安全才能得到不断地加强；而国家只有保持基本的安全，才有可能得到稳定地发展。

实践证明，国家安全与经济社会发展，不是主次从属关系，也不是轻重先后的关系，而是共生共亡、荣辱与共的关系，不能因为发展的需要而只满足于对基本安全的保障，也不能只考虑安全问题而忽略发展利益。只有平衡推进维护国家安全工作和促进经济发展事业，才能实现安全与发展的有机结合、协调共进。党的十九大报告指出，统筹发展和安全，增强忧患意识，做到居安思危是我们党治国理政的一个重大原则。这是在党的政治报告中第一次将统筹发展和安全上升到治国理政的一个重大原则高度。习近平总书记也多次强调“发展是基础，经济不发展，一切都无从谈起”[①]。过去，拥有强大的武力尚可保障国家领土和资源的安全。现在，国家经济不发展，就不可能有效地维护自身稳定，也就无安全可言。

---

① 习近平．以新的发展理念引领发展，夺取全面建成小康社会决胜阶段的伟大胜利（2015 年 10 月 29 日）// 十八大以来重要文献选编：中．北京：中央文献出版社，2016：828.

二、统筹全面安全原则

理解本条第 2 款规定的统筹全面安全原则，主要从统筹内部安全和外部安全、国土安全和国民安全、传统安全和非传统安全、自身安全和共同安全四个方面进行把握。

第一，要统筹内部安全和外部安全这对关系。内部安全主要是指我国社会内部因素，如自然灾害、事故灾难、公共卫生事件、社会安全事件等对国家安全的影响。外部安全主要是指世界和地区因素对我国国家安全的影响。统筹内部安全和外部安全要求在国家安全维护工作中既要避免社会内部因素威胁到国家安全，又要防范外部安全环境中的不稳定因素对国家安全和发展的不良影响，更要防止内外因素相互联动，形成叠加效应，冲击国家安全底线。

第二，要统筹国土安全和国民安全这对关系。国土安全是指国家领土主权的完整统一，国民安全是指领土内国民的安全。统筹国土安全和国民安全要求在国家安全维护工作中既要考虑国家领土主权的完整与统一，又要确保国民的安全和利益得到有效的保护。

第三，要统筹传统安全和非传统安全这对关系。随着社会的发展与国际形势的变化，传统安全和非传统安全有时相互交织、相互影响，因此需要统筹协调各个领域的国家安全，维护各个领域的国家安全。

第四，要统筹自身安全和共同安全这对关系。自身安全和共同安全统筹协调要求在国家安全维护工作中既要注重从国家本身角度出发考虑安全状态的实现，又要从全局出发，充分考虑各国在维护各自安全中的相互关系，努力维护共同安全。

‖ 事例分析 ‖

事例

2021 年 9 月 16 日，中国正式提出申请加入《全面与进步跨太平洋伙伴关系协定》（CPTPP）。作为经贸谈判的新议题，能否接受 CPTPP 中的数据跨境条款一直是加入这一协议的重大考验。CPTPP 致力于减少数字贸易发展阻碍，对数据开放的程度更高。数据是数字经济时代新的生产要素，是国家基础性资源和战略性资源，直接关系着国家经济安全。如何既让数据流动，又能保证数据流动的安全，是我国面临的一大考验。为此，需要寻找数据保护与数据利用的平衡。[①]

2022 年 9 月 1 日起施行的《数据出境安全评估办法》全面和系统地提出了我国数据出境“安检”的具体要求。未来，中国要平衡国家安全企业发展与个人隐私保护之间的关系，在商业、技术、安全以及法律等方面进行有意义的探索，在保障数据安全和管控新兴技术风险方面贡献中国智慧。[②]

分析

这两个事例充分表明，中国坚持国家安全与经济社会发展相协调原则，致力于寻求数据产业发展需求与国家安全利益维护的平衡。

关联法规

《国家安全法》第 2、10 条，第二章“维护国家安全的任务”有关条文，《网络安全法》第 3 条，《国防交通法》第 3 条。

习近平法治思想指引

必须坚持国家利益至上，以人民安全为宗旨，以政治安全为根本，统筹外部安全和内部安全、国土安全和国民安全、传统安全和非传统安全、自身安全和共同安全，完善国家安全制度体系，加强国家安全能力建设，坚决维护国家主权、安全、发展利益。

——习近平总书记在中国共产党第十九次全国代表大会上的报告

（2017 年 10 月 18 日）

第九条　维护国家安全，应当坚持预防为主、标本兼治，专门工作与群众路线相结合，充分发挥专门机关和其他有关机关维护国家安全的职能作用，广泛动员公民和组织，防范、制止和依法惩治危害国家安全的行为。

---

① 中方正式提出申请加入《全面与进步跨太平洋伙伴关系协定》（CPTPP）. [2023-11-24]. https://www.gov.cn/xinwen/2021-09/16/content_5637879.htm.

② 侯建斌 . 加强数据全生命周期安全保护管理 . 法治日报，2022-07-15(6).

条文解读

本条是关于预防为主、标本兼治原则和专群结合原则的规定。

一、预防为主、标本兼治原则

本条确立了预防为主、标本兼治的基本原则。“预防为主”，即从长远与根本的角度，遵循国家安全工作的现实规律，注重对国家安全可能产生危害的风险进行预警，并对其进行有效的防范，最终持续强化维护国家安全的能力。“标本兼治”源自中医学术用语，指的是既要解决问题的表象病症，又要根除病源、病因。

2015 年 5 月，习近平总书记在全国国家安全机关总结表彰大会上指出，当前，我国正处在全面建成小康社会、全面深化改革、全面依法治国、全面从严治党的重要时期，面临复杂多变的安全和发展环境，各种可以预见和难以预见的风险因素明显增多，维护国家安全和社会稳定任务繁重艰巨。[①] 国家安全容易受到各种各样的因素的影响，而且这些因素对国家安全造成的隐患并不会彻底消除。因此，维护国家安全是一个动态的、持续发展的过程，国家安全工作需要坚持预防为主、标本兼治。

治标和治本是一个问题的两个方面，是内在统一、相辅相成的，治标突出“惩”的作用，治本重在“防”的功能，要坚持把预防和治乱结合起来，既防患于未然，又正本清源。预防为主、标本兼治原则要求从危害国家安全的个别行为现象中挖掘幕后的、深层次的背景、动机等，研究其破坏活动的规律，从而做到标本兼治，斩草除根，把对国家安全的危害降到最低程度。这一原则适用于政治安全、社会安全、生态安全、科技安全等各国家安全领域。

二、专群结合原则

本条规定的专群结合原则包含两层含义：一是专门工作与群众路线相结合，二是专门机关与有关部门相结合。

---

① 习近平．在会见全国国家安全机关总结表彰大会代表时的讲话（2015 年 5 月 19 日）// 中共中央党史和文献研究院编．习近平关于总体国家安全观论述摘编．北京：中央文献出版社，2018：8-9.

1. 专门工作与群众路线相结合

专门工作是指由专门机关依照其职权开展维护国家安全的工作，如依法搜集国家安全情报信息，依法行使行政执法和刑事司法职权等。专门工作与群众路线相结合是指在维护国家安全工作中，不仅要设立专门机构进行相关专业工作，还要坚持“一切为了群众，一切依靠群众”“从群众中来，到群众中去”的群众路线。国家安全维护工作不能没有人民群众的积极参与和大力支持。特别是在当前的社会背景下，国家安全工作所面临的形势比以往更为复杂，涉及的领域也更加广泛，更需要充分发挥人民群众的作用，以实现更好维护国家安全的目标。而且，实践证明，危害国家安全的活动大多是秘密进行的，但都是在社会生活中进行的。在很多情况下，人民群众的发现、及时报告和协助配合，是专门机关开展侦察所必需的。

2. 专门机关与有关部门相结合

国家安全工作的专门机关主要包括国家安全机关、公安机关、有关军事机关等。专门机关与有关部门相结合要求充分发挥国家安全机关和其他有关部门维护国家安全的作用，做到维护国家安全全国一盘棋，形成维护国家安全的整体合力。除本条的原则性规定外，本法第 75 条也对此作出了具体的规定，要求“国家安全机关、公安机关、有关军事机关开展国家安全专门工作，可以依法采取必要手段和方式，有关部门和地方应当在职责范围内提供支持和配合”。

事例分析

事例

2015 年 11 月，全国国家安全机关向社会发出通告，国家安全机关受理公民和组织举报电话“12339”正式开通，以方便公民和组织向国家安全机关举报间谍行为或线索。通告指出：国家安全机关对举报的情况和线索，经查证属实的，根据其重要程度给予举报人奖励，并为举报人严格保密，提供必要的保护措施；对故意捏造、谎报以及诬陷他人，造成不良后果的，依法追究其法律责任。

此外，一些地方已经探索了人民防线的成功经验，比如北京市朝阳区建立了约 12 万人的群防群治力量，小区保安、社区大爷大妈、在校学生等"朝阳群众"活跃在综合治理一线。已上线的"朝阳群众"App，更是从线下发展到线上，壮大了"朝阳群众"的力量。[①]

分析

上述两个事例充分表明，维护国家安全，应当坚持专门工作与群众路线相结合原则，充分发挥人民群众的智慧和力量。

关联法规

《国家安全法》第 11、12、14、39、40、41、42、74、75 条，第六章"公民、组织的义务和权利"的有关条文，《反间谍法》第 2 条，《监察法》第 6 条，《保守国家秘密法》第 4 条，《反恐怖主义法》第 4 条。

习近平法治思想指引

各地区各部门要各司其职、各负其责，密切配合、通力合作，勇于负责、敢于担当，形成维护国家安全和社会安定的强大合力。

——习近平总书记在十八届中央政治局第十四次集体学习时的讲话

（2014 年 4 月 25 日）

第十条　维护国家安全，应当坚持互信、互利、平等、协作，积极同外国政府和国际组织开展安全交流合作，履行国际安全义务，促进共同安全，维护世界和平。

条文解读

本条是关于坚持共同安全原则的规定。

"共同安全"这一概念最早由"安全与裁军问题独立委员会"于 1982 年在一份名为《共同安全：生存的蓝图》的报告中提出。"共同安全"强调与对手共同寻求安全，而不是与对手进行对抗，竞争双方可以得到共同的安

① 新华时评：当好"朝阳群众"是荣耀更是义务 . [2023-11-24]. https://news.cctv.com/2017/04/14/ARTIDhdxckUJLstORDGCGAsE170414.shtml.

全，而不是“此消彼长”的零和关系。

国家安全已成为世界安全的一部分，与他国安全、地区安全、国际安全、世界安全等紧密联系在一起。各国安全相互关联、彼此影响，安全利益你中有我，我中有你，没有绝对安全的世外桃源，必须摒弃唯我独尊、损人利己、以邻为壑等狭隘思维，把合作作为唯一选择。要坚持共同安全原则，构建普遍安全的人类命运共同体，就要摒弃旧式安全观，摆脱零和博弈思维，秉持合作共赢的理念，建立新型安全框架。

以习近平同志为核心的党中央提出共同安全理念，是贯彻落实总体国家安全观的必然选择，是对当今世界主要安全问题和共同安全利益的准确把握。2013 年，习近平总书记在莫斯科国际关系学院演讲时深刻指出：“这个世界，各国相互联系、相互依存的程度空前加深，人类生活在同一个地球村里，生活在历史和现实交汇的同一个时空里，越来越成为你中有我、我中有你的命运共同体。”“各国和各国人民应该共同享受安全保障。……面对错综复杂的国际安全威胁，单打独斗不行，迷信武力更不行，合作安全、集体安全、共同安全才是解决问题的正确选择。”①本条将共同安全理念法治化，把共同安全原则确立为国家安全法的一项基本原则，进一步规范了共同安全的内涵。共同安全原则的内涵主要包括两个方面的内容：

一是坚持互信、互利、平等、协作原则。2011 年《中国的和平发展》白皮书指出，中国倡导互信、互利、平等、协作的新安全观，寻求实现综合安全、共同安全、合作安全。近年来我国积极追求共同安全，摒弃冷战思维和同盟对抗，力图通过多边合作来防止冲突与战争，从而实现共同安全。

二是积极开展安全交流合作，履行国际安全义务。共同安全、合作安全的实现离不开国际安全交流合作。我国积极促进国际安全交流合作，力图以合作谋和平、以合作保安全、以合作化干戈、以合作促和谐，反对战争与对抗。同时，我国秉持积极有为的国际责任观，认真履行应尽的国际义务，从而促进共同安全的实现。

---

① 顺应时代前进潮流 促进世界和平发展：习近平在莫斯科国际关系学院的演讲 . [2023-11-29]. http://theory.people.com.cn/n/2013/0325/c40531-20902911.html.

事例分析

事例

2022年4月，习近平主席在博鳌亚洲论坛2022年年会开幕式上首次提出全球安全倡议。全球安全倡议坚持共同、综合、合作、可持续的安全观，倡导走出一条对话而不对抗、结伴而不结盟、共赢而非零和的新型安全之路。该倡议与本条坚持共同安全原则的理念和精神保持一致。围绕国际和地区热点问题，中国始终发挥建设性作用，积极参与朝鲜半岛核问题、伊朗核问题、阿富汗、叙利亚等热点问题的政治解决。中国还深度参与反恐、数字治理、生物安全、气候变化等领域国际合作，累计派出联合国维和人员超过5万人次。全球安全倡议进一步明确了构建人类命运共同体的路径，展现了中国守护全球安全的坚定决心和责任担当。①

分析

从本事例中可以看出，中国始终坚持互信、互利、平等、协作的共同安全观，不仅提出全球安全倡议，还深度参与反恐、数字治理、生物安全、气候变化等领域国际合作，以实际行动彰显了中国履行国际安全义务、促进共同安全和维护世界和平的负责任的大国形象。

关联法规

《国家安全法》第18条，《国防法》第65、66、67条。

习近平法治思想指引

实现各国共同安全，是构建人类命运共同体的题中应有之义。

——习近平总书记在国际刑警组织第八十六届全体大会开幕式上的主旨演讲（2017年9月26日）

第十一条　中华人民共和国公民、一切国家机关和武装力量、各政党和各人民团体、企业事业组织和其他社会组织，都有维护国家安全的责

① 全球安全倡议的时代回响．[2023-11-29]. https://www.gov.cn/yaowen/liebiao/202404/content_6946581.htm.

任和义务。

中国的主权和领土完整不容侵犯和分割。维护国家主权、统一和领土完整是包括港澳同胞和台湾同胞在内的全中国人民的共同义务。

条文解读

本条是关于维护国家安全的全民义务的规定。

一、维护国家安全的全民义务

国家安全是国家生存和发展的最基本、最重要的前提。习近平总书记多次强调，维护国家安全是国家的头等大事。[①]《宪法》第54条规定："中华人民共和国公民有维护祖国的安全、荣誉和利益的义务，不得有危害祖国的安全、荣誉和利益的行为。"该条对公民维护国家安全、荣誉和利益的义务作了规定。国家的安全是维护国家的政权稳定和公民依法行使各项自由和权利的根本保障。维护国家的安全、荣誉和利益是每一个公民的义务。公民不得以任何理由、任何形式，侵犯、损害和危及国家的安全、荣誉和利益。在此基础上，本条明确规定，中华人民共和国公民、一切国家机关和武装力量、各政党和各人民团体、企业事业组织和其他社会组织，都有维护国家安全的责任和义务。本条作为原则性条款，强调了公民和组织在维护国家安全方面具有广泛的法律义务，必须以高度的责任心来认真履行各项维护国家安全的法律义务。

本条与本法第 77 条、第 78 条、第 79 条相呼应。本法第 77 条明确了公民和组织应当履行的维护国家安全的具体义务；第 78 条规定了机关、人民团体、企业事业组织和其他社会组织应当对本单位的人员进行维护国家安全的教育，动员、组织本单位的人员防范、制止危害国家安全的行为的义务；第 79 条规定了企业事业组织根据国家安全工作的要求，应当配合有关部门采取相关安全措施的义务。除本法上述条款外，其他有关法律也对公民和组织维护国家安全的义务作了规定。例如，《反间谍法》第 7 条规定，中华人

---

① 全球安全倡议的时代回响 . [2023-11-29]. https://www.gov.cn/yaowen/liebiao/202404/content_6946581.htm.

民共和国公民有维护国家的安全、荣誉和利益的义务，不得有危害国家的安全、荣誉和利益的行为。

二、维护国家主权、统一和领土完整是全中国人民的共同义务

《宪法》第 52 条规定："中华人民共和国公民有维护国家统一和全国各民族团结的义务。"第 55 条第 1 款规定："保卫祖国、抵抗侵略是中华人民共和国每一个公民的神圣职责。"维护国家的主权、统一和领土完整对于保障每个人的权益与自由至关重要。它不仅关系到改革开放的进程，还关系到推动社会主义现代化建设的顺利进行，更关系到中华民族的生存和发展。因此，每个公民对于捍卫国家的尊严，抵抗外来的侵略都有不可推卸的责任。维护国家主权、统一和领土完整是包括港澳同胞和台湾同胞在内的全体中国人民的共同义务。

香港、澳门回归祖国后，被重新纳入国家治理体系，走上了同内地优势互补、共同发展的宽广道路，一国两制实践取得了举世公认的成功。同时，一个时期内，受各种内外复杂因素影响，"反中乱港"活动猖獗，香港局势一度出现严峻局面。本法第 40 条第 3 款规定："香港特别行政区、澳门特别行政区应当履行维护国家安全的责任。"这些规定重申了维护国家安全是包括港澳同胞和台湾同胞在内的全体中国人民的共同责任，以及香港特别行政区、澳门特别行政区维护国家安全的宪制责任和义务，符合《宪法》、《香港特别行政区基本法》和《澳门特别行政区基本法》的要求。

解决台湾问题、实现祖国完全统一，是党矢志不渝的历史任务，是全体中华儿女的共同愿望，是实现中华民族伟大复兴的必然要求。我们坚持"一个中国"原则和"九二共识"，坚决反对"台独"分裂行径，坚决反对外部势力干涉，牢牢把握两岸关系主导权和主动权。祖国完全统一的时和势始终在大陆。完成祖国统一的大业是包括台湾同胞在内的全体中国人民的职责和义务。

Ⅲ 事例分析 Ⅲ

事例

2013 年 1 月，菲律宾阿基诺三世政府单方面就中菲南海争议提起仲裁。

这是新中国成立以来首次针对中国领土主权和海洋权益提起的国际仲裁。2016 年 7 月 12 日，南海仲裁案仲裁庭作出所谓裁决，企图全盘否定中国在南海的主权和权益。事实证明，南海仲裁案由始至终是一场披着法律外衣的政治闹剧，是美西方利用所谓“国际规则”和周边涉海问题对中国进行牵制遏制和抹黑施压的政治阴谋。[①]

分析

从本案中可以看出，维护国家主权和领土完整，是实现中华民族伟大复兴历史进程中必须正确应对的重大挑战，也是中国共产党肩负的重要责任。在党中央的坚强领导下，我们从维护国家主权、安全和发展利益出发，本着对国家和人民高度负责的态度，坚持把领土和海洋管辖权的主导权牢牢掌握在自己手里，依据国际法确立了应对南海仲裁案的基本立场，作出“不接受、不参与”仲裁案，“不接受、不承认”非法裁决的决定，有力维护了国家领土主权和海洋权益不受侵犯。

关联法规

《宪法》第 52、54、50 条，《国家安全法》第 13、40、77、78、79 条，《反分裂国法》第 2 条，《香港特别行政区基本法》第 10、23 条，《澳门特别行政区基本法》第 18、23 条，《反间谍法》第 7 条，《传染病防治法》第 12 条。

习近平法治思想指引

从中华民族整体利益把握两岸关系大局，最根本的、最核心的是维护国家领土和主权完整。大陆和台湾虽然尚未统一，但同属一个中国，是不可分割的整体。

——习近平总书记在会见中国国民党荣誉主席吴伯雄一行时的谈话

（2013 年 6 月 13 日）

---

① 外交部副部长刘振民出席《中国坚持通过谈判解决中国与菲律宾在南海的有关争议》白皮书发布会并回答记者提问实录 . [2023-11-25]. https://www.fmprc.gov.cn/web/wjb_673085/zzjg_673183/bjhysws_674671/xgxw_674673/201607/t20160713_7671482.shtml.

第十二条　国家对在维护国家安全工作中作出突出贡献的个人和组织给予表彰和奖励。

条文解读

本条是关于国家表彰和奖励的规定。

本法专门规定对在维护国家安全工作中作出突出贡献的个人和组织给予表彰和奖励，有利于增强个人和组织的国家荣誉感、使命感，增强全民国家安全意识，夯实维护国家安全的社会基础，更好地调动个人和组织参与维护国家安全工作的积极性。本条的理解和适用具体包括以下几个要点：

第一，表彰和奖励的主体是国家。中国特色国家安全战略体系坚持法治基石、人民立场，筑牢法律长城、夯实人民防线。在维护国家安全工作中，坚持人民立场，就是要拉近同人民群众的物理距离、心理距离。因此，国家鼓励和动员个人、组织积极参与维护国家安全工作，并对其中作出突出贡献者给予表彰和奖励。这是由国家来实施的法定行为，该荣誉具有权威性。

第二，表彰和奖励的对象是个人或组织。维护国家安全，是国家公民、组织的光荣使命，也是本法规定的法定义务。本法第 11 条对公民和组织应当履行的维护国家安全的义务作出了规定。同时，本法第 9 条还专门规定了专门工作与群众路线相结合的原则。维护国家安全工作的个人或组织，指的不仅仅是国家安全机关或国家安全干部队伍人员，每个个人、组织都会在不同程度上参与到国家安全相关工作中，因此也可以成为本条规定的表彰和奖励的对象。

第三，表彰和奖励的法定条件是“在维护国家安全工作中作出突出贡献”。所谓“突出贡献”，是指对维护国家安全工作有重大帮助，在全社会产生了重要积极影响。国家根据其贡献的大小给予不同的荣誉或者财物方面的表彰、奖励。

第四，坚持精神鼓励和物质奖励相结合的原则。表彰和奖励主要是两个方面：一个是精神方面的鼓励，另一个是物质方面的奖励。对在维护国家安全工作中作出突出贡献的个人和组织实施奖励，要兼顾人的物质需要和精神需要两个方面，把二者有机地结合起来，更好地激励人民群众参与维护国家安全工作。

关联法规

《国家安全法》第 9、11 条,《公务员法》第 48、50 条。

习近平法治思想指引

要关心和爱护国家安全干部队伍，为他们提供便利条件和政策保障。

——习近平总书记在国家安全工作座谈会上的讲话（2017 年 2 月 17 日）

第十三条　国家机关工作人员在国家安全工作和涉及国家安全活动中，滥用职权、玩忽职守、徇私舞弊的，依法追究法律责任。

任何个人和组织违反本法和有关法律，不履行维护国家安全义务或者从事危害国家安全活动的，依法追究法律责任。

条文解读

本条是关于国家机关工作人员、个人和组织的法律责任的规定。

本条从不同的责任主体角度对法律责任作出了规定，主要有以下两个方面内容：第 1 款主要针对的是国家机关工作人员。这里所称的“国家机关工作人员”，既包括在国家安全机关工作的人员，又包括所有可能与国家安全工作相关或者涉及国家安全活动的国家机关工作人员。第 2 款适用于所有个人和组织。

一、国家机关工作人员的法律责任

第一，本条针对的是国家机关工作人员滥用职权、玩忽职守和徇私舞弊这三种不当行为。一是滥用职权。职权滥用是指工作人员超越法律赋予的权限，处理或决定其无权处理或决定的事务，或在职权行使中谋取私利、公私不分，未能恰当履行职责，或违反法定程序，随意或过度使用职权，导致公共资产、国家和人民利益受损的行为。例如，在查处危害国家安全事件中利用职权便利调查个人纠纷、打击报复他人。二是玩忽职守。玩忽职守，即在职责履行上疏忽大意，表现为对法定义务的不认真对待，未能尽职尽责。这种不负责任的行为不仅损害了公共财产，也对国家的整体利益和人民的福祉造成了负面影响，严重时甚至可能导致社会秩序的混乱和公众信任的丧失。例如，发现应当查处或者处理的危害国家安全的行为，或者接到举报后不作为，不依法予以处理。三是徇私舞弊。徇私舞弊是指国家机关工作人员在履行职责时，因私情或私利驱动，故意违背事实和法律，采取欺骗、隐瞒等不当手段，或在应当采取行动时不作为，或在不应当行动时却越权行事，甚至滥用职权作出不公正的处理决定。这种行为不仅损害了公共财产和国家利益，还侵犯了人民的合法权益，破坏了社会的公平正义，损害了政府的公信力，对社会秩序和法治环境造成了不良影响。例如，在查处有关危害国家安全案件中，收受他人钱财或基于人情请托不积极采取行动，致使不法分子逃脱打击。

第二，需要依法追究的法律责任，根据行为危害性程度、情节轻重等，可区分为行政责任和刑事责任。一是行政责任。其主要是针对情节比较轻微，危害性不大，根据刑法的有关规定尚不构成犯罪的违法、违纪行为，可视情节的轻重，给予相应的处分。行政机关公务员处分的种类有六种：警告、记过、记大过、降级、撤职和开除。二是刑事责任。危害国家安全行为一般先由行政法和各个单行法进行规制，但随着其社会危害性上升，就可能被列入犯罪，由法院动用刑法加以处罚。刑事责任是危害国家安全各类法律责任中最为严厉、惩罚力度最大、威慑作用最强的责任类型。具体而言，危害国家安全的主刑包括自由刑、财产刑和生命刑。

二、个人和组织的法律责任

需要追究个人、组织法律责任的行为主要包括两种：一是违反本法和有关法律，不履行维护国家安全义务的行为。不依法履行维护国家安全义务，是一种消极不作为的行为，即“当为而不为”。这一规定的目的是督促个人、组织依法积极主动履行义务，在维护国家安全工作中发挥作用。二是违反本法和有关法律，从事危害国家安全活动的行为，即“不当为而为之”。从事危害国家安全活动的行为，是一种积极作为的非法行为，社会危害性更大，必须坚决予以打击，追究相关个人、组织的法律责任。

案例分析

案例

伊某提利用其 ×× 大学老师身份，以“维吾尔在线”网站为平台，传播民族分裂思想，大肆污蔑攻击我国民族宗教政策。他与境外有关机构和个人相勾连，恶意杜撰、歪曲事实真相，炒作涉疆问题，攻击国家和政府，煽动民族仇视，鼓动维吾尔族群众对抗政府，为暴力恐怖活动制造借口，图谋使新疆问题国际化，以实现分裂国家的目的。[①]

分析

本案中，伊某违反《国家安全法》和《刑法》，从事严重危害我国国家安全的活动，根据本条规定及其他法律规定，应当依法追究法律责任。2014 年 9 月 23 日，新疆维吾尔自治区乌鲁木齐市中级人民法院以分裂国家罪判处被告人伊某无期徒刑，剥夺政治权利终身，并处没收个人全部财产。

关联法规

《国家安全法》第 43 条、第六章“公民组织的义务和权利”有关条文，《公务员法》第九章“惩戒”有关条文，《监察法》有关条文，《刑法》有关条文。

习近平法治思想指引

坚定理想信念，对党绝对忠诚，是党和人民对国家安全机关的一贯要求，新的历史条件下仍然要坚定不移坚持和加强。要总结经验，从严管理，努力打造一支坚定纯洁、让党放心、甘于奉献、能拼善赢的干部队伍。

——习近平总书记在会见全国国家安全机关总结表彰大会代表时的讲话

（2015 年 5 月 19 日）

第十四条　每年 4 月 15 日为全民国家安全教育日。

---

① 伊某因分裂国家罪一审获无期. [2023-11-25]. https://www.chinacourt.org/article/detail/2014/09/id/1450243.shtml.

条文解读

本条是关于设立"全民国家安全教育日"的规定。

2014 年 4 月，习近平总书记在中央政治局第四次集体学习时强调，加强国家安全教育，提高全民国家安全意识。[①] 2015 年 1 月，《国家安全战略纲要》提出，要加强国家安全意识教育，培养国家安全专业队伍。2015 年 7 月，《国家安全法》规定，把国家安全教育纳入国民教育体系和公务员教育培训体系，设立"全民国家安全教育日"。2022 年 10 月，党的二十大报告指出，应全面加强国家安全教育，提高各级领导干部统筹发展和安全能力，增强全民国家安全意识和素养，筑牢国家安全人民防线。

设立"全民国家安全教育日"，是《国家安全法》作出的一项重大规定。以法律形式对在全社会开展国家安全宣传教育专门确立一个日子，十分必要。该规定彰显了党和国家在当前形势下强化国家安全教育的坚定决心，旨在提升全民安全意识。根据本条规定，将国家安全教育整合至国民教育体系和公务员培训体系中，是提升全民（特别是各级领导干部）国家安全意识的重要举措。通过这种教育，旨在深化国民对国家安全重要性的理解，增强全民国家安全意识，完善立体化国家安全防控体系，形成全党全社会共同维护国家安全的强大合力。

根据立法惯例，全国人大常委会直接设立全国性的节日、纪念日活动日，有三种方式：一是以法律规定的方式设立。例如，1990 年颁布的《残疾人保障法》不仅为残疾人权益提供了法律保障，还设立了全国助残日。二是先以法律规定的方式设立，然后根据法律规定就具体日期再作出决定。如全民国防教育日，先是在 2001 年 4 月通过的《国防教育法》中作出规定，后又在同年 8 月由全国人大常委会作出关于设立全民国防教育日的决定，明确了全民国防教育日的具体日期。三是以决议的方式设立。如 1979 年，第五届全国人大常委会第六次会议作出决议规定每年 3 月 12 日为我国的植树节。本次通过法律形式确立并明确了全民国家安全教育日的日期，这不仅是一种纪念形式，更是对国家安全重要性的深刻认识和强调，提醒每位公民都要增强国家安全意识。

---

① 习近平．在十八届中央政治局第十四次集体学习时的讲话（2014 年 4 月 25 日）// 中共中央党史和文献研究院编．习近平关于总体国家安全观论述摘编．北京：中央文献出版社，2018：7.

事例分析

2022年4月，浙江省绍兴市国家安全主题公园建成启用。主题公园内有一座刻着国家安全机关举报受理电话“12339”字样的镜面雕塑。日前，市民陈女士和家人在公园游玩，通过现场宣讲员介绍，她扫描了园区中的二维码，访问了线上安全教育界面。“在线看了全面介绍后，才知道生物安全、粮食安全、数据安全都是总体国家安全观的重要内容，离我们很近”，陈女士说。

在贵州省图书馆北馆一楼学术报告厅，相关专家举行的全民国家安全教育日主题宣讲活动吸引了众多学生和市民。“活动形式多样、内容丰富，让人对国家安全知识记忆深刻”，一名学生说。

中国大学生在线于14日面向全国高校师生推出“千万师生同上一堂国家安全教育课”。中国传媒大学新闻学院教授沈浩，2019年全国最美高校辅导员、中南大学辅导员张金学，国家反诈中心民警刘明竹结合高校实际，围绕维护网络安全和数据安全等主题，教育引导广大师生贯彻总体国家安全观。①

分析

从上述事例可以看出，设立全民国家安全教育日意义重大，各地各部门开展形式多样的国家安全教育主题活动，不断增强全民对总体国家安全观的认识。

关联法规

《国防教育法》第12条。

习近平法治思想指引

要以设立全民国家安全教育日为契机，以总体国家安全观为指导，全面实施国家安全法，深入开展国家安全宣传教育，切实增强全民国家安全意识。

——习近平总书记在首个全民国家安全教育日之际作出的指示

（2016年4月15日）

① 让总体国家安全观深入人心：各地各部门广泛开展全民国家安全教育日宣教活动.[2024-5-25].https://www.gov.cn/yaowen/liebiao/202404/content_6945381.htm.

第二章　维护国家安全的任务

导　学

本章为“维护国家安全的任务”，主要包括基本原则、根本目的与具体任务。领导干部应当明白维护国家安全必须要坚持中国共产党的领导，维护中国特色社会主义制度，从最广大人民的根本利益出发，在自己的工作领域内彻底贯彻相关法律规定，为人民群众创造良好的生存发展条件和安定的工作生活环境。

本章规定了国家在维护国家安全方面的各项具体任务，涉及国土安全、经济安全、军事安全、文化安全等十八个不同的领域。这些领域与我国政治经济、人民生活工作息息相关。作为国家治理重要力量的领导干部，其工作内容与各个领域直接联系，其需要肩负起维护相关领域安全的重要责任，需要通过具体条文了解安全工作的具体要求。领导干部在工作中必须提高国家安全意识、遵守国家安全工作机制、加强宣传教育等，不得从事任何危害国家安全的行为，同时也要加强对下属和相关人员的监管，防止内部人员利用职务之便从事危害国家安全的活动。

总之，本章是对国家安全工作的具体规范，领导干部在执行职务过程中必须严格遵守，并通过自己的工作，为维护国家安全作出积极贡献。

第十五条　国家坚持中国共产党的领导，维护中国特色社会主义制度，发展社会主义民主政治，健全社会主义法治，强化权力运行制约和监

督机制，保障人民当家作主的各项权利。

国家防范、制止和依法惩治任何叛国、分裂国家、煽动叛乱、颠覆或者煽动颠覆人民民主专政政权的行为；防范、制止和依法惩治窃取、泄露国家秘密等危害国家安全的行为；防范、制止和依法惩治境外势力的渗透、破坏、颠覆、分裂活动。

条文解读

本条是关于维护国家安全的基本任务以及政治安全的规定。

一、坚持中国共产党的领导

维护国家安全要坚持党的领导。党的政策和决策对国家安全体系具有指导性作用。党的领导不仅体现在制定国家安全的总体战略上，也贯穿于日常的国家安全管理和决策过程中。这种领导方式确保了国家安全政策的连贯性和一致性，有助于应对国内外的各种复杂情况。

二、维护中国特色社会主义制度

党的十八大以来，习近平总书记始终强调中国特色社会主义制度的根本地位，指出中国特色社会主义制度是中国特色社会主义理论体系的根本保障，要坚定制度自信。[①] 保护和发展中国特色社会主义制度是国家安全的一个重要方面。这不仅意味着维护现有的政治、经济体系以及文化体系等，还包括对这一体系的不断完善和发展。在全球化和国际政治多变的背景下，这一原则强调了保护国家免受外部干扰和内部破坏的重要性。同时，它也涵盖了社会稳定、文化繁荣、经济发展等多个方面，旨在实现全面的国家安全目标。

三、发展社会主义民主政治

本条强调通过加强民主制度和法治来发展政治体系。这包括增强政府

① 习近平．决胜全面建成小康社会 夺取新时代中国特色社会主义伟大胜利：在中国共产党第十九次全国代表大会上的报告．北京：人民出版社，2017: 39.

透明度、提升公民参与度、确保民主决策过程的公正性。通过这些措施，可以增强政府的合法性和公众对政策的接受度，从而形成更加稳定和谐的社会环境。

四、健全社会主义法治

健全的法治是国家安全的基石，涉及法律的完善、执行和司法的公正。通过建立一套公平、透明、高效的法律体系，可以有效地维护社会秩序，保护公民权利，同时对抗那些试图破坏国家安全的行为。这不仅要求法律的全面性和先进性，还要求司法独立和法律的严格执行。

五、强化权力运行制约和监督机制

为了防止权力滥用和保持政府的清廉，建立有效的权力监督机制至关重要。这包括确立明确的权力分界、实施有效的监督措施、加强反腐败斗争等。通过这些措施，可以提高政府的公信力和效率，增强民众对政府的信任。

六、保障人民当家做主的各项权利

这意味着确保人民在国家治理中的主导地位。民众参与不仅应体现在选举和政治决策中，还应该体现在日常的社会管理和文化生活中。通过各种渠道和形式，提高公民对国家大政方针的讨论和反馈热情，使国家政策更加贴近民众的需求和期望。

七、防范和惩治危害国家安全的行为

本条明确了对抗各种形式的威胁国家安全的行为的重要性。危害国家安全的行为包括对内对外的多种威胁，如叛国、分裂国家、煽动叛乱、颠覆政权等行为。这些行为不仅包括传统的安全威胁，还包括对新兴的安全领域，如网络安全、经济安全、文化安全等的威胁。国家采取的措施不限于刑事惩罚，还包括预防措施、情报收集、公民教育和国际合作。这些措施的目的在于构建一个全方位的国家安全防护网，有效地预防和应对各种潜在的威胁。

八、对抗境外势力的不法行为

本条中对抗境外势力的不法行为的部分，特别强调了国际关系和外交政策在国家安全中的重要性。在全球化背景下，国家安全不局限于内部事务，还涉及外部因素，尤其是境外势力可能对国家安全造成的潜在威胁。这包括外国政府或非政府组织的干预、间谍活动、网络攻击、跨国犯罪等。

案例分析

案例

黄某某通过网络工具与境外人员建立联系，并多次根据对方的要求到军港附近收集军港内军舰的信息。黄某某使用望远镜观看和手机拍摄等方式搜集信息，并将这些信息整理后传送给境外人员，以获取报酬。直到被发现，黄某某已累计向境外人员提供了超过 90 次的信息，并收取了 5.4 万元人民币的报酬。法院最终判定，黄某某的行为构成为境外刺探、非法提供国家秘密罪，判处有期徒刑 5 年，并剥夺政治权利 1 年，同时没收个人财产 5 万元人民币。①

分析

黄某某与境外人员合作，违反国家安全法规，对国家安全构成直接威胁。此案例凸显了《国家安全法》在实际案件中的应用，尤其是防范、制止和惩治危害国家安全行为的部分。通过对黄某某的严厉判决，展示了国家法律对于保护国家安全的坚定态度和威慑力，对可能的违法行为起到警示作用。这个案例同时也表明，个人的行为如何可能危及国家安全，并强调了每个公民都有维护国家安全的责任和义务。此案例是对本条原则的具体应用，突显了国家在维护安全和主权方面的决心以及对法律违反者的严厉处理。

① 全民国家安全教育典型案例及相关法律规定 .[2023-12-26]. https://www.court.gov.cn/zixun/xiangqing/151722.html.

关联法规

《宪法》第28、54条,《刑法》第102、103、104、105、106、107、108、109、110、111条,《治安管理处罚法》第1、2,《反分裂国家法》《反间谍法》《反间谍安全防范工作规定》《反外国制裁法》《保守国家秘密法》《保守国家秘密法实施条例》《境外非政府组织境内活动管理法》《密码法》《国家情报法》《戒严法》有关条文。

习近平法治思想指引

要坚持总体国家安全观，坚持国家利益至上，以人民安全为宗旨，以政治安全为根本，加强国家安全体系和能力建设。

——习近平总书记在党的十九届五中全会第二次全体会议上的讲话（2020年10月29日）

第十六条　国家维护和发展最广大人民的根本利益，保卫人民安全，创造良好生存发展条件和安定工作生活环境，保障公民的生命财产安全和其他合法权益。

条文解读

这一条文对于理解国家安全和人民利益的关系，以及国家在维护人民权益方面的责任具有重要意义。其体现了国家安全的全面和深度，强调国家安全不仅仅是保护国家免受外部侵犯的问题，更是保障和提升公民福祉、维护社会稳定和促进国家长远发展的问题。

一、维护人民的根本利益

这一条文首先强调了国家对维护和发展最广大人民根本利益的承诺。国家的存在和发展都是为了人民的利益。这是国家的基本职责。国家通过制定和执行政策，推动经济发展和社会进步，提高人民的生活水平，保障人民的合法权益。这些都是为了实现和维护人民的根本利益。同时，本条也强调了国家对人民幸福生活的关注。国家的建设和发展应该以人民的福祉为出发点和落脚点，让人民共享发展成果。国家应加强对教育、医疗、就业等公共服务的投入，提高人民的生活质量，让人民过上更加幸福美好的生活。

二、保卫人民安全

国家是人民的守护者，有责任保护人民免受各种形式的威胁和侵害。这包括保护人民的生命财产安全，维护社会的稳定与和谐，防止恐怖主义、犯罪活动等对人民安全的威胁。为了实现这一目标，国家应加强对社会治安的综合治理，打击各类犯罪活动，维护社会的公平正义。同时，国家还应加强对国家安全的监管和防范，提高应对突发事件的能力，确保人民的安全和生命财产不受损害。此外，国家还应加强对公共安全的保障。公共安全是人民安全的重要组成部分，包括交通安全、食品安全、环境保护等方面。国家应加强对这些领域的监管和管理，确保公共安全不受威胁。

三、创造良好生存发展条件和安定工作生活环境

良好生存发展条件和安定工作生活环境是人民安居乐业的基础。为了创造良好生存发展条件，国家应加强对基础设施建设的投入，提高交通、通讯、能源等领域的水平，为人民群众提供更加便捷、高效的服务。同时，国家还应加强对自然环境的保护和治理，推动绿色发展，为人民创造更加宜居的环境。为了创造安定的工作生活环境，国家应加强对社会治安的综合治理，打击各类犯罪活动，维护社会的公平正义。同时，国家还应加强对劳动法的执行力度，保障劳动者的合法权益，为人民群众创造更加公平的工作环境。

四、保障公民的生命财产安全和其他合法权益

生命财产安全是基本人权，国家有义务保障公民的生命财产安全不受侵犯。同时，国家也应保护公民的其他合法权益。这些权益的保障有助于促进社会的公正和平等，增强人民的幸福感和获得感。为了保障公民的生命财产安全和其他合法权益，国家应加强对相关法律法规的制定和完善，加大对违

法行为的打击力度，为人民群众提供更加全面、有效的法律保障。同时，国家还应加强对公民权利意识的宣传和教育，提高公民的自我保护意识。

案例分析

案例

2015 年 8 月 12 日 22 时 51 分 46 秒，位于天津市滨海新区天津港的瑞海公司危险品仓库发生火灾爆炸事故，本次事故中爆炸总能量约为 450 吨 TNT，造成 165 人遇难（其中参与救援处置的公安现役消防人员 24 人、天津港消防人员 75 人、公安民警 11 人，事故企业、周边企业员工和居民 55 人）、8 人失踪（其中天津消防人员 5 人，周边企业员工、天津港消防人员家属 3 人），798 人受伤（伤情重及较重的伤员 58 人、轻伤员 740 人），304 幢建筑物、12 428 辆商品汽车、7 533 个集装箱受损。截至 2015 年 12 月 10 日，依据《企业职工伤亡事故经济损失统计标准》等标准和规定统计，事故已核定的直接经济损失 68.66 亿元。经国务院调查组认定，8·12 天津滨海新区爆炸事故是一起特别重大生产安全责任事故。[①]

分析

此次事故造成了重大的人员伤亡和财产损失，直接威胁到了人民的生命安全。本条中关于保卫人民安全的规定与这一事件中采取的紧急措施，如救援行动和医疗救助，直接相关。爆炸事故破坏了当地居民的生活环境和社会秩序，这直接违背了创造良好生活环境的国家安全目标。事后政府采取的行动，如加强警务工作和实施交通管制，旨在恢复正常的社会秩序和生活环境。此次事故中的巨大人员伤亡和财产损失直接关系到公民的生命财产安全。

政府和相关部门为保护受影响民众的生命财产安全而采取的措施，如医疗救援和经济补偿，体现了对公民合法权益的保护。综上所述，天津港“8·12”瑞海公司危险品仓库特别重大火灾爆炸事故及其后续的处理措施，充分体现了本条的精神。

---

① 天津港“8·12”瑞海公司危险品仓库特别重大火灾爆炸事故调查报告. [2023-12-27]. https://www.gov.cn/foot/2016-02/05/5039788/files/460731d8cb4c4488be3bb0c218f8b527.pdf?eqid=ff781916001784190000000066576b315.

关联法规

《宪法》第 13 条,《刑法》第 91、92 条,《行政处罚法》第 36 条,《最高人民法院关于民事执行中财产调查若干问题的规定》第 9 条,《消防法》第 1 条。

习近平法治思想指引

坚持以民为本、以人为本，坚持国家安全一切为了人民、一切依靠人民、真正夯实国家安全的群众基础。

——习近平总书记在中央国家安全委员会第一次会议上的讲话（2014 年 4 月 15 日）

第十七条　国家加强边防、海防和空防建设，采取一切必要的防卫和管控措施，保卫领陆、内水、领海和领空安全，维护国家领土主权和海洋权益。

条文解读

本条是关于维护国土安全任务的规定。国家应加强边防、海防和空防建设，并采取必要的防卫和管控措施来保卫国家的领土主权和海洋权益。

一、国土安全

国土安全不同于传统的领土安全。国际法对领土的概念界定为：国家领土是指隶属于国家主权的地球表面的特定部分；领土的组成部分包括四部分，领陆、领水、领陆和领水下的底土以及领陆和领水之上的领空；领土是国家的构成要素之一，是国家行使主权的空间、是国家主权的客体，是国家存在和发展的自然基础和物质基础。

二、加强边防、海防和空防建设

边防、海防和空防建设是国家安全不可或缺的一部分。边防、海防和空防的加强涉及多个方面。(1) 加强边防、海防和空防建设首先需要建立和维护一系列基础设施，包括边界围栏、监控塔、雷达系统、海岸和空中监视系统。这些设施的建设和升级旨在增强对潜在威胁的监测能力，从而提前预防和响应。(2) 提升技术和装备的投入。技术的进步为边防、海防和空防提供了更高效的工具。例如，卫星监测、无人机侦察和先进的通信系统等技术在现代边防中发挥着重要作用。此外，高级武器系统、舰船和飞机的引入，也显著提高了防御能力。(3) 增强人员培训。人员的培训和专业化是确保边防、海防和空防有效性的关键。培训内容包括战术训练、技术操作、情报分析和应急响应。专业且训练有素的人员是确保国家边界安全的基石。

三、采取必要的防卫和管控措施

为保护国家领土完整和主权，采取必要的防卫和管控措施至关重要。军事准备是防御策略的核心，包括战略规划、部队部署和战备状态的维持。这些措施确保在面对威胁时，国家能够迅速有效地作出反应。情报的收集和分析对于提前识别潜在威胁至关重要。这包括监控通信、分析敌对国家的军事活动和收集地理信息。定期的边境巡逻和海上巡航有助于维护国家边境的稳定和安全，同时防止非法跨境活动和海上侵权行为。空域监控包括使用雷达、卫星和飞机对空中活动进行监视。这有助于识别和拦截侵犯领空的未经授权的飞行物。

四、保卫领陆、内水、领海和领空安全

陆地边防的重点在于保护国家边界和防止非法入境、走私和其他跨境犯罪。陆地边防需要综合运用技术监控和人员巡逻来实现。内水和领海的保护不仅关乎领土完整，还涉及资源利用、生态保护和海上交通安全。有效的海洋治理包括海上执法、渔业管理和海洋资源的可持续开发。领空的安全涉及防空识别区的管理、对空中交通的监控和对潜在空中威胁的应对。

五、维护国家领土主权和海洋权益

本条还着重强调了维护国家领土主权和海洋权益的必要性。领土主权是

国家主权的核心，涉及国家的独立性和整体性。维护领土主权意味着保护国家不受外部势力的侵犯。这包括在国际争端中维护国家利益，以及确保国家法律在国内得到执行。海洋权益的维护则更为复杂，涉及海洋资源的开发、海洋环境的保护、海上航行的安全以及对海上争端的处理。海洋权益的维护不仅涉及领海的控制，还包括对海底资源的开发、海洋生态的保护和海上航线的安全。这要求国家在海洋政策制定和执行中保持清晰的战略方向和法律框架。

事例分析

事例

我国基础设施建设实现重大变革：中国从 1996 年起系统地开展了边海防基础设施建设。陆地边界长达 2.2 万多千米，大陆海岸线长达 1.8 万多千米，这些区域开始建设新的防御设施，从零散、单一、不配套向规模化、多样化、成体系的方向发展。

监控和巡逻的强化：在边境和海岸线上，中国广泛部署了各式监控前端，如同鹰眼一般监视着每一寸土地。例如，广西东兴是与邻国仅一河之隔的地区，曾是走私偷渡猖獗的地方，现在能通过监控系统及时发现并采取有效措施。

全域边海防执勤的实现：随着基础设施建设的快速发展，巡逻路、监控前端、预警装置、电力通信网络等开始覆盖边境和海岸线的“无人区”和“无人岛”，实现了全时全域边海防执勤。例如，云南省边防委员会办公室表示，边境管控模式由传统的人力巡逻转变为“可视化、智能化”，极大提高了边境管控效能。①

分析

这些实际成果显示了中国在加强边防、海防和空防建设方面取得的显著进展，这与本条的精神高度契合。通过这些举措，中国在保卫领陆、内水、领海和领空安全方面取得了实质性成果，有效维护了国家领土主权和海洋权益。

---

① 管边控海，筑起万里钢铁防：我国边海防基础设施建设实现跨越发展 . [2023-12-28]. http://www.mod.gov.cn/gfbw/qwfb/4896669.html.

关联法规

《国防法》第30、31、32条,《领海及毗连区法》第1、2、3、4、5条,《陆地国界法》第1、22、23、24、25条,《专属经济区和大陆架构法》第1、2、3、4、5条。

习近平法治思想指引

必须坚持国家利益至上，以人民安全为宗旨，以政治安全为根本，统筹外部安全和内部安全、国土安全和国民安全、传统安全和非传统安全、自身安全和共同安全，完善国家安全制度体系，加强国家安全能力建设，坚决维护国家主权、安全、发展利益。

——习近平总书记在中国共产党第十九次全国代表大会上的报告

（2017年10月18日）

第十八条　国家加强武装力量革命化、现代化、正规化建设，建设与保卫国家安全和发展利益需要相适应的武装力量；实施积极防御军事战略方针，防备和抵御侵略，制止武装颠覆和分裂；开展国际军事安全合作，实施联合国维和、国际救援、海上护航和维护国家海外利益的军事行动，维护国家主权、安全、领土完整、发展利益和世界和平。

条文解读

本条是关于国家通过加强武装力量建设、实施积极防御战略以及开展国际军事合作保卫国家主权、安全、领土完整、发展利益和世界和平的规定。本条描绘了一个全面发展、积极防御和国际合作的中国武装力量形象，展示了中国在国家安全法框架下，对武装力量的战略定位和未来发展方向。

一、国家加强武装力量革命化、现代化、正规化建设，建设与保卫国家安全和发展利益需要相适应的武装力量

中国人民解放军是中华人民共和国的武装力量，是保卫国家安全和发展利益的关键。革命化的武装力量指的是武装力量的政治属性和理念。中

国人民解放军是中国共产党领导的、保卫祖国、服务于人民革命斗争和国家建设的人民军队。中国共产党是中国人民解放军的缔造者和组织者。党的马克思列宁主义的政治路线和军事路线是这个军队取得胜利的决定性因素。紧紧地和人民站在一起，全心全意地为人民服务，就是这个军队的唯一宗旨。中国人民解放军必须坚决地为党的纲领、路线，为社会主义共产主义而奋斗。现代化的武装力量强调的是武装力量在装备、训练、战略和战术等方面的先进性。这涉及武器系统的升级、信息化战争的准备，以及对新兴战争形态的适应能力。武装力量的正规化主要指的是武装力量的组织和运作方式。这包括规范化的训练体系、严格的纪律机制、高效的指挥和控制体系，以及严密的法规和政策。武装力量的核心使命是保卫国家的安全和发展利益。这不仅包括传统的国防职责，还涉及对国家海外利益的保护，如海外公民和资产的安全，以及在全球战略要地的军事存在和对影响力的维护。

二、实施积极防御军事战略方针，防备和抵御侵略，制止武装颠覆和分裂

积极防御是一种防御性的战略思想和方针，但在必要时应采取主动措施以维护国家安全。这种战略的实施意味着在保持防御姿态的同时，还需具备快速反应和先发制人的能力。防备和抵御侵略涉及对所有外部军事威胁的防范，包括国家领土的防御、边境的安全以及对潜在军事冲突的准备。制止武装颠覆和分裂强调了武装力量在国内安全中的角色，特别是防止和制止任何企图颠覆国家政权或分裂国家的武装行动。

三、开展国际军事安全合作，实施联合国维和、国际救援、海上护航和维护国家海外利益的军事行动，维护国家主权、安全、领土完整、发展利益和世界和平

开展国际军事安全合作表明中国的国防政策不仅聚焦于国内和边境安全，还包括积极参与国际安全事务。通过与其他国家和国际组织的合作，中

国致力于构建一个更加和平稳定的国际环境。参与联合国维和行动和国际救援任务表明中国军队在国际社会中扮演着建设性角色，积极承担国际责任。海上护航，特别是在重要航道如亚丁湾护航，体现了中国在保护海上贸易和航运安全方面的活跃角色。同时，这也维护了国家海外利益，包括海外投资、公民和资源等。

事例分析

事例

2015 年 9 月，国家主席习近平出席联合国维和峰会，作出支持联合国维和行动的 6 项承诺。5 年来，中国政府和军队以实际行动切实履行相关承诺，推动构建人类命运共同体，继续加大联合国维和行动参与力度。

持续提供力量支撑。2015 年以来，中国军队发扬派遣保障分队参加维和行动的传统和优势，派出 7 000 多人次的工兵、医疗、直升机等保障力量。2017 年 9 月，中国军队完成 8 000 人规模维和待命部队共 10 类专业力量 28 支分队在联合国的注册工作。2018 年 10 月，13 支维和待命分队通过联合国考察评估晋升为二级待命部队。2019 年至 2020 年，先后有 6 支维和待命分队由二级晋升为三级待命部队。目前，中国维和待命部队成为新的联合国维和能力待命机制中数量最多、种类最齐全、装备最精良的力量。

务实推进共建共享。携手共进，合作共赢，是中国军队参加联合国维和行动秉持的基本理念之一。2015 年以来，中国军队先后举办保护平民、维和特派团高级官员、维和教官等 20 批专业培训，为 60 多个国家训练维和人员 1 500 余人；积极开展扫雷援助项目，为多国培训扫雷人员 300 余人；推动落实对非盟 1 亿美元无偿军事援助，支持非洲常备军和危机应对快速反应部队建设。

积极贡献中国方案。中国是安理会常任理事国中派出维和军事人员最多的国家，也是联合国维和行动第二大出资国。2015 年以来，中国军队广泛参与联合国维和专题审议和政策制定，组织《联合国维和工兵分队手册》《联合国维和军事情报手册》的专家编审国际会议，参加联合国维和步兵、警卫、航空等多部指导手册编写修订；就联合国维和行动改革、提高维和行动效能、保障维和人员安全等建言献策，为维和行动发展贡献中国方案和中国智慧。[①]

分析

中国在落实《国家安全法》第18条的过程中，通过加强武装力量建设和积极参与国际军事安全合作，履行了对国际维和行动的承诺，展示了其在维护国家安全和世界和平方面的积极作为。这些行动不仅增强了中国的国防力量，也提升了其在国际社会中的地位和影响力。在加强武装力量建设方面，自2015年以来，中国政府和军队一直在落实武装力量的现代化和正规化建设。通过派遣超过7 000人次的工兵、医疗和直升机等保障力量，中国不仅提升了自身的维和能力，也为国际维和行动提供了强大的支撑。这些举措表明中国在提升军事力量的同时，积极参与国际事务，履行大国责任。在实施积极防御军事战略方针方面，中国的维和待命部队规模庞大、种类齐全、装备精良，展现了中国实施积极防御军事战略方针的决心和能力。通过维和行动，中国有效防备和抵御了可能的侵略行为，同时也制止了武装颠覆和分裂活动。这体现了中国在国际安全事务中的负责任态度。在开展国际军事安全合作方面，中国在维护国际和平与安全方面作出积极贡献，符合《国家安全法》第18条所提到的开展国际军事安全合作的要求。在维护国家主权、安全、领土完整、发展利益和世界和平方面，通过实际行动和国际合作，中国不仅维护了自身的国家主权、安全、领土完整和发展利益，还为世界和平做出了重要贡献。中国作为联合国维和行动的第二大出资国和安理会常任理事国中派出维和军事人员最多的国家，展现了其在国际事务中的领导地位和责任担当。

关联法规

《国防法》第2、20、67条，《最高人民法院、解放军总政治部关于认真处理涉军纠纷和案件切实维护国防利益和军人军属合法权益的意见》，《中央军委关于深化国防和军队改革的意见》，《中国人民解放军警备条令》第72条，《中国人民解放军纪律条令（试行）》第8条，《中国共产党军队支部工作条例》第11条。

---

① 维护世界和平的关键力量：中国军队参加联合国维和行动30周年综述 . [2023-12-29]. https://www.gov.cn/xinwen/2020-09/18/content_5544627.htm.

习近平法治思想指引

我们要坚持党对人民军队的绝对领导，全面贯彻新时代党的强军思想，不断推进政治建军、改革强军、科技兴军、依法治军，加快形成中国特色、世界一流的武装力量体系，构建中国特色现代作战体系，推动人民军队切实担负起党和人民赋予的新时代使命任务。

——习近平总书记在第十三届全国人民代表大会第一次会议上的讲话

（2018 年 3 月 20 日）

第十九条 国家维护国家基本经济制度和社会主义市场经济秩序，健全预防和化解经济安全风险的制度机制，保障关系国民经济命脉的重要行业和关键领域、重点产业、重大基础设施和重大建设项目以及其他重大经济利益安全。

条文解读

本条是关于维护经济安全任务的规定，阐述了国家在维护经济安全方面的战略和措施。

经济安全是指在经济发展过程中，维持国家经济秩序正常运转，使国家的经济发展、经济利益免受内外环境的干扰、威胁和破坏。习近平总书记在中央国家安全委员会第一次会议上强调，坚持总体国家安全观要“以经济安全为基础”。以经济安全为基础，国家在发展过程中能够实质性保障国家的经济制度、金融体系、能源资源等不受威胁和侵害，同时对可能发生的外部经济冲击有应对之策，保证国家经济在安全的状态下持续稳定健康地发展。坚持以经济安全为基础的总体国家安全观，是以习近平同志为核心的中央领导集体面对严峻的国际国内形势作出的重大举措。

一、维护国家基本经济制度和社会主义市场经济秩序

社会主义市场经济体系的核心在于实现市场机制与政府调控的有效结合。在资源配置中，在市场发挥其基础性作用的同时，政府也需要发挥其在宏观调控、市场监管和公共服务中的作用。在市场经济体系下，价格机制、

供需关系和市场竞争是决定资源分配和经济活动的关键因素。国家的角色是通过制定政策、法律和规章来引导市场发展，保障市场秩序，以及在必要时进行干预以避免市场失灵。

二、健全预防和化解经济安全风险的制度机制

经济安全风险多种多样，包括金融风险（如银行危机、股市波动）、市场风险（如价格波动、供需失衡）、国际贸易冲突（如贸易壁垒、关税战）等。建立和完善预防和化解经济安全风险的制度机制，意味着构建一个全方位的风险管理体系。这包括风险监测、早期预警、风险评估和应对策略的制定。面对错综复杂、快速变化的经济环境，要"从坏处准备，争取最好的结果，牢牢把握主动权"。

三、保障重要经济领域的安全

重要行业和关键领域，如能源、交通、信息技术和金融等，是国家经济稳定和发展的支柱。保障这些领域的安全对于维护国家整体经济安全至关重要。重点产业和重大基础设施项目是国家经济发展的基石。保护这些领域的安全不仅涉及物理安全，还包括网络安全、技术安全和供应链的安全。随着科技的发展和全球化的深入，新兴领域如网络安全、科技创新和海外投资成为国家经济安全的新焦点。这要求国家在传统的经济安全领域之外，也要关注这些新兴领域的安全。通过强化国家基本经济制度，完善风险预防和化解机制，以及保护关键经济领域的安全，中国致力于在《国家安全法》的框架下保障经济的稳定、健康和持续发展。

案例分析

案例

2018 年 12 月 1 日，孟晚舟在加拿大温哥华被捕，美国向加拿大要求引渡她。12 月 7 日，加拿大法院就此事举行保释听证会。12 月 11 日，加拿大法院作出裁决，批准华为公司首席财务官孟晚舟的保释申请。

2019 年 1 月 29 日，美国正式向加拿大提出引渡孟晚舟的请求。中方敦

促美方立即撤销对孟晚舟的逮捕令及正式引渡要求。3 月 1 日，加拿大司法部长决定就孟晚舟案签发授权进行令。3 月 3 日，孟晚舟已提起对加拿大政府的民事诉讼。3 月 6 日，孟晚舟在温哥华再次出庭，引渡听证会延期至 5 月 8 日。

2020 年 1 月 20 日，加拿大法院再次就孟晚舟案举行听证会。5 月 28 日，法官宣布判决结果，孟晚舟未能获释。7 月 23 日，华为已向加拿大法院申请中止将孟晚舟引渡到美国。7 月 24 日，加拿大不列颠哥伦比亚省高等法院公开孟晚舟引渡案下一阶段庭审的证据材料。8 月 17 日，加拿大不列颠哥伦比亚省高等法院就孟晚舟案举行庭审。11 月 16 日，加拿大不列颠哥伦比亚省高等法院再次举行孟晚舟案听证会。

2021 年 8 月 18 日，孟晚舟引渡案结束审理。

2021 年 9 月 25 日，孟晚舟乘坐中国政府包机返回祖国。同日，人民日报评孟晚舟回国：没有任何力量能够阻挡中国前进的步伐。

当地时间 2022 年 12 月 2 日，美国法院正式撤销孟晚舟“银行欺诈”等指控，且不能重新提起诉讼。①

分析

孟晚舟事件不仅是一个涉及个体权益的司法案件，更是一个关乎中国经济安全和国家利益的重大事件。此事件充分展示了在全球化背景下，经济安全与国家整体安全之间的紧密联系。华为作为中国的科技巨头，其经济安全与中国国家安全紧密相连。孟晚舟作为华为的高管，其被捕和引渡请求不仅是对她个人的攻击，更是对华为和中国的经济安全的威胁。这一事件揭示了，在当前的国际环境下，跨国公司的经济安全已成为国家安全的重要延伸。孟晚舟事件的解决不仅需要法律手段，还需要政治、外交、经济等多方面的综合施策。中国政府在此事件中采取的一系列措施，充分展示了维护国家经济安全的综合能力和智慧。总的来说，孟晚舟事件的处理过程充分展示了经济安全在国家安全中的重要地位和作用。此事件也提醒我们，在全球化时代，维护国家经济安全需要综合施策、加强国际合作与协调以及坚定捍卫国际法和国际规则。

---

① 孟晚舟顺利回到祖国 . [2023-12-09]. https://baijiahao.baidu.com/s?id=1711911709457068930&wfr=spider&for=pc.

关联法规

《最高人民法院、国家发展和改革委员会关于为新时代加快完善社会主义市场经济体制提供司法服务和保障的意见》,《中华人民共和国外商投资法》第 6、28 条,《自由贸易试验区外商投资国家安全审查试行办法》。

习近平法治思想指引

我们要坚决维护我国发展利益，积极防范各种风险，确保国家经济安全。

——习近平总书记在十八届中央政治局第二十八次集体学习时的讲话（2015 年 11 月 23 日）

第二十条　国家健全金融宏观审慎管理和金融风险防范、处置机制，加强金融基础设施和基础能力建设，防范和化解系统性、区域性金融风险，防范和抵御外部金融风险的冲击。

条文解读

本条是关于维护金融安全的规定，阐述了国家在维护金融安全方面的战略和措施。

一、金融安全

在实现中华民族伟大复兴的进程中，协调推进社会主义现代化金融强国和维护国家金融安全这两个目标显得尤为重要。这不仅为民族复兴提供了坚实的金融保障，还确保了金融体系的稳定与安全。首先，金融风险与金融发展是紧密相连的。金融安全在国家安全体系中具有举足轻重的地位，确保金融安全是实现国家整体安全的重要前提。金融安全贯穿国家安全的各个领域和环节，只有确保金融安全，才能实现政治、经济、文化、社会等其他方面的安全。金融在国家发展中扮演着核心角色，通过优化资源配置、提高市场效率和服务实体经济，金融体系为国家的经济增长提供了强大的支持。然而，如果金融体系不稳定，风险突出，这些作用将难以充分发挥。因此，金融体系的稳定性至关重要，是金融发挥其核心作用的基础。习近平总书记多次强调，要从坏处着眼，争取最好的结果，做到有备无患、临事不惊，牢牢把握主动权。这种底线思维能够有效避免重大失误和挫折，防止发生颠覆性错误。习近平总书记的指示强调了金融安全在总体国家安全观中的重要性，维护金融安全是保障国家安全和社会稳定的基础。

二、国家健全金融宏观审慎管理和金融风险防范、处置机制

有效的经济制度在促进经济主体的激励与约束方面起关键作用：通过明确的规则和规范，提升交易效率，降低交易成本，减少信息不对称和交易风险，创造公平竞争环境，促进资源有效配置。经济制度的稳定性和可预测性为经济增长提供基础条件，增强市场信心，推动持续发展。自新中国成立以来，中国逐步构建了具有中国特色的社会主义金融体系，经历了从无到有、从弱到强的发展历程。伴随国民经济快速发展，金融体系不断完善，从单一银行体系发展为多层次、多元化的金融市场体系，体现了经济发展需求和全球金融发展的趋势。在金融制度与社会经济发展的融合过程中，金融为实体经济提供资金支持，推动企业技术创新和产业升级；实体经济的发展又为金融市场提供投资机会，确保资源高效配置和经济持续增长，形成良性循环。我国逐步建立了现代金融机构和多层次资本市场体系，包括银行、证券、保险等金融机构，以及股票市场、债券市场、期货市场等。这些体系支持企业融资、风险管理和资源配置，促进经济发展和社会进步。不断完善的金融体系增强了经济发展的韧性和活力，与迈向金融强国的目标一致。通过改革和创新，中国正逐步实现从金融大国向金融强国的转变，提升国际金融体系中的话语权和影响力，为中国经济长期稳定发展和全球经济繁荣作出积极贡献。

三、加强金融基础设施和基础能力建设，防范和化解系统性、区域性金融风险，防范和抵御外部金融风险的冲击

金融的基本底线是防范风险。习近平总书记强调，要高度警惕“黑天鹅”和“灰犀牛”事件，这些不可预测且影响重大的事件可能引发系统性金

融风险。因此，防范风险不仅是金融管理的基本要求，也是维护国家经济安全的重要保障。面对复杂的国际形势和艰巨的改革任务，我们必须保持高度警惕。国际局势和地区环境的不确定性对我国金融稳定提出新的挑战，防范金融风险尤为重要。全球经济一体化加速，发达国家过度金融化增加了全球金融体系的风险性和不确定性。一旦出现问题，风险可能迅速波及全球。中国必须警惕风险外溢效应，采取措施防范金融冲击。金融风险防范是金融活动的起点，金融监管是实现这一目标的重要手段。有效的金融监管可以及时发现并纠正金融体系中的问题，防止风险积聚和扩散，提升金融机构的风险管理能力，保障金融体系的健康稳定发展。自十八大以来，中国金融业取得了历史性跨越，银行业总资产规模全球第一，保险、债券、股票市场规模全球第二。这些成就展示了我国金融业的发展潜力和市场规模，同时提醒我们不能忽视金融风险的防范和控制。国家必须牢牢掌握防范金融风险的主动权，切实加强金融监管，建立有效的风险识别和应对机制。在世界经济复苏缓慢、国际环境复杂多变的背景下，国内正处于向高质量发展转变的关键时期，金融体系的稳定对经济发展至关重要。我们必须确保金融体系的稳定与安全，为经济发展提供坚实支撑。通过深化金融监管改革，提升监管能力和效率，防范和化解各类金融风险，为经济社会的持续健康发展提供有力保障。

案例分析

案例

包商银行是一家总部位于内蒙古自治区包头市的城市商业银行，其分行覆盖全自治区，并在自治区外设有分行和村镇银行，规模相对较大。然而，在 2019 年 5 月，由于包商银行出现严重的信用风险，监管部门决定对其进行接管。接管的原因主要是包商银行存在公司治理架构异常、股权结构失衡、内部管理失控以及外部监控失效等问题。

首先，包商银行的股权结构存在严重失衡的问题。据报道，“明天系”作为实际股东，其持股比例高达 89.27%，远远超过了其他股东。这种股权结构的失衡导致了公司治理体系的不健全，使得“明天系”能够获取大量不正当的关联贷款，进而加剧了银行的信用风险。

其次，包商银行的内部管理失控。管理层在贷款审批、风险控制等方面存在严重问题，形成了大量不正当放款。这些放款往往没有经过充分的风险评估和审批程序，导致银行资产质量严重下降。

最后，包商银行的外部监控也失效了。会计师事务所等中介机构作为最后防线，未能及时发现和揭示银行存在的问题和风险。这使得包商银行的风险不断积累，最终引发了监管部门的接管行动。①

分析

在接管过程中，监管部门采取了一系列措施来维护金融稳定和保护储户利益。这包括保障储户存款安全、维持银行正常运营、推动风险处置等。同时，监管部门还加强了对其他金融机构的监管和风险防范，以防止类似事件再次发生。总的来说，包商银行案例揭示了金融风险防范和处置的重要性。它提醒我们，在金融领域，必须时刻保持警惕，加强监管和防范风险，以确保金融系统的稳定和安全。

关联法规

《国期货和衍生品法》第 1 条，《中国人民银行法》第 2 条，《金融违法行为处罚办法》第 1 条，《存款保险条例》第 1 条，《征信业管理条例》第 27 条，《防范和处置非法集资条例》第 1 条，《关于骗购外汇、非法套汇、逃汇、非法买卖外汇等违反外汇管理规定行为的行政处分或者纪律处分暂行规定》第 1 条。

习近平法治思想指引

金融制度是经济社会发展中重要的基础性制度。

——习近平总书记在第五次全国金融工作会议上的讲话

（2017 年 7 月 15 日）

第二十一条　国家合理利用和保护资源能源，有效管控战略资源能源的开发，加强战略资源能源储备，完善资源能源运输战略通道建设和安全

① 包商银行金融风险处置案. [2023-12-29]. http://www.pbc.gov.cn/goutongjiaoliu/113456/113469/4068117/2020080617373334147.pdf.

保护措施，加强国际资源能源合作，全面提升应急保障能力，保障经济社会发展所需的资源能源持续、可靠和有效供给。

条文解读

本条是对我国资源能源管理与保障的重大战略部署的规定，其核心目标是确保国家资源能源的安全、稳定和可持续供给，以支撑经济社会的持续健康发展。

一、资源能源管理的基本原则

“合理利用和保护”是我国在资源能源管理上的基本原则。合理利用意味着我们要科学、高效地使用各种资源能源，避免浪费和过度消耗，同时也要注重资源能源的再生和循环利用，以实现资源能源的最优配置。保护资源能源则要求我们尊重自然规律，防止对资源能源的破坏和竭泽而渔，维护生态平衡，实现人与自然的和谐共生。

二、资源能源管理的实现途径

首先，“有效管控战略资源能源的开发”这一规定，强调了对关键性、战略性资源能源的特殊管理和控制。这包括但不限于石油、天然气、煤炭、稀土等重要矿产资源，以及水资源、土地资源等。有效管控意味着我们需要建立和完善相关的法规政策，强化监管力度，确保这些战略资源能源的开发活动符合国家的整体利益和长远发展规划。

其次，“加强战略资源能源储备”是应对突发事件和市场波动的重要手段。通过建立和维护充足的资源能源储备，我们可以有效抵御外部冲击，保障国内市场的供应稳定，维护经济社会的正常运行。

再次，“完善资源能源运输战略通道建设和安全保护措施”则是保障资源能源供给畅通的关键环节。建设多元、安全、高效的运输通道，可以提高资源能源的运输效率，降低运输风险，确保资源能源及时、准确地送达需求地。

最后，“加强国际资源能源合作”是我国参与全球资源能源治理，实现资源能源多元化供应的重要途径。通过与其他国家和地区开展平等、互利、共赢的合作，我们可以共享资源能源，分散供应风险，提升我国在全球资源能源市场中的地位和影响力。

资源能源管理安全主要体现在“全面提升应急保障能力”和“保障经济社会发展所需的资源能源持续、可靠和有效供给”两个方面。只有全面提升我国的应急处置能力和资源能源供给保障水平，才能确保在面对各种复杂情况和挑战时，我国的经济社会发展不会受到资源能源短缺的制约。

我国资源能源管理法律制度不断完善，经历了从依靠红头文件、借助行政手段，到法制化管理的转变过程。近年来，中央和地方陆续颁布一系列资源能源管理法律、法规、规章等规范性文件，截至 2024 年 3 月，有资源能源管理法律法规 20 部、规章 200 多件。我们必须全面理解和贯彻本条的精神实质，以此为导向，不断优化我国的资源能源管理机制和政策体系，为我国的经济社会发展提供坚实的资源能源保障。

案例分析

案例

山西某能源投资集团有限公司在 2015 年上半年至 2018 年 7 月期间，涉嫌作为黑社会性质组织进行非法活动。在陈某志的指使下，该集团下属企业和子公司越界进入他人矿区范围开采煤炭，这种行为严重违反了矿产资源管理和采矿权法律法规。他们不仅非法开采，还对盗采的煤炭进行了统一的洗选和销售，以此谋取巨额非法利益。这些非法活动为陈某志领导的黑社会性质组织提供了重要的经济支持。

经山西省自然资源厅认定，这个案件中的非法越界开采行为破坏了大量可采煤炭资源，总量达到了 655.31 万吨，价值高达 423 679.35 万元，造成了严重的经济损失和环境破坏。①

分析

该案例体现了司法机关对涉黑犯罪以及非法采矿、破坏资源等违法行为的严厉打击态度。通过这样的审判和惩处，旨在维护正常的矿业秩序，保护

① 最高人民法院关于充分发挥环境资源审判职能作用依法惩处盗采矿产资源犯罪的意见.[2022-07-08]. https://www.court.gov.cn/fabu/xiangqing/364911.html.

国家矿产资源，同时也展现了我国在打击黑社会性质组织和保护生态环境方面的坚定决心。

关联法条

《刑法》第294、343条，《矿产资源法》第3、39条，《环境保护法》第42、64条，《最高人民法院、最高人民检察院关于办理非法采矿、破坏性采矿刑事案件适用法律若干问题的解释》。

习近平法治思想指引

面对能源供需格局新变化、国际能源发展新趋势，保障国家能源安全，必须推动能源生产和消费革命。

——习近平总书记在中央财经领导小组第六次会议上的讲话

（2014年6月13日）

第二十二条　国家健全粮食安全保障体系，保护和提高粮食综合生产能力，完善粮食储备制度、流通体系和市场调控机制，健全粮食安全预警制度，保障粮食供给和质量安全。

条文解读

本条是关于国家粮食安全的规定，党的二十大强调“全方位夯实粮食安全根基”，为新时代进一步保障粮食安全指明了重要方向，也对我国粮食安全保障提出了更高的要求。

一、建立国家健全粮食安全保障体系

“国家健全粮食安全保障体系”是整个条款的核心目标。粮食安全保障体系是一个包括生产、储备、流通、消费等多个环节的综合性系统。健全这一体系意味着国家需要在各个环节上制定和完善相关政策和法规，确保粮食供应的稳定和安全。

二、保障粮食安全的具体措施

1. 保证国家粮食综合生产能力

粮食综合生产能力是指一个地区或国家在一定时期内，通过合理利用各种生产要素，所能生产的粮食总量。保护和提高这一能力，就是要保障耕地资源，推广现代农业科技，提升农业生产力，确保在任何情况下都能满足国内粮食需求。基于我国人口众多、耕地资源有限的情况，习近平总书记在多个重要场合提出“牢牢守住18亿亩耕地红线”①,“18亿亩耕地红线仍然必须坚守”②，“要严守耕地红线，稳定粮食播种面积，加强高标准农田建设”③。

2. 建立科学的粮食储备制度

粮食储备是保障粮食安全的重要手段，通过科学合理的储备制度，可以在灾害、战争等突发事件中保证粮食供应。流通体系的完善则可以降低粮食运输和交易的成本，提高效率。市场调控机制则是通过价格、政策等手段，引导和调节粮食生产和流通，防止市场波动对粮食安全产生的影响。

3. 健全粮食安全预警制度

预警制度旨在提前发现和应对可能威胁粮食安全的各种风险和挑战，包括自然灾害、疾病疫情、国际贸易变动等。通过建立科学的监测、评估和预警机制，可以及时采取措施，减少风险对粮食安全的影响。

4. 确保粮食供给和质量安全

粮食供给不仅要充足，还要安全。这就要求国家在粮食生产、加工、储存、运输和销售等各个环节加强监管，确保粮食的质量和安全，保护消费者权益，维护公众健康。2022年9月，习近平总书记在撒马尔罕上合组织峰会上特别强调要提高粮食安全保障水平④，同年11月15日在G20峰会期间他

---

① 中央经济工作会议在北京举行 习近平李克强作重要讲话 栗战书汪洋王沪宁赵乐际韩正出席会议. 人民日报，2020-12-19(1).

② 中央农村工作会议在北京举行 习近平李克强作重要讲话. 人民日报，2013-12-25(1).

③ 习近平在参加江苏代表团审议时强调 牢牢把握高质量发展这个首要任务. 人民日报，2023-03-06(1).

④ 习近平出席上海合作组织成员国元首理事会第二十二次会议并发表重要讲话（2022年9月16日）. 人民日报，2022-09-17(1).

再次谈到粮食安全是全球发展最紧迫的挑战之一，而发展中国家的粮食安全风险更为突出。

粮食的生产、储备、预警涵盖了粮食生产的各个环节，强调了预防为主、综合防治的原则，体现了国家对粮食安全的高度重视和坚定决心。粮食安全体系是一个综合性、复杂性与动态性的有机系统，必须通过完备的法律体系进行保障。《粮食安全保障法》已于2023年12月29日通过，2024年6月1日起正式实施。在未来，我国将继续深化粮食安全制度改革，强化粮食安全保障能力，为实现国家长远发展和人民美好生活提供坚实的物质基础。

案例分析

案例

周某某在2010年7月至2021年8月任江苏省响水县某粮库法定代表人、主任（2014年9月兼任某粮油管理所所长）；2021年8月至10月，响水县某粮库、某粮油管理所先后改制为响水县某粮食公司、某粮食公司分公司，周某某任法定代表人、执行董事。

在任职期间，周某某利用职务便利通过私自销售“升溢粮”、虚构虚增工程设备款和“力资费”等方式，侵吞单位公款。同时，周某某为粮食经销商在租赁粮食烘干房、粮食收储、申报国家稻谷风险补贴等方面谋取利益，索取、非法收受财物。并且，周某某与他人计议通过从事“托市粮”收储业务获利，建设私人粮库从中获取非法利益。

2022年4月12日，响水县监察委员会将周某某贪污、受贿、非法经营同类营业案移送审查起诉。同年8月10日，响水县人民检察院对周某某以贪污罪、受贿罪、非法经营同类营业罪向响水县人民法院提起公诉。同年12月8日，响水县人民法院以周某某犯贪污罪、受贿罪、非法经营同类营业罪数罪并罚，决定合并执行有期徒刑五年九个月，并处罚金43万元。该案判决已生效。①

---

① 粮食购销领域职务犯罪典型案例 .[2023-12-08]. https://www.spp.gov.cn//xwfbh/dxal/202312/t20231209_636352.shtml.

分析

本案中，周某某利用职务之便，通过贪污、受贿等手段“靠粮吃粮”，对国家粮食安全造成了实质性损害。国有粮食企业是国家粮食安全的“守门人”，部分企业管理人员利用粮食系统封闭性、专业性以及垂直性等特点，在粮食领域购、销、储等重点环节，采用隐蔽手段实施违法犯罪行为，如对内通过侵吞“升溢粮”销售款、虚增虚报“力资费”等方式，贪污公共财物的，对外通过权钱交易进行权力寻租，甘于被围猎，为粮食经销商在粮食收储、申报国家补贴等方面提供便利，扰乱粮食购销秩序的，依法应追究刑事责任。

关联法规

《刑法》第 165、382、383、385、386 条，《最高人民法院、最高人民检察院关于办理贪污贿赂刑事案件适用法律若干问题的解释》第 2、19 条。

习近平法治思想指引

全方位夯实粮食安全根基，全面落实粮食安全党政同责……确保中国人的饭碗牢牢端在自己手中。

——习近平总书记在中国共产党第二十次全国代表大会上的报告

（2022 年 10 月 16 日）

第二十三条　国家坚持社会主义先进文化前进方向，继承和弘扬中华民族优秀传统文化，培育和践行社会主义核心价值观，防范和抵制不良文化的影响，掌握意识形态领域主导权，增强文化整体实力和竞争力。

条文解读

本条是关于文化领域安全问题的规定。文化安全是国家安全的重要组成部分。国家文化安全的本质就在于维护国家文化利益，确保国家文化利益不受侵害。

在现代社会，文化安全与文化主权密不可分。为了确保国家安全的凝聚力，必须要保证文化安全。习近平总书记曾指出：“世界上各种文化之争，本质上是价值观念之争，也是人心之争、意识形态之争”，“能否做好意识形态安全，事关党的前途命运，事关国家长治久安，事关民族凝聚力和向心力”①。

一、坚持社会主义先进文化前进方向

习近平总书记指出，“人类社会每一次跃进，人类文明每一次升华，无不伴随着文化的历史性进步”②。这明确了我国在文化发展上的基本原则和目标。社会主义先进文化是以马克思主义为指导，符合中国特色社会主义发展方向，具有时代特征和民族特色的先进文化。这一方向强调了文化发展的人民性、科学性和先进性，旨在推动文化创新和进步，满足人民群众日益增长的精神文化需求。

二、文化安全的实现途径

1. 继承和弘扬中华民族优秀传统文化

中华民族优秀传统文化是中华民族的精神标识和文化基因，蕴含着深厚的历史智慧和人文精神。习近平总书记指出：“文明特别是思想文化是一个国家、一个民族的灵魂。无论哪一个国家、哪一个民族，如果不珍惜自己的思想文化，丢掉了思想文化这个灵魂，这个国家、这个民族是立不起来的。”③继承和弘扬这些优秀传统文化，不仅可以增强民族自豪感和文化自信，也有助于在全球化背景下保持文化的多样性和独特性。

2. 培育与继承社会主义核心价值观

社会主义核心价值观是构建社会主义和谐社会的重要基础。社会主义核心价值观是我国全体公民应当共同遵守的价值观念和行为准则，包括爱国、

---

① 习近平在全国宣传思想工作会议上的讲话 把宣传思想工作做得更好（2013 年 8 月 19 日）. 人民日报，2013-08-21(1).

② 习近平在纪念孔子诞辰 2 565 周年国际学术研讨会暨国际儒学联合会第五届会员大会开幕会上的讲话 . 人民日报，2014-9-25(2).

③ 中共中央文献研究室 . 习近平关于社会主义文化建设论述摘编 . 北京：中央文献出版社，2017: 5.

敬业、诚信、友善、自由、平等、公正、法治等基本内容。通过培育和践行社会主义核心价值观，可以引导全社会形成积极向上的道德风尚和社会风气。

3. 防范和抵制不良文化的影响

不良文化是指与社会主义核心价值观相悖，对社会公序良俗和公众身心健康造成负面影响的文化现象和思潮。国家需要采取有效措施，加强对各类文化产品的监管和审查，防止其对社会产生不良影响。

4. 掌握意识形态领域主导权

掌握意识形态领域主导权是维护国家文化安全和政治稳定的关键。意识形态是关于社会制度、价值观念、思想理论等方面的根本认识和信仰体系，对社会的发展方向和民众的思想行为具有重要影响，因此，国家需要在意识形态领域发挥主导作用，引导公众思想走向，防止错误或有害的思想观念的传播和影响。

5. 增强文化整体实力和竞争力

文化软实力是国家综合实力的重要组成部分，包括文化产品和服务的质量和影响力、文化人才的素质和创新能力、文化交流和传播的广度和深度等方面。习近平总书记在主持中共中央政治局第十二次集体学习时强调："提高国家文化软实力，关系'两个一百年'奋斗目标和中华民族伟大复兴中国梦的实现。"①通过增强文化整体实力和竞争力，我国可以在全球范围内推广中华文化，提高国家形象和声誉。

本条深刻反映了我国在文化安全和意识形态工作上的全面布局和长远规划。这些举措旨在构建一个健康、繁荣、和谐的文化环境，为实现中华民族伟大复兴的中国梦提供强大的精神动力和文化支撑。

经典案例

案例

自2020年2月以来，张某为吸引网民关注，以所谓"爆料"为名，多

① 习近平在中共中央政治局第十二次集体学习时强调 建设社会主义文化强国 着力提高国家文化软实力．人民日报，2014-01-01(1).

次在境外社交平台发布大量炒作、编造、污蔑类虚假信息517条。南充市公安机关在张某住所查获并收缴由张某著、境外某出版社出版的图书6本，经新闻出版部门鉴定为非法出版物。2020年3月，南充市公安局立案侦查，同年5月，将张某抓获归案并依法刑事拘留。2021年9月，张某被判处有期徒刑2年6个月。[①]

分析

在本案中，张某编造虚假信息、经营非法出版物，对我国文化形象造成损害，危害我国文化安全。审判机关对张某的判决，彰显了我国法律对网络犯罪的零容忍态度。有期徒刑2年6个月的判决，不仅是对张某违法行为的严厉惩罚，也是对全社会的警示：任何人在网络空间的言行都必须遵守法律法规，不得挑战法律底线。

关联法规

《刑法》第225、246、291条。

习近平法治思想指引

以人民安全为宗旨、以政治安全为根本、以经济安全为基础、以军事科技文化社会安全为保障、以促进国际安全为依托。

——习近平总书记在中国共产党第二十次全国代表大会上的报告

（2022年10月16日）

第二十四条　国家加强自主创新能力建设，加快发展自主可控的战略高新技术和重要领域核心关键技术，加强知识产权的运用、保护和科技保密能力建设，保障重大技术和工程的安全。

条文解读

本条主要聚焦于科技创新和安全方面。

---

① 四川公安发布5起危害国家安全典型案例 . [2024-06-26]. https://gat.sc.gov.cn/scgat/c103399/2023/4/14/53b7429e2268426d84ddca8e6b900136.shtml.

一、重视自主创新能力建设

我国对科技创新与自产可控高度重视。自主创新是指依靠自身力量进行科学研究和技术开发，掌握核心技术，减少对外部技术的依赖。通过加强自主创新能力建设，我国可以提升科技自主性和创新能力，推动科技进步和产业升级，增强国家的竞争力和抵御风险的能力。

二、科技安全的保障方案

1. 加快发展科学技术

战略高新技术和重要领域核心关键技术是决定一个国家科技实力和国际地位的关键因素，包括但不限于信息通信、航空航天、新能源、新材料、生物医药等领域的技术。这些技术的发展不仅可以推动经济社会发展，也是维护国家安全和战略利益的重要保障，因此，加快这些技术的自主研发和创新，实现自主可控，是我国科技发展战略的重要目标。

2. 知识产权助力科技发展

知识产权是创新成果的重要体现，对其的有效运用和保护可以激励创新，促进科技成果的转化和应用。同时，科技秘密是企业或国家的核心竞争力，保护科技秘密可以防止技术和知识被非法盗用，维护企业的市场优势和国家的技术安全，因此，加强对知识产权的运用、保护和科技保密能力建设，是保障科技创新和安全的重要手段。

3. 保障重大技术和工程的安全

重大技术和工程的安全不仅关乎经济利益，更关乎国家安全和社会稳定，因此，国家需要从技术研发、生产制造到使用维护等全过程进行安全管理，防止技术失控、工程失败或被恶意利用等情况发生，确保技术和工程的安全可靠。

本条充分体现了我国在科技创新和安全方面的全面布局和系统思考，强调了提升自主创新能力和加强关键技术的自主可控，保护知识产权和科技秘密，以及确保重大技术和工程的安全，旨在构建一个安全、自主、可控的科技创新体系，为我国的经济社会发展和国家安全提供强大的科技法律支撑和保障。

实施这一条款，需要政府、企业和科研机构等各方共同努力，加大科技创新投入，优化创新环境，培养创新人才，加强国际合作与交流，提高科技成果转化效率，同时强化科技安全管理和风险防控，确保科技创新活动的健康、有序和可持续发展。只有这样，才能真正实现科技创新驱动发展，维护国家的科技竞争优势和国家安全，为实现中华民族伟大复兴的中国梦提供强大的科技动力和保障。

案例分析

案例

赵某军是一名航天领域的科研人员，在赴国外大学做访问学者期间，被境外间谍情报机关人员一步步拉拢策反，出卖科研进展情况，严重危害我国国家安全。起初，对方只是约他吃饭出游、赠送礼物。随着双方关系拉近，对方不时向他询问一些敏感问题，并支付不菲的咨询费用。赵某军临近回国前，对方向他亮明了间谍情报机关人员身份，将赵某军策反。随后，该国间谍情报机关为赵某军配备了专用U盘和网站，用于下达任务指令和回传情报信息。赵某军访学结束回国后，在国内多地继续与该国间谍情报机关人员多次见面，通过当面交谈及专用网站传递等方式向对方提供了大量涉密资料，并以现金形式收受间谍经费。不久后，赵某军的间谍行为引起了国家安全机关的注意。2019年6月，北京市国家安全机关依法对赵某军采取强制措施。2022年8月，人民法院以间谍罪判处赵某军有期徒刑7年，剥夺政治权利3年，并处没收个人财产人民币20万元。①

分析

在本案中，赵某军利用其作为航天科研人员的职务之便，通过泄露国家涉密资料等手段“靠密吃密”，对我国国家安全造成了实质性的损害。国有航天研究机构是国家科技安全的“守门人”，部分科研人员利用科研系统的专业性、封闭性和高度技术性等特点，在科研项目的关键环节，采用隐蔽手段实施违法犯罪行为。

对于此类利用职务之便，侵犯国家秘密，危害国家安全的违法行为，司

① 杜洋，董凡超．增强国家安全意识 筑牢国家安全防线．法治日报，2023-04-15(3).

法机关将依法追究刑事责任，以维护国家的利益和安全稳定。此案警示科研人员必须严格遵守保密规定，坚守职业道德，防范被境外势力渗透和利用。

关联法规

《刑法》第110、111、398条,《保守国家秘密法》第3、29条。

习近平法治思想指引

关键核心技术是要不来、买不来、讨不来的。只有把关键核心技术掌握在自己手中，才能从根本上保障国家经济安全、国防安全和其他安全。

——习近平总书记在中国科学院第十九次院士大会、中国工程院第十四次院士大会上的讲话（2018年5月28日）

第二十五条　国家建设网络与信息安全保障体系，提升网络与信息安全保护能力，加强网络和信息技术的创新研究和开发应用，实现网络和信息核心技术、关键基础设施和重要领域信息系统及数据的安全可控；加强网络管理，防范、制止和依法惩治网络攻击、网络入侵、网络窃密、散布违法有害信息等网络违法犯罪行为，维护国家网络空间主权、安全和发展利益。

条文解读

本条主要关注网络与信息安全保障以及网络空间的治理，集中体现了我国在网络与信息安全以及网络空间治理方面的战略部署和具体措施。

一、建设网络与信息安全保障体系

习近平总书记曾指出，要加速推动信息领域核心技术突破，增强网络安全保障能力。[①] 我国高度重视网络安全问题，并致力于构建一个全面、系统

① 习近平：敏锐抓住信息化发展历史机遇 自主创新推进网络强国建设．人民日报，2018-04-22(1).

的网络与信息安全防护机制。这个体系涵盖了政策法规、技术手段、组织管理等多个层面，旨在应对日益复杂的网络安全威胁和挑战。

二、保障体系的战略布局

1. 提升网络与信息安全保护能力

本条强调了提高国家、企业和个人在网络环境中的安全防护能力和管理水平的重要性。这包括提升网络防御技术、加强网络安全教育和培训、完善网络安全应急响应机制等方面的工作，以确保信息系统的稳定运行和数据的安全存储。

2. 加强网络和信息技术的技术创新与安全可控

为了实现网络和信息核心技术、关键基础设施和重要领域信息系统及数据的安全可控，国家需要加强相关技术的研究与研发。在全球信息化的时代，掌握核心技术是保障国家安全和发展利益的关键。我国鼓励和支持科技创新，推动自主研发和应用，减少对外部技术的依赖，以确保我国在网络和信息技术领域的自主性和安全性。

保证重要领域的安全可控是我国在网络空间安全方面的重要目标。这要求我们必须加强对关键信息基础设施和重要数据的保护，防止网络空间被外部势力控制或干扰，确保国家的战略利益和民众的个人信息安全。

3. 加强对网络违法犯罪行为的打击

通过强化网络监管，打击网络违法行为，维护网络秩序和社会稳定，可以有效保护公民的合法权益和国家的安全利益。

在网络时代，网络空间已经成为国家主权的新疆域，保障网络空间的安全和发展利益对于维护国家总体安全和促进经济社会发展具有重要意义，因此，我国必须坚决捍卫网络空间主权，确保网络空间的安全稳定，促进网络技术和产业的发展，为实现中华民族伟大复兴的中国梦提供坚实的网络安全保障。

本条深刻阐述了我国在网络与信息安全以及网络空间治理方面的战略思考和实践路径。本条的实施，不仅有利于保障国家的安全和发展，也有利于促进全球网络空间的和平、安全、开放、合作和有序发展。

案例分析

案例

江苏省国家安全机关发现：自2020年6月以来，张某一人假扮8名缅甸籍人员，在境外社交媒体网站开通数个账号，介绍国外日常生活、风土人情，发布2万余条帖文，吸引了数万粉丝关注。为了维持其虚假“人设”，张某恶意编造了大量耸人听闻的虚假消息和谣言，引发网民恐慌，造成恶劣影响。在吸引大量粉丝后，张某频繁以造谣、诽谤的方式，发布抹黑我国国家形象、攻击党和政府的帖文，甚至煽动教唆他人以暴力方式推翻我国国家政权，影响非常恶劣。在充分掌握张某违法犯罪证据后，2022年2月，国家安全机关依法对张某采取强制措施。[①]

分析

在本案中，张某利用网络的匿名性和跨国性，通过假冒身份、编造虚假信息和谣言等手段“靠网吃网”，对我国的国家安全和社会稳定造成了实质性损害。网络空间作为信息传播的重要渠道，张某利用其开放性、即时性和广泛性等特点，在境外社交媒体平台上进行了一系列的违法犯罪活动。此案例警示我们，无论是实体领域还是网络空间，任何危害国家安全和社会稳定的违法犯罪行为都将受到法律的严惩。

关联法规

《刑法》第105、106、243、287条，《网络安全法》有关条文。

习近平法治思想指引

没有网络安全就没有国家安全，没有信息化就没有现代化。

——习近平总书记在中央网络安全和信息化领导小组第一次会议上的讲话（2014年2月27日）

① 杜洋，董凡超．增强国家安全意识 筑牢国家安全防线．法治日报，2023-04-15(3).

第二十六条　国家坚持和完善民族区域自治制度，巩固和发展平等团结互助和谐的社会主义民族关系。坚持各民族一律平等，加强民族交往、交流、交融，防范、制止和依法惩治民族分裂活动，维护国家统一、民族团结和社会和谐，实现各民族共同团结奋斗、共同繁荣发展。

条文解读

本条集中体现了我国在处理民族关系、维护国家统一和社会和谐方面的基本原则和政策方向。

一、民族自治与民族关系

民族区域自治制度是我国处理民族问题的一项基本政治制度。民族区域自治制度是指在国家的统一领导下，各少数民族聚居的地方实行区域自治，设立自治机关，行使自治权。这一制度既保障了少数民族的合法权益，又维护了国家的统一和社会的稳定。通过坚持和完善这一制度，我国可以更好地适应不断变化的社会和民族关系需求，促进各民族的共同发展和繁荣。

习近平总书记提出："铸牢中华民族共同体意识，加强各民族交往交流交融，促进各民族像石榴籽一样紧紧抱在一起。"[①] 我国强调了建立和维护一种平等、团结、友爱、互助的社会主义新型民族关系的重要性。通过加强各民族之间的交往、交流和交融，增进相互了解和尊重，减少误解和矛盾，可以增强民族凝聚力和社会稳定性，为实现国家的长治久安奠定坚实的基础。

二、民族平等及其促进措施

"坚持各民族一律平等"，是我国民族政策的基本原则。这一原则强调无论民族大小、人口多少、发展程度如何，所有民族在法律面前一律平等，享有同等的权利和义务。这是保障少数民族权益，促进民族团结和社会和谐的重要前提。

---

① 习近平．决胜全面建成小康社会 夺取新时代中国特色社会主义伟大胜利：在中国共产党第十九次全国代表大会上的报告．北京：人民出版社，2017：39.

1. 推动各民族共同发展和繁荣

通过增进各民族之间的交往、交流和交融，可以促进各民族之间的文化、经济、社会等方面的互动和融合，提升各民族的整体素质和竞争力，推动各民族的共同进步。

2. 维护国家统一和社会和谐

任何试图破坏国家统一、民族团结和社会和谐的民族分裂活动，都将受到国家的坚决打击和惩处。这一规定表明了我国对于民族分裂活动零容忍的态度，以及维护国家安全和社会稳定的坚定决心。

3. 民族工作上的长远战略目标

"维护国家统一、民族团结和社会和谐，实现各民族共同团结奋斗、共同繁荣发展"，是我国在民族工作上的长远战略目标。这一目标旨在通过维护国家统一、促进民族团结和社会和谐，推动各民族共同发展和繁荣，实现中华民族伟大复兴。

本条深刻阐述了我国在处理民族关系、维护国家统一和社会和谐方面的基本原则和政策方向。本条的实施，对于保障少数民族权益，促进民族团结和社会稳定，推动国家全面发展具有重要意义。同时，这也是我国作为多民族国家，在全球范围内展示其独特性和优越性的重要标志。

案例分析

案例

李某是广东深圳一家咨询公司的负责人，他所经营的公司主要为境外公司提供供应链风险审核服务。为获得更多为境外企业服务的机会，几年前，李某的公司与境外非政府组织开展了合作。在合作过程中，李某慢慢发现，这个非政府组织的态度渐渐发生了变化，他们对中国企业的审核标准越来越细，特别是针对所谓"新疆劳工"等内容提出了新的审核要求。尽管李某已经发觉，该境外非政府组织积极搜集所谓新疆"人权问题"的信息，是为了炮制"强迫劳动"谎言，为西方反华势力操弄涉疆问题、实施涉疆制裁提供"背书"，但为了追求经济利益，其仍然承接执行了相关调查项目，给我国国家安全和利益带来了风险隐患。[①]

分析

在本案中，李某为了追求经济利益，给国家安全和利益带来了风险隐患。广东省国家安全机关依据《反间谍法》《反间谍法实施细则》《反间谍安全防范工作规定》对李某予以处罚，并责令其公司实施整改。

关联法规

《反间谍法》《反间谍法实施细则》《反间谍安全防范工作规定》。

习近平法治思想指引

必须坚持各民族一律平等，保证各民族共同当家作主、参与国家事务管理，保障各族群众合法权益。

——习近平总书记在中央民族工作会议上的讲话
（2021 年 8 月 27 日至 28 日）

第二十七条　国家依法保护公民宗教信仰自由和正常宗教活动，坚持宗教独立自主自办的原则，防范、制止和依法惩治利用宗教名义进行危害国家安全的违法犯罪活动，反对境外势力干涉境内宗教事务，维护正常宗教活动秩序。

国家依法取缔邪教组织，防范、制止和依法惩治邪教违法犯罪活动。

条文解读

本条是关于宗教与信仰的规定。

一、宗教信仰自由是公民的基本权利之一

宗教信仰自由是公民的基本权利之一，也是现代社会普遍认可的价值观念。本条明确表明了我国尊重和保障公民的宗教信仰自由权利，合法的宗教

① 杜洋，董凡超．增强国家安全意识 筑牢国家安全防线．法治日报，2023-04-15(3).

活动将受到法律的保护。这不仅体现了我国对人权的尊重和保障，也是实现社会和谐稳定的重要基础。

习近平总书记强调，要全面贯彻党的宗教工作基本方针，坚持我国宗教中国化方向。[①]“坚持宗教独立自主自办的原则”是我国处理宗教事务的一项基本原则。该原则强调了我国宗教团体和宗教事务的自主性，反对任何形式的外部干预，确保宗教活动的独立性和自我管理能力。这既符合我国的国情和文化传统，也有利于维护我国的主权和安全。

二、宗教信仰自由的保障措施

1. 防范、制止和依法惩治利用宗教名义进行危害国家安全的违法犯罪活动

任何利用宗教名义进行的危害国家安全的行为，都将受到国家的坚决打击和惩处。这一部分表明了我国对于任何试图破坏社会稳定、危害国家安全的行为持零容忍态度，将采取有效措施预防、阻止并依法惩处此类犯罪行为。

2. 反对境外势力干涉境内宗教事务

我国坚决抵制任何试图干涉我国宗教事务的境外势力，确保宗教活动的正常秩序和国家的安全稳定。这对于防止外部力量通过宗教途径干涉我国内政，维护国家的独立自主和民族尊严具有重要意义。

3. 维护正常宗教活动秩序

国家积极采取措施，确保宗教活动在法律规定的范围内有序进行，防止非法或不正当的宗教活动对社会秩序和公共利益造成影响。这有助于维护社会和谐稳定，促进宗教与社会的和谐共存。

4. 遏制邪教活动

对于被认定为邪教的组织，国家将依法予以取缔，并对涉及邪教的违法犯罪行为进行打击和惩治，以保护公民的合法权益和社会的和谐稳定。这一部分表明了我国对于任何形式的邪教活动的坚决反对和严厉打击的态度，旨

① 习近平在全国宗教工作会议上强调 坚持我国宗教中国化方向 积极引导宗教与社会主义社会相适应. 人民日报，2021-12-05(1).

在维护社会的公共安全和道德风尚。

本条的实施，对于维护我国的主权和安全，促进社会的和谐稳定，保障公民的合法权益具有重要意义。同时，这也是我国作为负责任的大国，在国际社会中展示法治和人权保障水平的重要体现。

案例分析

案例

张甲、张某冬、吕某春等人都是“全能神”邪教组织的成员。某天晚上，他们计划向餐厅内的其他顾客索要联系方式，以便发展更多的邪教组织成员。当张乙向被害人吴某某索要手机号码遭拒绝后，张甲和吕某春指认吴某某为“恶灵”，并开始对她进行攻击。他们上前抢夺吴某某的手机并试图让她离开餐厅。吴某某进行反抗，于是张甲、张某冬、吕某春、张乙等人共同将吴某某打倒在地，并对她进行多次殴打和踩踏，导致吴某某最终死亡。

在攻击过程中，张甲还多次叫嚣“杀了她，她是恶魔”，并指使其他成员对吴某某进行“咒诅”和殴打。其中，张某冬使用拖把连续猛击吴某某的头面部，直至将拖把打断；张乙使用椅子和笤帚殴打吴某某的背部和腿部；吕某春则踢踹吴某某的腰和臀部。这些行为都极其残忍和恶劣，严重违反了法律和道德准则。法院经依法审理，以故意杀人罪、利用邪教组织破坏法律实施罪数罪并罚判处张甲、张某冬死刑，判处吕某春无期徒刑；以故意杀人罪判处张乙有期徒刑 10 年，判处张某联有期徒刑 7 年。①

分析

本案是一起性质极其恶劣的邪教组织暴力犯罪案件。它不仅对被害人及其家庭造成了无法挽回的伤害，也对社会稳定、国家安全造成了严重的负面影响。我们应该从中吸取教训，加强对邪教组织的打击和预防工作，确保社会的和谐稳定和人民的安居乐业。

关联法规

《刑法》第 300 条。

① 最高法发布平安中国建设第一批典型案例 . [.2021-12-31]. https://www.court.gov.cn/zixun/xiangqing/339541.html.

||| 习近平法治思想指引 |||

积极引导宗教与社会主义社会相适应，必须坚持中国化方向，必须提高宗教工作法治化水平，必须辩证看待宗教的社会作用，必须重视发挥宗教界人士作用，引导宗教努力为促进经济发展、社会和谐、文化繁荣、民族团结、祖国统一服务。

——习近平总书记在中央统战工作会议上的讲话

（2015 年 5 月 18 日至 20 日）

第二十八条　国家反对一切形式的恐怖主义和极端主义，加强防范和处置恐怖主义的能力建设，依法开展情报、调查、防范、处置以及资金监管等工作，依法取缔恐怖活动组织和严厉惩治暴力恐怖活动。

||| 条文解读 |||

本条是关于反恐怖主义、极端主义的规定。

一、国家反对一切形式的恐怖主义和极端主义

恐怖主义和极端主义行为是危害国家安全、社会稳定和人民安宁的严重犯罪行为。这些行为通常以暴力手段制造恐慌和破坏社会秩序为目的，对国家和人民的安全构成严重威胁，因此，国家必须坚决反对和打击一切形式的恐怖主义和极端主义行为，维护国家安全和社会稳定。

二、反恐怖主义的实现途径

1. 加强相关能力建设

为了有效应对恐怖主义的威胁，国家需要加强防范和处置恐怖主义的能力建设。这包括建立健全的反恐机制、加强反恐队伍建设、提高反恐技术水平等。同时，国家还需要加强国际合作，共同打击跨国恐怖组织和活动。

2. 依法开展监管工作

为了有效打击恐怖主义和极端主义，国家需要依法开展情报、调查、防范、处置以及资金监管等工作。这些工作是国家安全机关和相关部门的重要职责，也是维护国家安全和社会稳定的重要手段。通过这些工作，可以及时发现和制止恐怖主义和极端主义的犯罪行为，保护国家和人民的安全。

3. 依法取缔恐怖活动组织

对于已经发现的恐怖活动组织和暴力恐怖活动，国家需要依法取缔和严厉惩治，包括依法审判、执行刑罚等，对犯罪分子进行惩处和改造；同时，还需要加强宣传和教育，提高公民的法律意识和安全意识，共同维护社会的稳定和安全。

本条体现了国家对恐怖主义和极端主义的坚决抵制态度和打击决心，强调了国家在维护国家安全和社会稳定方面的主导作用，要求国家采取一系列措施来加强防范和处置恐怖主义的能力建设，依法开展相关工作，并依法取缔恐怖活动组织和严厉惩治暴力恐怖活动。

案例分析

案例

2014 年 3 月 1 日 21 时 20 分左右，在云南省昆明市昆明火车站发生了一起以阿某某为首的新疆分裂势力一手策划组织的严重暴力恐怖事件。该团伙共有 8 人（6 男 2 女），现场被公安机关击毙 4 名、击伤抓获 1 名（女），其余 3 名落网。此案共造成 31 人死亡、141 人受伤。

2014 年 9 月 12 日，“3·01”昆明火车站暴力恐怖案一审宣判，被告人伊某某、吐某某、玉某某死刑，剥夺政治权利终身；被告人帕某某无期徒刑，剥夺政治权利终身。2014 年 10 月 31 日，“3·01”昆明火车站暴力恐怖案二审判决，维持一审判决。2015 年 3 月 24 日，伊某某、吐某某、玉某某 3 名罪犯被依法执行死刑。[①]

① 三起涉国家安全典型案例 . [2018-04-16]. https://www.court.gov.cn/zixun/xiangqing/90482.html.

分析

本案是一起严重的暴力恐怖事件，性质极其恶劣。这起事件不但给遇难者及其家属带来了巨大的伤痛，也对社会安全造成了严重影响，导致公众对恐怖主义产生恐慌和愤怒。我们必须加强公共场所的安全防范措施，防止类似事件的发生。

关联法规

《反恐怖主义法》第79条，《刑法》第120、121、291、311条。

习近平法治思想指引

恐怖主义和极端思潮泛滥，是对和平与发展的严峻考验。

——习近平总书记在开罗阿拉伯国家联盟总部发表的重要演讲（2016年1月21日）

第二十九条　国家健全有效预防和化解社会矛盾的体制机制，健全公共安全体系，积极预防、减少和化解社会矛盾，妥善处置公共卫生、社会安全等影响国家安全和社会稳定的突发事件，促进社会和谐，维护公共安全和社会安定。

条文解读

本条是关于维护社会安全任务的规定。

一、关于社会安全

社会安全通常是指不特定的、多数人的健康、生命以及财产的安全。当前，我国正处于实现中华民族伟大复兴、社会转型的特殊历史时期，面临着国际形势复杂、社会矛盾凸显等突出问题，社会安全已成为影响我国总体国家安全的重要因素。社会安全事件是与自然灾害、事故灾难和公共卫生事件并列的突发事件类型。维护社会安全稳定是保卫国家政权和政治制度安全的重要前提，因此，社会安全也是国家政治安全的重要内容，任何国家的发展都需要一个稳定的社会政治环境。本法作为一部在国家安全法律制度体系中起统领作用的基本法，从高位阶法律层面确立了社会安全在国家安全中的地位和作用。

二、健全有效预防和化解社会矛盾的体制机制

随着经济社会的快速发展，以及各种利益关系的调整，出现了许多新的社会矛盾，矛盾的主体、内容日益多样化、复杂化，因此，及时化解社会矛盾，是最大限度地激发社会创造活力、最大限度地增加和谐因素和减少不和谐因素、最大限度地化消极因素为积极因素，确保社会安定有序的关键。健全有效预防和化解社会矛盾的体制机制，包括重大决策社会稳定风险评估机制等。

三、健全公共安全体系

党的十八大以来，习近平总书记在系列重要讲话中对公共安全提出了很多新思想新理念新战略。[①] 这些内容是习近平治国理政新理念新思想新战略的重要组成部分，也是新时代我国公共安全体系建设必须坚持的根本指导思想，是国家安全的重要组成部分。公共安全体系包括社会治安综合治理、抵御和应对自然灾害能力、安全生产、食品安全等内容。提高公共安全治理水平，坚持安全第一、预防为主，建立大安全大应急框架，完善公共安全体系，推动公共安全治理模式向事前预防转型。提高防灾减灾救灾和急难险重突发公共事件处置保障能力，加强国家区域应急力量建设。

四、妥善处置公共卫生、社会安全等影响国家安全和社会稳定的突发事件

其他突发事件如公共卫生事件、事故灾难自然灾害等，如果不能及时妥

---

① 总体国家安全观研究中心 . 以新安全格局保障新发展格局（认真学习宣传贯彻党的二十大精神）. 人民日报，2023-06-16(9).

善处置，也会造成社会恐慌、社会失序，进而影响国家安全和社会稳定。本条明确了以各种社会矛盾为显著特征的社会安全问题是影响公共安全、社会安定，乃至国家安全的重要因素，必须给予高度重视；明晰了社会安全问题在整个国家安全体系中的地位和作用。

案例分析

案例

2015 年 10 月至 12 月，朱某良、朱某涛在承包土地内非法开采建筑用砂 89 370.8 立方米，价值人民币 4 468 540 元。经鉴定，朱某良、朱某涛二人非法开采的土地覆被类型为果园，地块内原生土壤丧失，原生态系统被完全破坏，生态系统服务能力严重受损，确认存在生态环境损害。鉴定机构确定生态环境损害恢复方案为将损害地块恢复为园林地，将地块内缺失土壤进行客土回填，下层回填普通土，表层覆盖 60 厘米种植土，使地块重新具备果树种植条件。北京市人民检察院第四分院以朱某良、朱某涛非法开采造成土壤受损，破坏生态环境，损害社会公共利益为由提起环境民事公益诉讼（本案刑事部分另案审理）。

2020 年 6 月 24 日，朱某良、朱某涛的代理人朱某某签署生态环境修复承诺书，承诺按照生态环境修复方案开展修复工作。修复工程自 2020 年 6 月 25 日开始，至 2020 年 10 月 15 日完成。2020 年 10 月 15 日，北京市房山区有关单位对该修复工程施工质量进行现场勘验，均认为修复工程依法合规、施工安全有序开展、施工过程中未出现安全性问题和环境污染问题，施工程序、工程质量均符合修复方案要求。施工过程严格按照生态环境修复方案各项具体要求进行，回填土壤质量符合标准，地块修复平整，表层覆盖超过 60 厘米的种植土，已重新具备果树种植条件。①

分析

本案中，朱某良、朱某涛非法开采的行为，造成了生态环境破坏，侵害了不特定多数人的合法权益，损害了社会公共利益，构成环境民事侵权。二人作为非法开采行为人，违反了保护环境的法定义务，应对造成的生态环境

① 最高人民法院指导性案例 202 号 . [2024-06-27]. https://pkulaw.com/chl/ 89ea6738b9351ceabdfb.html.

损害承担民事责任。

关联法规

《民法典》第 1167、1229 条,《最高人民法院关于审理环境民事公益诉讼案件适用法律若干问题的解释》第 24 条,《最高人民法院关于审理生态环境损害赔偿案件的若干规定（试行）》第 9 条。

习近平法治思想指引

公共安全连着千家万户，确保公共安全事关人民群众生命财产安全，事关改革发展稳定大局。

——习近平总书记在中央政治局第二十三次集体学习上发表的重要讲话（2015 年 5 月 29 日）

第三十条　国家完善生态环境保护制度体系，加大生态建设和环境保护力度，划定生态保护红线，强化生态风险的预警和防控，妥善处置突发环境事件，保障人民赖以生存发展的大气、水、土壤等自然环境和条件不受威胁和破坏，促进人与自然和谐发展。

条文解读

本条是关于维护生态安全任务的规定。

一、完善生态环境保护制度体系

党的十八大以来，党中央推动全面深化改革，加快推进生态文明顶层设计和制度体系建设，相继出台《关于加快推进生态文明建设的意见》《生态文明体制改革总体方案》，制定了 40 多项涉及生态文明建设的改革方案，修订了《环境保护法》截至目前我国已有生态环境保护法律 30 余部、行政法规 100 多件、地方性法规 1 000 余件，为形成并完善生态文明制度体系打下了坚实的基础。

二、加大生态建设和环境保护力度

保护生态环境是我国的一项基本国策，生态安全有整体性、不可逆性、长期性的特点。好的生态环境是人民幸福生活的重要内容。生态建设和环境保护主要通过修复生态系统、建立生态安全屏障、保护生物多样性、加强评估预警、完善国门生物安全查验机制，以及预防物种资源损失和外来物种入侵等措施来加以实现。

三、强化生态风险的预警和防控，妥善处置突发环境事件

随着突发环境事件的频繁发生，有效预防和处置突发环境事件，提升环境应急能力和预警水平，保障环境安全，已成为我国环境保护工作的重中之重。2018 年习近平总书记在全国生态环境保护大会上强调，要把生态环境风险纳入常态化管理，系统构建全过程、多层级生态环境风险防范体系。[①] 在总体国家安全观的理念下，建立国家生态安全预防、预警体系，在国家层面做顶层设计，全面统筹规划生态安全，把分散在各个领域的生态问题归总纳入全面防治体系中，建立大安全大应急框架，从全局立场思考解决方法。把生态保护红线制度压实落细。生态保护红线是我国首创的一套国土空间管理模式。构建生态环境安全的底线，保护生态功能、保障环境安全、提高自然资源利用率，建立健全生态保护制度。

案例分析

案例

2016 年 6 月至 11 月，夏某安等人为牟取非法利益，分别驾驶采砂船至洞庭湖下塞湖区域非规划区非法采砂，非法获利 2 243.333 万元。2019 年 7 月，湖南省益阳市人民检察院提起民事公益诉讼，请求判令夏某安等人对其非法采砂行为所造成的生态环境损害承担连带赔偿责任，并赔礼道歉。经湖南省环境保护科学研究院生态环境损害司法鉴定中心鉴定，夏某安等 15 人

---

① 习近平：坚决打好污染防治攻坚战 推动生态文明建设迈上新台阶 . [2023-12-06].http://www.xinhuanet.com/politics/leaders/2018-05/19/c_1122857595.htm.

非法采砂行为对非法采砂区域的生态环境造成的影响分为水环境质量受损、河床结构受损、水源涵养受损和水生生物资源受损，所造成生态环境影响的空间范围共计约 9.9 万平方米，其中造成的水生生物资源损失为 2.653 万元，修复水生生物资源受损和河床结构与水源涵养受损所需的费用分别为 7.969 万元和 865.61 万元，合计 873.579 万元。

湖南省益阳市中级人民法院认为夏某安等 15 人私自开采国家矿产资源，其非法采砂行为严重破坏了采砂区域的生态环境，判决被告夏某安对生态环境修复费用承担赔偿责任，夏某安等 15 人就非法采砂行为在国家级媒体公开赔礼道歉。

非法采砂行为不仅造成国家资源损失，还对生态环境造成损害，致使国家利益和社会公共利益遭受损失。矿产资源兼具经济属性和生态属性，不能仅重视矿产资源的经济价值保护，而忽视矿产资源生态价值救济。非法采砂违法犯罪行为不仅需要依法承担刑事责任，还要依法承担生态环境损害赔偿民事责任。①

分析

本案中，夏某安等 15 人的非法采砂生态破坏行为，导致洞庭湖生态系统受损，具体包括丰富的鱼类、虾蟹类和螺蚌等软体动物生物资源的损失；并严重威胁洞庭湖河床的稳定性及防洪安全，破坏水生生物资源繁衍生存环境。

关联法规

《环境保护法》第 64 条，《民法典》第 1168 条，《最高人民法院关于审理环境民事公益诉讼案件适用法律若干问题的解释》第 20 条。

习近平法治思想指引

必须树立和践行绿水青山就是金山银山的理念，坚持节约资源和保护环境的基本国策，像对待生命一样对待生态环境，统筹山水林田湖草系统治

① 最高人民法院指导案例 172 号 . [2024-06-27]. https://pkulaw.com/chl/1b0a b133b14738cfbdfb.html.

理，实行最严格的生态环境保护制度，形成绿色发展方式和生活方式，坚定走生产发展、生活富裕、生态良好的文明发展道路，建设美丽中国，为人民创造良好生产生活环境，为全球生态安全作出贡献。

——习近平总书记在中国共产党第十九次全国代表大会上的报告

（2017 年 10 月 18 日）

第三十一条 国家坚持和平利用核能和核技术，加强国际合作，防止核扩散，完善防扩散机制，加强对核设施、核材料、核活动和核废料处置的安全管理、监管和保护，加强核事故应急体系和应急能力建设，防止、控制和消除核事故对公民生命健康和生态环境的危害，不断增强有效应对和防范核威胁、核攻击的能力。

条文解读

本条是关于维护核安全任务的规定。

一、坚持和平利用核能和核技术

2014 年 3 月 24 日，习近平总书记在荷兰海牙核安全峰会上提出要坚持理性、协调、并进的核安全观。[①] 核安全观是习近平新时代中国特色社会主义思想在核安全领域的集中体现，是总体国家安全观的重要组成部分。我国历来重视核安全，加入了《不扩散核武器条约》《核安全公约》《全面禁止核试验条约》《核事故或辐射紧急援助公约》等国际条约，制定了民用核设施安全监督管理条例、放射性废物安全管理条例、核电厂核事故应急管理条例、核出口管制条例、核两用品及相关技术出口管制条例等行政法规。

本法将核安全纳入国家安全体系，是我国首次从法律层面阐述我国的核政策，明确了维护核领域国家安全的任务。中国核能事业发展迅速，且在建核电机组规模位列世界第一，预计 2030 年成为全球第一核电大国。并且，中国不断构建属于自己的核工业体系，核燃料循环体系已经建设完毕。核安

① 习近平在荷兰海牙核安全峰会上的讲话 习近平首次阐述中国核安全观．中国青年报，2014-03-25(1).

全已经成为与国家安全相关的一切核问题的统称；确保核安全，已成为维护国家安全的一项重要任务。

二、加强安全管理、监管和保护

核安全是指对核设施、核材料及相关放射性废物采取充分的预防、保护、缓解和监管等安全措施，防止由于技术原因、人为原因或者自然灾害而造成核事故，最大限度地减轻核事故情况下的放射性后果，包括放射性物资的管理、核资源的开采利用、核电站的运行、乏燃料的处理、防止核扩散等。我国针对核安全已经形成包括《核安全法》在内的 2 部顶层法律、7 部行政法规、28 项部门规章、107 项安全守则和千余项技术标准在内的法律法规标准体系。

加强安全管理主要包括：安全利用核能，分析预测核设施影响因素，提升核设备安全性，加强核燃料循环设施的安全整改，规范使用核技术，提高核技术利用安全检查频次，加强排查、强制关停存在安全隐患的核项目。

加强安全监管主要包括：加强核辐射、核设施运行、核技术利用等方面的安全评审、监管以及管理，加强核安全许可证制度建设。在核材料、物品管理方面，不断提升对核、放射性材料生产、物流、仓储等全流程环节的监管力度，更新完善核技术利用辐射安全管理信息系统，加强辐射环境质量监测和核设施流出物监督性监测，加强放射性污染防治，推进早期核设施退役和放射性污染治理。

三、加强核事故应急体系和应急能力建设

核安保、核应急是核事业持续健康发展的重要保障。关于核事故应急，我国已经制定了突发事件应对法、放射性污染防治法、核电厂事故应急管理条例、放射性物品运输安全管理条例等法律法规，并根据国家突发公共事件总体应急预案，制定了《国家核应急预案》。国家原子能机构按照《国家核应急预案》，不断完善三级核应急响应机制，协调建立了辐射监测、辐射防护、医学救援、突击抢险等八类国家核应急专业技术支持中心和三个国家级

核应急培训基地。加强核事故应急体系和应急能力建设，主要在于核事故监测、预警、处置信息、后果评价、决策和指挥能力。加强核应急救援体系建设，建立统一指挥、统一调度的核事故应急响应专业队伍，提高核事故应急响应能力，合理规划核电厂核事故应急计划区范围。

四、不断增强有效应对和防范核威胁、核攻击的能力

核力量是维护国家主权和安全的战略基石。中国始终奉行不首先使用核武器的政策，坚持自卫防御的核战略，无条件不对无核武器国家和无核武器地区使用或者威胁使用核武器，不与任何国家进行核军备竞赛，核力量始终维持在维护国家安全需要的最低水平。但我国面临的核威胁仍然将长期存在，不会因我们坚持核能和核技术的和平利用、加强核技术水平和核应急能力建设而完全消失或减弱。有效应对和防范核威胁、核攻击，必然是维护核安全措施中最为重要、最为敏感、也最为机密的。不断建设完善核力量体系，提高战略预警、指挥控制、导弹突防、快速反应和生存防卫能力，慑止他国对中国使用或者威胁使用核武器。

事例分析

事例

2020 年 3 月 6 日，海阳核电厂 2 号机组处于满功率运行状态。16 时 06 分，反应堆冷却剂泵 1A 变频器控制单元控制器故障，导致反应堆冷却剂泵 1A 跳闸，反应堆按照设计自动保护停堆，操纵员执行响应规程，将机组稳定在正常运行压力 / 温度平台。20 时 39 分，查明主泵 1A 跳闸原因后，运行值执行运行规程，准备将其他三台主泵停运后重新启动所有主泵。在停运主泵前，需要根据规程隔离非硼化水源。现场运行人员在关闭除盐水气动隔离阀时，由于操作装置挨在一起，误将非能动安全壳冷却水储存箱出口气动隔离打开，导致非能动安全壳冷却系统 A 流道投入。

事件发生后，海阳核电厂将两起事件界定为运行事件，并向国家核安全局提交了运行事件通告。国家核安全局表示，机组在两起事件过程中，无放射性后果、无人员照射、无环境污染。根据《国际核与辐射事件分级手册》，

两起事件均被界定为 0 级事件。[①]

分析

《核电厂运营单位报告制度》要求，核电机组运行时，必须满足核电厂技术规格书规定的运行限制条件。一旦出现偏离，或者某个安全重要系统或设备不能使用或运行参数不到规定值，并在规定时间内不能恢复正常而导致停堆，应该向国家核安全局报告。营运单位必须在事件发生后 24 小时内口头通告国家核安全局和所在地区监督站。

关联法规

《核电厂营运单位报告制度》第 4 条。

习近平法治思想指引

人类要更好利用核能、实现更大发展，必须应对好各种核安全挑战，维护好核材料和核设施安全。加强核安全是一个持续过程。我们要坚持理性、协调、并进的核安全观，把核安全进程纳入健康持续发展轨道。

——习近平总书记在荷兰海牙第三届核安全峰会上发表的重要讲话（2014 年 3 月 24 日）

第三十二条　国家坚持和平探索和利用外层空间、国际海底区域和极地，增强安全进出、科学考察、开发利用的能力，加强国际合作，维护我国在外层空间、国际海底区域和极地的活动、资产和其他利益的安全。

条文解读

本条是关于维护新型领域国家安全任务的规定。

一、新型领域的国家安全任务

中国按照相关国际公约规定，在外层空间、国际海底区域和极地等新型

① 国家和安全局披露海洋核电站两起“0 级”运行时间始末 . [2024-06-27].https://nnsa.mee.gov.cn/ywdt/hyzx/202303/t20230320_1020154.html.

领域积极探索开发，相关开发活动、财产和人员安全依法得到保障。在新法中列入外层空间、国际海底区域和极地这些新型领域，并对其作出原则性规定，为维护我国在国际海底的海洋权益和安全利益奠定了坚实的法律基础，将有利于我国在这些新型领域的立法工作，推动和加快相关立法进程。

从 20 世纪 80 年代开始，美国、日本、俄罗斯以及部分欧洲国家逐步将太空、极地、深海安全作为国家安全战略的重要内容，不断加强新型领域立法。通过法律和国家政策保障本国在新型领域国家利益的安全。我国目前在这些领域也有着现实和潜在的重大国家利益，也面临着安全威胁和挑战，因此，本法立足于维护国家安全的未来需要，在本条中对外层空间、国际海底区域和极地的国家安全任务作出原则性规定，为相关工作提供了法律依据并预留了立法接口。

二、外层空间的国家安全任务

我国于 1983 年加入《外层空间条约》，1988 年加入《营救宇航员、送回宇航员和归还射入外层空间的物体的协定》、《空间物体所造成损害的国际责任公约》和《关于登记射入外层空间物体的公约》。2001 年，中国国防科学技术工业委员会和外交部发布《空间物体登记管理办法》，这是我国第一部规范空间活动的规章。2002 年中国国防科学技术工业委员会又公布了《民用航天发射项目许可证管理暂行办法》，国家国防科技工业局同步出台了《关于加强民用航天发射项目许可证管理有关事项的通知》。

根据《外层空间条约》的规定，外层空间属于全人类共同所有，各国不得通过主权要求、使用或占领等方法，以及其他任何措施，把外层空间（包括月球和其他天体）据为己有。同时，所有国家可在平等、不受任何歧视的基础上，根据国际法自由探索和利用外层空间，自由进入天体的一切区域。

三、国际海底区域的国家安全任务

我国 1996 年批准加入《联合国海洋法公约》，按照公约规定，我国享有参与国际海底区域及其资源勘探开发和科学研究等国际法赋予的权利。我国在国际海底区域的活动具有重要的战略意义：在政治上，维护了国际海底区域及资源是“人类共同继承遗产”这一原则和我国在这一领域应有的权利；在经济上，则着眼于开发利用国际资源，为我国经济社会可持续发展开辟了战略资源储备基地，为维护我国资源安全提供了强有力支撑。

21世纪以来，按照发展海洋经济，建设海洋强国的目标，国家先后出台了一系列文件，对我国积极参与国际海底区域科学考察、开发利用和国际合作，维护我国在国际海底区域的合法权益提出了新要求、作出了新部署。这主要包括：持续开展国际海洋地质调查和国际海底矿产资源勘查，加强国际海底区域矿产资源勘探、研究与开发，加强国际海域的基础能力建设，加大深海矿产资源勘查、开采、选冶等技术装备的研发力度，发展深海生物基因资源采集、保藏、提取、培养等相关技术，增强我国参与国际海洋事务的能力，加强国际合作。

四、极地区域的国家安全任务

南极和北极在自然条件方面有许多共同点，但是其在法律地位和法律制度方面差异巨大。根据《南极条约》和其他条约的规定，对南极的任何领土主权要求处于冻结状态，但在北极地区没有一个专门适用的国际条约，更没有像南极条约体系那样系统完备的法律制度。目前，适用于北极地区的国际法主要是《联合国海洋法公约》，与南极冻结领土主权要求不同，北极地区的陆地和岛屿分别属于环北极地区不同国家，环北极国家可以依据《联合国海洋法公约》在北冰洋享有相应的领海、毗连区、专属经济区和大陆架的相关权利。

我国目前在南极地区已经建立了四个科学考察站，分别是1985年建立的长城站、1989年建立的中山站、2009年建立的昆仑站和2014年建立的泰山站。此外，我国于1994年批准了《关于环境保护的南极条约议定书》。我国目前在北极的活动主要是科学考察活动，并于2004年在北极地区的斯匹次卑尔根群岛建立了黄河科考站。同时，我国依据《联合国海洋法公约》享有对北极地区公海和国际海底区域的相关权利。特别是随着未来北极西北航道、东北航道的打通，北极航行自由对于我国未来发展非常重要，战略价值和经济价值都不可低估。

习近平法治思想指引

空间技术深刻改变了人类对宇宙的认知，为人类社会进步提供了重要动力，同时浩瀚的空天还有许多未知的奥秘有待探索，必须推动空间科学、空间技术、空间应用全面发展。

——习近平总书记在“科技三会”上的重要讲话

（2016 年 5 月）

第三十三条　国家依法采取必要措施，保护海外中国公民、组织和机构的安全和正当权益，保护国家的海外利益不受威胁和侵害。

条文解读

本条是关于维护海外利益的任务的规定。

一、保护海外公民、组织、机构的权益

海外利益是新时期我国发展和安全利益的重要组成部分。在加快建立开放型经济新体制的背景下，我国的海外利益涉及经济、资源、文化等多个领域，并由纯粹的地理空间拓展到国际制度层面，已经成为密切联系我国与外部世界关系的重要因素、关系国计民生的重大议题。海外利益能否得到有效维护事关国家发展和安全大局，必须从战略高度和全局视野认识这项工作的重要意义。

近年来，随着我国综合国力和国际影响力不断提升、“一带一路”建设深入推进，越来越多的中国企业和公民走出国门、走向世界。伴随国家高水平对外开放的脚步，世界百年未有之大变局正加速演进，国际形势复杂演变，部分国家局势动荡，恐怖主义袭击、重大自然灾害、公共卫生事件频发，涉及我公民和企业的海外安全事件也在日益增多。维护海外公民和机构的安全与合法权益，已经成为维护我国海外利益的重要内容和具体体现。鉴于上述情况，《国家安全法》将维护我国公民、组织和机构在海外的安全和正当权益以及国家在海外的利益纳入其管辖范围。

二、国家维护海外利益的措施

本条规定，国家依法采取必要措施保护国家的海外利益不受威胁和侵害。首先，国家采取的相关措施应当依法进行，必须符合中国相关法律的规定，必须遵守国际法和公认的国际关系准则；其次，应尊重别国主权和司法独立。在中国公民、组织和机构安全与正当权益以及国家整体利益在海外受到威胁的情况下，国家必须依法采取切实措施保护中国公民、组织和机构在海外的安全和正当权益以及国家整体海外利益，其中最常用的是外交和领事保护。

从法律的角度讲，国家保护的是中国公民的人身安全以及中国公民、组织、机构和国家在海外的正当权益和公正待遇。如果某国发生专门针对中国公民的犯罪，中国政府将提起严正交涉，要求有关国家采取切实行动加强对中国公民的保护并严惩犯罪分子或犯罪组织，预防再次发生专门针对中国公民的犯罪；如中国公民在海外犯罪，中国政府将派外交或领事官员旁听审判过程，确保其受到公正审判和人格尊严不受侵犯；如中国企业在国外受到歧视待遇，中国政府将提起交涉，确保中国企业在海外得到公正待遇。

事例分析

事例

2015 年 3 月 26 日，沙特等国对也门胡塞组织发起“决战风暴”军事行动，也门安全形势恶化，600 余名在也门的中国公民面临严峻安全威胁，急需撤离。

也门局势突然恶化，安全形势急转直下。沙特联军不断轰炸胡塞组织军事设施，支持哈迪总统的武装力量与胡塞组织持续交火，造成大量人员伤亡。同时，基地组织与极端势力长期盘踞制造恐怖袭击，当地政局错综复杂。俄罗斯驻亚丁总领馆被炮火击中，我驻也门使领馆馆舍周边也多次遭空袭波及，在这种情况下，撤离人员行动面临严峻安全风险；撤离路线选项少、阻碍多。萨那、亚丁国际机场遭空袭后关闭，我人员所在地区距也门邻国边界路途遥远，边界陈兵对峙，空路、陆路撤离几无可能。从海路撤离要途经萨那至荷台达港 230 多千米的崎岖山路，行车需数个小时，沿途武装势力林立，安全风险极大；人员集结、安置、中转难度大。我 600 多名同胞来自也门中资企业、援助也门医疗队等近 20 家单位，分散在也门全国十几个地区，一些公民地处偏远地区甚至是大洋海岛，交通极为不便。如何组织我同胞安全准时集结成为撤离工作难点。

党中央、国务院果断决策，及时派出中国海军护航编队赴也门实施撤侨行动，在确保安全的前提下，尽快有组织、有秩序地撤出中国公民。中央军委派遣在亚丁湾附近海域执行护航任务的第十九批护航编队赶赴撤侨地点，多次往返亚丁、吉布提、荷台达等港口执行撤离任务。从 3 月 29 日撤离行动开始至 4 月 6 日撤离行动结束，我海军共接护撤离 613 名在也门的中国公民。①

分析

2015 年紧急撤离在也门滞留中国公民行动是近年来自埃及、利比亚、越南等国接返人员后又一次较大规模的撤离行动，充分体现了党和政府坚定维护同胞海外安全的决心和能力，再次向世人展示了我国以人民为中心的理念和负责任大国形象，得到国际社会和国内各界广泛认可和高度评价。此次撤离行动，亦为我国开创新时代中国特色大国外交新局面，做好领事保护与协助工作，更加有效防范和规避海外安全风险，进一步维护和保障海外中国公民和企业安全和合法权益提供了有益的经验和启示。

关联法规

《宪法》第 33、50 条。

习近平法治思想指引

坚持统筹推进国内法治和涉外法治。要加快形成系统完备的涉外法律法规体系。推动我国涉外法治建设，必须建立起符合我国国情、适应时代变化、满足涉外实践需求的涉外法律规范体系。

——习近平总书记在中央全面依法治国工作会议上的重要讲话

（2020 年 11 月 16 日至 17 日）

① 中国从也门撤侨纪实：还协助 279 名外国公民撤离 . [2024-06-27]. http://politics.people.com.cn/n/2015/0407/c70731-26809482.html.

第三十四条　国家根据经济社会发展和国家发展利益的需要，不断完善维护国家安全的任务。

条文解读

本条是维护国家安全的任务的兜底条款。

制定《国家安全法》，对维护国家安全的任务作出兜底规定是贯彻总体国家安全观的需要。本法第 3 条规定："国家安全工作应当坚持总体国家安全观，以人民安全为宗旨，以政治安全为根本，以经济安全为基础，以军事、文化、社会安全为保障，以促进国际安全为依托，维护各领域国家安全，构建国家安全体系，走中国特色国家安全道路。"该条对国家安全工作指导思想即总体国家安全观作了阐述。总体国家安全观充分考虑国家利益的拓展和国家安全形势的变化，提出涉国家安全领域也会不断拓展和变化，国家安全重点领域不仅仅是政治安全、人民安全、国土安全、军事安全等 11 个领域。法条中"维护各领域国家安全"就是上述思想的体现。

本法第二章维护国家安全的任务，共 20 条，从政治安全、人民安全、新型领域安全等 19 个方面对维护国家安全的任务作了规定。除上述领域维护国家安全的任务外，还有一些领域的安全也需要予以重视，如生物安全、基因信息以及物种安全的保护、防控人与动植物等新发突发传染病疫情、防御生物武器攻击和恐怖袭击、防控外来入侵生物威胁等，对国家安全也很重要。目前，本法第二章规定的维护国家安全的任务的 19 个方面，是根据当下维护国家安全的形势和需要作出的规范。随着经济社会发展和国家安全利益的需要，将有新的维护国家安全的任务需要被纳入总体国家安全观，为了防止遗漏，根据形势发展不断完善维护国家安全的任务留下余地，有必要增加兜底条款，因此，本法规定，国家根据经济社会发展和国家发展利益的需要，不断完善维护国家安全的任务。

案例分析

案例

李某某，男，1955 年出生于上海，后加入伯利兹籍，但长期在国内经商。2009 年，李某某在某西方大国参加一场反华活动时，结识了反华分子杨某某。此后，李某某在明知杨某某从事危害我国国家安全犯罪活动的情况下，长期资助杨某某实施相关犯罪活动。其中，2016 年至 2019 年，李某某以现金或者支票的方式资助杨某某 10 余万美元，折合人民币 100 余万元。

一审法院认为，李某某犯资助危害国家安全犯罪活动罪，背叛国家、分裂国家、煽动分裂国家、武装叛乱、暴乱、颠覆国家政权、煽动颠覆国家政权的行为都是对国家安全具有重大危害的犯罪，对这些危害国家安全的犯罪活动进行资助，实际上就是帮助犯。资助行为与被资助的危害国家安全犯罪活动侵害的目标是一致的，都是国家安全。

本案中，被告人李某某明知杨某某在境外实施危害我国国家安全的犯罪活动。仍资助杨某某实施了一系列危害我国国家安全的犯罪活动，给我国的国家安全造成严重危害。其行为符合刑法规定的资助危害国家安全犯罪活动罪的构成要件，依法应以资助危害国家安全犯罪活动罪定罪处罚。

案件的依法审理，传递出国家安全不容侵犯的坚决态度：不管是谁，只要触犯了《中华人民共和国刑法》，危害到了我国国家安全，都将依法追究其刑事责任。①

分析

国家安全是安邦定国的重要基石，维护国家安全是全国各族人民根本利益所在。人民法院作为审判机关，肩负着维护国家安全和社会稳定的神圣使命。近年来，人民法院坚决贯彻党中央决策部署，忠实履行刑事审判职责，依法坚决打击危害国家安全犯罪，为维护国家安全提供了坚强有力的司法保障。新时代新征程，人民法院将全面贯彻总体国家安全观，依法严厉打击敌对势力渗透、破坏、颠覆、分裂活动，坚决捍卫国家政治安全特别是政权安全、制度安全。

关联法规

《刑法》第 6、107 条，《国家安全法》第 11 条。

---

① 最高人民法院发布平安中国建设第一批典型案例 . [2024-06-27]. https://pkulaw.com/chl/55384e58b299f0e2bdfb.html.

习近平法治思想指引

当前我国国家安全内涵和外延比历史上任何时候都要丰富，时空领域比历史上任何时候都要宽广，内外因素比历史上任何时候都要复杂。

——习近平总书记在中央国家安全委员会第一次会议上发表的重要讲话

（2014 年 4 月 15 日）

第三章　维护国家安全的职责

导　学

党的二十大报告指出，必须坚定不移贯彻总体国家安全观，把维护国家安全贯穿党和国家工作各方面全过程，确保国家安全和社会稳定。统筹维护和塑造国家安全既是各级国家机关的法定职责，也是各级领导干部在依法履职时的重要出发点和落脚点。党的二十大报告对"提高各级领导干部统筹发展和安全的能力，增强全民国家安全意识和素养，筑牢国家安全人民防线"提出了明确要求。《国家安全法》以专章的形式规定了中央和地方各级国家机关在维护国家安全方面的法定职责。在具体内容上，《国家安全法》进一步明确了全国人大及其常委会、国家主席、国务院、中央军委以及中央国家机关各部门涉及国家安全的职责权限；规定了地方各级人大及其常委会、地方各级人民政府、香港特别行政区、澳门特别行政区，以及人民法院、人民检察院、公安机关、国家安全机关、有关军事机关等在各自职权范围内依法维护国家安全的责任；强调了国家机关及其工作人员履职时"维护国家安全"的重要原则。各级领导干部作为关键少数，应准确把握相关立法精神和条文内容，将依法履职的本责与依法维护国家安全的职责紧密关联，建设高效权威的国家安全领导体制、协调联动机制，提升依法维护国家安全的能力、水平。

第三十五条　全国人民代表大会依照宪法规定，决定战争和和平的问题，行使宪法规定的涉及国家安全的其他职权。

全国人民代表大会常务委员会依照宪法规定，决定战争状态的宣布，

决定全国总动员或者局部动员，决定全国或者个别省、自治区、直辖市进入紧急状态，行使宪法规定的和全国人民代表大会授予的涉及国家安全的其他职权。

条文解读

本条是关于全国人民代表大会及其常务委员会维护国家安全的职责的规定。

全国人民代表大会是国家最高权力机关，在中央国家机关中处于核心地位，国家的行政机关、监察机关、审判机关和检察机关由它产生，向它负责，受它监督。全国人民代表大会常务委员会是全国人民代表大会的常设机关，是最高国家权力机关的组成部分，全国人民代表大会及其常务委员会作为最高国家权力机关，对人民负责，受人民监督。

一、全国人民代表大会维护国家安全的职责

《孙子兵法》曰："兵者，国之大事、生死之地、存亡之道，不可不察也。"[①]战争是国家的头等大事，关系到军民的生死、决定着国家的存亡，需要得到周密的观察、分析、研究。国家安全涉及国家政权、主权、统一、领土完整、人民福祉、社会经济可持续发展等重大国家利益，保障国家安全是全国人民代表大会应尽的职责。

1. 决定战争和和平的问题

《宪法》第62条第15项规定全国人民代表大会，决定战争和和平的问题。战争和和平的问题是政治的最高形式：其一是决定是否向某一国家或某一国家集团宣战；其二是决定是否与交战国达成协议，双方停战，结束战争。[②]战争和和平的问题直接关系国家的根本利益，与国家的生存与发展生死攸关，因此必须由最高国家权力机关来决定。

① 孙武：孙子兵法．宿春君，评议．北京：华龄出版社，2017：1.

② 全国人大常委会法制工作委员会国家法室编．中华人民共和国国家安全法解读．北京：中国法制出版社，2016：192.

2. 宪法规定的涉及国家安全的其他职权

宪法规定的涉及国家安全的其他职权主要有：一是国家安全领域的立法权。全国人民代表大会有权修改《宪法》、制定和修改基本法律，如制定和修改《国防法》《反分裂国家法》等密切关系国家安全方面的法律。二是人事任免权，如：选举中华人民共和国主席、副主席；选举中央军事委员会主席；根据中央军事委员会主席的提名，决定中央军事委员会其他组成人员的人选等。

二、全国人民代表大会常务委员会维护国家安全的职责

《宪法》第 67 条规定：全国人民代表大会常务委员会决定战争状态的宣布，决定全国总动员或者局部动员，决定全国或者个别省、自治区、直辖市进入紧急状态。

1. 决定战争状态的宣布、决定全国总动员或者局部动员、决定全国或者个别省、自治区、直辖市进入紧急状态

《宪法》第 67 条第 19 项规定：“在全国人民代表大会闭会期间，如果遇到国家遭受武装侵犯或者必须履行国际间共同防止侵略的条约的情况，决定战争状态的宣布。”全国人民代表大会常务委员会决定战争状态的宣布，有两个明确的限制条件：一是必须在全国人民代表大会闭会期间，二是已经发生了国家遭受武装侵犯或者必须履行国际间共同防止侵略的条约的情况。

2. 决定全国总动员或者局部动员

全国总动员或者局部动员，是在国家的主权、统一、领土完整安全遭受威胁时，国家所采取的一种紧急措施。动员令一经发出，国家或者局部地区将从平时体制转入战时体制，一切工作都要服从动员的需要。在全国人民代表大会常务委员会决定全国总动员或者局部动员后，由国家主席发布动员令。

3. 决定全国或者个别省、自治区、直辖市进入紧急状态

紧急状态，是指突然发生或者即将发生，会在大范围或长时间内威胁人民生命、财产等重大安全利益，影响国家权力的正常行使的一种特殊状态，只有采取临时应急措施才能恢复社会正常的秩序。紧急状态下采取的措施包

括戒严、应急处置措施、动员措施等。

4. 涉及国家安全的其他职权

涉及国家安全的其他职权主要包括四个方面:(1)国家安全领域的立法权和宪法、法律的解释权。当前，世界百年未有之大变局加速演进，世界进入新的动荡变革期，需要加快健全完善国家安全法律规范体系的步伐，做到有法可依，有计划有步骤地推进国家安全立法的立改废释纂，以适应国家安全新形势、新挑战，接受风高浪急甚至惊涛骇浪的重大考验。(2)人事任免权。全国人民代表大会常务委员会有根据宪法和法律，对国务院、国家监察委员会、最高人民检察院等国家机关领导人员进行任免的权力。(3)监督权。全国人民代表大会常务委员会的监督权分为两类：一是法律监督权，如监督宪法的实施，撤销同宪法、法律相抵触的行政法规、地方性法规和决议等；二是对国家机关工作的监督权，如监督国务院、中央军事委员会、国家监察委员会等国家机关的工作。(4)批约权。决定同外国缔结条约和重要协定的批准和废除，如第十一届全国人民代表大会常务委员会第二十四次会议作出批准《中华人民共和国和俄罗斯联邦关于打击恐怖主义、分裂主义和极端主义的合作协定》的决定。

事例分析

事例

《香港特别行政区基本法》第23条规定："香港特别行政区应自行立法禁止任何叛国、分裂国家、煽动叛乱、颠覆中央人民政府及窃取国家机密的行为，禁止外国的政治性组织或团体在香港特别行政区进行政治活动，禁止香港特别行政区的政治性组织或团体与外国的政治性组织或团体建立联系。"2003年，香港特别行政区政府就相关内容进行立法，却遭反对派煽动数十万民众在7月1日上街游行抗议。最终政府撤回草案，事件才得以平息。此后二十多年来，香港特别行政区维护国家安全的立法始终未能实现，境外反华势力企图通过香港特别行政区颠覆中央政权、危害国家安全的行为日益加剧。

2014年香港爆发非法"占中"，集会者围攻政府总部，冲破警方警戒线，制造暴力冲突，"占中"历时79天，导致香港旅游、零售、交通运输等多个行业遭受重击。最终，9 名非法“占中”策划组织者被定罪。时任行政长官梁振英明确指出，确实有外部势力参与“占中”。

2019 年，香港反对派借《逃犯条例》修订掀起修例风波，境外反华势力插手愈加明目张胆，香港分裂分子甚至公开打出请求外国对华制裁甚至邀请美军登陆香港的旗号，同时境外反华势力和“台独”势力赤裸裸地加大干预香港事务的力度，严重挑战“一国两制”原则底线，危害国家安全。

2020 年 5 月 28 日，十三届全国人大三次会议表决通过了《全国人民代表大会关于建立健全香港特别行政区维护国家安全的法律制度和执行机制的决定》。

2020 年 6 月 30 日第十三届全国人民代表大会常务委员会第二十次会议表决通过《香港特别行政区维护国家安全法》。该法有效地防范、制止和惩治了与香港特别行政区有关的危害国家安全的犯罪，堵塞了香港特别行政区在维护国家安全法律制度和执行机制方面存在的漏洞。这部法律的公布施行，是新形势下坚持和完善“一国两制”制度体系，落实“爱国者治港”原则的重要体现，是实现香港局势由乱到治的重大转折，对捍卫国家主权、安全、发展利益、维护香港长治久安和长期繁荣稳定，具有十分重要而深远的意义。①

分析

《香港特别行政区维护国家安全法》的制定是全国人民代表大会及其常务委员会依法行使宪法赋予的职权的具体体现，是中央完善治港方略的新标志。该法明确规定了分裂国家罪、颠覆国家政权罪、恐怖活动罪、勾结外国或者境外势力危害国家安全罪四类罪行和处罚，严惩了反中乱港犯罪分子，遏制了外部势力干涉中国内政的势头，用法治思维捍卫了国家的主权、安全和发展利益。

关联法规

《香港特别行政区基本法》第 23 条，《香港特别行政区维护国家安全法》有关条文，《刑法》第 103、105、106、120 条。

---

① 香港国安法来龙去脉 .[2023-11-20].https://www.takungpao.com/news/232109/2020/ 0701/469098.html.

习近平法治思想指引

深入推进科学立法、民主立法、依法立法，统筹立改废释纂，提高立法效率，增强立法系统性、整体性、协同性。维护国家法治统一是严肃的政治问题，各级立法机构和工作部门要遵循立法程序、严守立法权限，切实避免越权立法、重复立法、盲目立法，有效防止部门利益和地方保护主义影响。

——习近平总书记在十九届中央政治局第三十五次集体学习时的讲话（2021年12月6日）

第三十六条　中华人民共和国主席根据全国人民代表大会的决定和全国人民代表大会常务委员会的决定，宣布进入紧急状态，宣布战争状态，发布动员令，行使宪法规定的涉及国家安全的其他职权。

条文解读

本条是关于国家主席维护国家安全的职责的规定。

一、宣布进入紧急状态，宣布战争状态，发布动员令

《宪法》第80条规定，中华人民共和国主席根据全国人民代表大会的决定和全国人民代表大会常务委员会的决定，宣布进入紧急状态，宣布战争状态，发布动员令。全国人民代表大会和全国人民代表大会常务委员会作出宣布战争状态、进入紧急状态、进行全国总动员或者局部动员的决定后，由于涉及对外关系、涉及国家进入一种非常状态、必须严格遵守进入紧急状态或者战争状态的宣布程序和动员令的发布程序，只有经过国家主席正式宣布的紧急状态或者战争状态，和经过国家主席正式发布的动员令，才能发生相应的法律效力。

二、行使宪法规定的涉及国家安全方面的其他职权

1. 国家安全领域法律的公布权

国家主席根据全国人大及其常委会的决定，公布涉及国家安全领域的法

律，如国家主席签署第四号主席令公布《反间谍法》于 2023 年 4 月 26 日修订通过，自 2023 年 7 月 1 日起施行。

2. 人事任免权

国家主席根据全国人大及其常委会的决定，任免国务院总理、副总理、国务委员、各部部长、各委员会主任、审计长、秘书长，派遣和召回驻外全权代表。

3. 国家的勋章和荣誉称号授予权

国家主席根据全国人大及其常委会授予国家的勋章和荣誉称号的决定，签署国家主席令，授予国家的勋章和荣誉称号。

4. 外交权

国家主席代表中华人民共和国，进行国事活动，接受外国使节；派遣和召回驻外全权代表，批准和废除同外国缔结的条约和重要协定。

事例分析

事例

应国家主席习近平邀请，俄罗斯总统普京于 5 月 16 日至 17 日对中国进行国事访问。5 月 16 日上午，国家主席习近平在北京人民大会堂同来华进行国事访问的俄罗斯总统普京举行会谈。会谈后，两国元首共同签署并发表《中华人民共和国和俄罗斯联邦在两国建交 75 周年之际关于深化新时代全面战略协作伙伴关系的联合声明》。

习近平指出，今年是中俄建交 75 周年。75 年来，中俄关系历经风雨，历久弥坚，经受住了国际风云变幻的考验，树立了大国、邻国相互尊重、坦诚相待、和睦相处、互利共赢的典范。

在面对美西方的“零和博弈”、冷战思维，裹挟盟友推动“脱钩断链”“小院高墙”的背景下，中俄紧密地站在一起，共同构筑反霸阵线，这对于推动世界和平与繁荣具有重要而深远的意义。①

① 宣誓就职不到 10 天，普京为何率领超规格代表团访华？[2024-05-20].http://www.inewsweek.cn/world/2024-05-20/22058.shtml.

分析

国家主席接见外国元首并签署重要文件是行使外交权的具体体现。此次访问进一步巩固了中俄两国之间的战略互信，深化了两国的经济贸易关系。此次访问重申了共同、综合、合作、可持续的全球安全观，用“中国方案”推动全球治理朝着平等公正、合作共赢的方向发展。

习近平法治思想指引

当前我们所面临的国家安全问题的复杂程度、艰巨程度明显加大。国家安全战线要树立战略自信、坚定必胜信心，充分看到自身优势和有利条件。要坚持底线思维和极限思维，准备经受风高浪急甚至惊涛骇浪的重大考验。要加快推进国家安全体系和能力现代化，突出实战实用鲜明导向，更加注重协同高效、法治思维、科技赋能、基层基础，推动各方面建设有机衔接、联动集成。

——习近平总书记在二十届中央国家安全委员会第一次会议上的讲话（2023 年 5 月 31 日）

第三十七条 国务院根据宪法和法律，制定涉及国家安全的行政法规，规定有关行政措施，发布有关决定和命令；实施国家安全法律法规和政策；依照法律规定决定省、自治区、直辖市的范围内部分地区进入紧急状态；行使宪法法律规定的和全国人民代表大会及其常务委员会授予的涉及国家安全的其他职权。

条文解读

本条是关于国务院在维护国家安全方面的职权的规定。

《宪法》第 85 条规定：“中华人民共和国国务院，即中央人民政府，是最高国家权力机关的执行机关，是最高国家行政机关。”中央政府是在全国范围内总揽国家政务和负责国家行政管理的机关，它同地方各级人民政府一起，组成我国整个国家行政系统。国务院是最高国家行政机关，地方行政机关要统一服从国务院的领导。全国人民代表大会是最高国家权力机关，国务院通过行政管理活动，执行最高国家权力机关制定的法律、通过的各项决议和决定，可以制定行政法规。国务院维护国家安全的职责包括下列内容。

1. 根据宪法和法律，制定涉及国家安全的行政法规，规定有关行政措施，发布有关决定和命令

行政法规是指国务院根据宪法和法律，并依照法定权限和程序制定的规范性文件的总称。行政法规效力仅次于法律，高于地方性法规和规章。国务院根据宪法和法律，制定涉及国家安全的行政法规，规定有关行政措施，发布有关决定和命令。

2. 实施国家安全法律法规和政策

国务院是最高国家权力机关的执行机关，其工作职责就是通过行政管理活动，执行最高国家权力机关制定的法律、通过的各项决议和决定。[①]除了具体实施全国人大及其常委会制定的关于国家安全的法律，如《反间谍法》《反分裂国家法》《数据安全法》等法律以外，还实施与国家安全相关的行政法规。国务院既是涉及国家安全的行政法规的制定者，也是这些行政法规的执行者。此外，在国家安全方面起指导作用的重要政策的具体落实和实施，也是国务院的重要职责之一。国务院实施涉及国家安全的法律体现在两个方面：一是要在具体工作中坚决遵守和严格执行这些法律，二是可以制定配套的行政法规来更好地执行这些涉及国家安全的法律。[②]

3. 依照法律规定决定省、自治区、直辖市的范围内部分地区进入紧急状态

国务院决定进入紧急状态的范围是省、自治区、直辖市的范围内部分地区。紧急状态下采取的措施包括戒严、应急处置措施、动员措施等，这些特殊措施会在一定程度上限制公民、组织的权利和自由，对正常的生产、生活秩序造成不小的影响，因此，《宪法》对有权决定进入紧急状态的机关进行了明确的规定。有权决定全国或者个别省、自治区、直辖市进入紧急状态的是全国人民代表大会常务委员会。国务院决定省、自治区、直辖市的范围内部分地区进入紧急状态。

① 李竹，肖军拥主编．国家安全法学．北京：法律出版社，2019：210.

② 全国人大常委会法制工作委员会编．中华人民共和国国家安全法释义．北京：法律出版社，2016：196.

4. 行使宪法法律规定的和全国人民代表大会及其常务委员会授予的涉及国家安全的其他职权

其他职权是指本条规定的前三项职权之外的涉及国家安全的职权，本条规定属于兜底条款。《宪法》第 89 条第 18 项规定了国务院有权行使全国人民代表大会和全国人民代表大会常务委员会授予的其他职权。全国人民代表大会和全国人民代表大会常务委员会根据法律规定，或者根据经济社会发展和全面深化改革以及维护国家安全的需要，通过作出决定授权国务院行使某些方面的职权。《立法法》第 12 条中规定，“本法第十一条规定的事项尚未制定法律的，全国人民代表大会及其常务委员会有权作出决定，授权国务院可以根据实际需要，对其中的部分事项先制定行政法规”。

事例分析

事例

2014 年 11 月 1 日第十二届全国人民代表大会常务委员会第十一次会议通过《反间谍法》，同日，经国家主席令第 16 号公布并施行。2017 年 11 月 22 日依国务院令第 692 号公布的《反间谍法实施细则》，详细解释了“境外机构、组织”“间谍组织代理人”“资助”等概念的内涵及外延，也为《反间谍法》的全面落实提供了具体操作规范与基准，是国务院实施国家安全法律法规和政策的一种具体表现。2023 年 4 月 26 日第十四届全国人民代表大会常务委员会第二次会议修订通过《反间谍法》，并于 2023 年 7 月 1 日施行。[①]

分析

反间谍斗争是维护国家安全、确保社会政治稳定的一条特殊战线。国务院制定《反间谍法实施细则》是其履行国家安全职责的具体体现。随着我国综合国力的提升，境外间谍活动的力度不断加大，间谍情报活动的主体更加复杂、手法更加隐蔽。新的《反间谍法》的实施是新形势下落实总体国家安全观和加强反间谍斗争的需要，是推动反渗透、反颠覆、反窃密斗争，确保

① 中华人民共和国反间谍法实施细则 . [2023-11-22].https://www.gov.cn/gongbao/content/2017/content_5248216.htm.

国家安全的有力法治保障。

关联法规

《反间谍法》有关条款、《反间谍法实施细则》有关条款。

习近平法治思想指引

这么大一个国家，责任非常重、工作非常艰巨。我将无我，不负人民。我愿意做到一个“无我”的状态，为中国的发展奉献自己。

——习近平在罗马会见意大利众议长菲科的讲话
（2019 年 3 月 22 日）

第三十八条 中央军事委员会领导全国武装力量，决定军事战略和武装力量的作战方针，统一指挥维护国家安全的军事行动，制定涉及国家安全的军事法规，发布有关决定和命令。

条文解读

本条是关于中央军事委员会在维护国家安全中的职权的规定。

中华人民共和国中央军事委员会是最高国家军事机关，领导全国武装力量。中华人民共和国中央军事委员会实行主席负责制。中央军事委员会主席由全国人民代表大会产生，对全国人民代表大会和全国人民代表大会常务委员会负责。

中央军事委员会维护国家安全的职责主要有四项。

一、领导全国武装力量

中央军事委员会是国家的最高军事领导机关，从属于国家最高权力机关，是国家机构的重要组成部分。《宪法》第 93 条第 1 款规定：“中央军事委员会领导全国武装力量。”我国武装力量由中国人民解放军现役部队和预备役部队、中国人民武装警察部队和民兵组成。中央军事委员会的职权是领导全国武装力量，完成宪法赋予人民军队和其他武装力量巩固国防、抵御侵略、保卫祖国的神圣使命。

二、决定军事战略和武装力量的作战方针，统一指挥维护国家安全的军事行动

2015年国务院新闻办发布的首部专门阐述军事战略的专题型国防白皮书《中国的军事战略》指出，军事战略是筹划和指导军事力量建设和运用的总方略，服从服务于国家战略目标。中国军队主要担负以下战略任务：应对各种突发事件和军事威胁，有效维护国家领土、领空、领海主权和安全；坚决捍卫祖国统一；维护新兴领域安全和利益；维护海外利益安全；保持战略威慑，组织核反击行动；参加地区和国际安全合作，维护地区和世界和平；加强反渗透、反分裂、反恐怖斗争，维护国家政治安全和社会稳定；担负抢险救灾、维护权益、安保警戒和支援国家经济社会建设等任务。

三、制定涉及国家安全的军事法规，发布有关决定和命令

立法权是国家权力的重要组成部分，必须来自宪法和法律的明确授权。在我国，军事执法活动主体除了拥有军事立法权的国家权力机关、行政机关，主要是法律授权的军事机关。《立法法》第117条第1款规定："中央军事委员会根据宪法和法律，制定军事法规。"《国防法》第15条规定，中央军事委员会根据宪法和法律，制定军事法规，发布决定和命令。2024年通过的《军事立法工作条例》对军事法规、军事规章、军事规范性文件制定的权限和程序进行了规定。《军事立法工作条例》第15条中规定："军委机关部门、战区、军兵种认为需要由中央军委制定军事法规、军事规范性文件的，应当于每年12月31日前，向中央军委提出列入下一年度中央军委立法计划的立项建议。"因此，中央军事委员会可以依据宪法和法律，制定涉及国家安全的军事法规和军事规范文件。

四、维护海外利益

海外利益攸关国际安全合作，维护海外利益安全、加强海外安全保障能力是增强和维护国家安全能力的重要体现。海外利益的维护离不开武装实力，中央军事委员会领导的武装力量是维护国家海外利益的重要保障。海外应急救援、海上护航、撤侨是维护海外利益的具体体现，也是武装力量维护国家安全的重要“战略任务”之一。

事例分析

事例

2023 年 10 月 7 日凌晨，加沙地带武装组织（哈马斯）向以色列境内发起突袭，以色列政府随后宣布进入战争状态，对加沙地带发起大规模军事行动。新一轮巴以冲突爆发。冲突发生后，中国政府高度重视滞留在以色列的中国公民的安全。2023 年 10 月 9 日，为应对巴以紧张局势，中国驻以色列大使馆迅速发布了撤侨通知。在与以色列方面协调后，成功安排数架商业航班，从特拉维夫直飞至北京，确保滞留在以色列的中国公民安全返国。

此次撤侨行动受到了国际社会的广泛关注和赞誉。许多国家称赞中国政府的果断决策和高效行动，撤侨行动维护了海外公民的人身利益，不仅提高了中国政府在国际舞台上的地位，也增强了中国公民的民族凝聚力和民族自豪感。①

分析

这次撤侨行动显示了国家对境外公民生命财产保护的决心，也表明了我国不干涉他国内政的政治立场，面对巴以冲突导致的严峻形势，我国及时协调航班，安排滞留在以色列的中国公民平安回国，这是总体国家安全观以人民安全为宗旨的具体的、生动的体现。

关联法规

《立法法》第 117 条，《国防法》第 15 条，《军事立法工作条例》第 7、

---

① 在以中资企业安全有序组织员工搭乘商业航班回国 . [2023-10-20]. http://il.china-embassy.gov.cn/lsqw/202310/t20231020_11164335.htm.

11、15 条。

习近平法治思想指引

人民军队始终是党和人民完全可以信赖的英雄军队，有信心、有能力维护国家主权、统一和领土完整，有信心、有能力为实现中华民族伟大复兴提供战略支撑，有信心、有能力为世界和平与发展作出更大贡献！

——习近平总书记在中国共产党第二十次全国代表大会上的报告

（2022 年 10 月 25 日）

第三十九条　中央国家机关各部门按照职责分工，贯彻执行国家安全方针政策和法律法规，管理指导本系统、本领域国家安全工作。

条文解读

本条是关于中央国家机关各部门维护国家安全的职责的规定。

维护国家安全是全社会共同的责任。中央国家机关各部门根据宪法和法律的规定，负责本领域的方针、政策、计划和重大行政措施的研究制定、组织实施和监督管理，肩负着本部门职责范围内贯彻执行国家各项重大方针政策和法律法规，管理指导本系统、本领域工作的重要职责。中央国家机关各部门维护国家安全的职责包括以下内容。

1. 贯彻执行国家安全方针政策和法律法规

各部门按照自身职责分工，贯彻执行国家安全方针政策和法律法规，落实维护国家安全的职责，主要体现在以下五个方面：一是组织本机关、本单位人员学习贯彻落实党和国家有关国家安全工作的方针政策、法律法规；二是对本机关、本单位的人员进行维护国家安全的教育，动员、组织本机关、本单位的人员防范、制止危害国家安全的行为，履行维护国家安全的义务；三是组织本机关、本单位人员在依法履行职责的日常工作当中，贯彻执行维护国家安全的原则和要求；四是组织本机关、本单位人员依法支持、配合有关专门机关维护国家安全的专门工作，保守所知悉的专门工作涉及的国家秘密事项；五是在依法履行社会管理职能过程中，强化国家安全意识，充分考虑维护国家安全的因素，指导、管理企业事业组织根据国家安全工作的要求，依法配合有关部门采取相关安全措施，提供数据、信息等必要的支持和协助等。[①]

2. 管理指导本系统、本领域国家安全工作

《宪法》第 90 条规定："国务院各部部长、各委员会主任负责本部门的工作……各部、各委员会根据法律和国务院的行政法规、决定、命令，在本部门的权限内，发布命令、指示和规章。"省级政府的各工作部门受人民政府统一领导，并且依照法律或者行政法规的规定受国务院主管部门的业务指导或者领导；县、市级人民政府的各工作部门受本级人民政府统一领导，并且依照法律或者行政法规的规定受上级人民政府主管部门的业务指导或者领导。因此，中央国家机关各部门不仅要按照职责分工，组织开展本机关、本单位贯彻执行国家安全方针政策和法律法规，还要依法管理指导本系统、本领域的国家安全工作。[②]

案例分析

案例

2023 年 7 月 1 日《反间谍法》正式实施，一些外国媒体故意歪曲《反间谍法》的立法本意，引发在华外资企业的恐慌，造成不良影响。7 月 21 日，商务部召开外资商协会专场政策解读沟通圆桌会，就跨境数据流动、出口管制、《反间谍法》等外资企业关注的热点内容进行宣传解读，并开展互动交流。中国美国商会、中国欧盟商会、中国日本商会、中国韩国商会及 30 余家会员企业代表参会。中国商务部部长助理陈春江强调，中国政府把吸引外商投资放在更加重要的位置，致力于营造公平透明、可预期的营商环境。此次圆桌会聚焦企业关注诉求，加强双向沟通交流，使外资企业更加清晰准确

① 全国人大常委会法制工作委员会国家法室编．中华人民共和国国家安全法解读．北京：中国法制出版社，2016：208.

② 全国人大常委会法制工作委员会编．中华人民共和国国家安全法释义．北京：法律出版社，2016：202.

地理解了相关政策和举措，增强了其长期在中国发展的信心。[①]

分析

《反间谍法》正式实施以来，一些外资企业对中国的投资环境产生了担忧，如果任其发展下去，会严重影响外商投资中国的意愿，从而影响中国的经济。商务部及时组织圆桌会议，就外商投资关注的领域进行政策宣讲，消除外商投资的顾虑，有力地维护了我国的经济安全。

关联法规

《反间谍法》有关条文。

习近平法治思想指引

党的十八届三中全会决定成立国家安全委员会，是推进国家治理体系和治理能力现代化、实现国家长治久安的迫切要求，是全面建成小康社会、实现中华民族伟大复兴中国梦的重要保障，目的就是更好适应我国国家安全面临的新形势新任务，建立集中统一、高效权威的国家安全体制，加强对国家安全工作的领导。

——习近平总书记在中央国家安全委员会第一次会议上的讲话

（2014 年 4 月 15 日）

第四十条　地方各级人民代表大会和县级以上地方各级人民代表大会常务委员会在本行政区域内，保证国家安全法律法规的遵守和执行。

地方各级人民政府依照法律法规规定管理本行政区域内的国家安全工作。

香港特别行政区、澳门特别行政区应当履行维护国家安全的责任。

条文解读

本条是关于地方维护国家安全的职责的规定。

① 商务部召开外资商协会专场政策解读沟通圆桌会 . [2023-11-15]. http://www.mofcom.gov.cn/article/xwfb/xwbldhd/202307/20230703423168.shtml.

一、地方各级人民代表大会和县级以上地方各级人民代表大会常务委员会维护国家安全的职责

（1）制定地方性法规。在不同宪法、法律、行政法规相抵触的前提下，省、自治区、直辖市的人民代表大会及其常务委员会根据本行政区域的具体情况和实际需要，可以制定地方性法规。

（2）是重大事项的决定权，县级以上地方各级人民代表大会及其常务委员会有权讨论、决定本行政区域内的政治、经济、教育、科学、文化、卫生、环境和资源保护、民政、民族等工作的重大事项。

（3）是行使监督权，监督的方式有：听取和审议人民政府、人民法院和人民检察院的专项工作报告；审查和批准决算，听取和审议国民经济和社会发展计划、预算的执行情况报告，听取和审议审计工作报告；组织法律法规实施情况的检查等。[①]

二、地方各级人民政府维护国家安全的职责

地方各级人民政府管理本行政区域内的国家安全工作要依照法律法规进行，这里“法规”既包括国务院制定的行政法规，也包括地方人大及其常委会制定的地方性法规。法律法规关于地方各级人民政府职责的规定，主要有两类：一类是原则性、综合性规定，如《国防法》第 19 条、《突发事件应对法》第 7 条、《军事设施保护法》第 3 条第 1 款的相关规定。另一类是具体规定，主要有：（1）制定地方政府规章，地方政府规章可以就下列事项作出规定：一是为执行法律、行政法规、地方性法规的规定需要制定规章的事项，二是属于本行政区域的具体行政管理事项。（2）履行具体的行政管理职责，按照现有行政权可分为行政规划、行政许可、行政强制、行政征收征用、行政给付、行政检查、行政确认、行政奖励、行政监督、行政裁决以及其他职责。我国专门制定了行政许可法、行政强制法、行政复议法、行政处罚法，对行政机关的职责作出规定。此外，一些涉及国家安全的法律法规，

---

① 全国人大常委会法制工作委员会编．中华人民共和国国家安全法释义．北京：法律出版社，2016：203-204.

也具体规定了地方人民政府的职责。[①]

三、香港特别行政区、澳门特别行政区维护国家安全的职责

香港特别行政区、澳门特别行政区是中华人民共和国不可分离的部分，是直辖于中央人民政府、享有高度自治权的地方行政区域。对特别行政区和港澳同胞维护国家安全的责任提出原则性要求是必要的，是符合宪法和基本法规定的。按照宪法和香港、澳门两个特别行政区的基本法的规定，特别行政区负有维护国家安全的责任，应自行立法禁止任何叛国、分裂国家、煽动叛乱、颠覆中央人民政府及窃取国家机密的行为，禁止外国的政治性组织或团体在香港、澳门特别行政区进行政治活动，禁止外国的政治性组织或团体在香港、澳门特别行政区进行政治活动，禁止香港、澳门特别行政区的政治性组织或团体与外国的政治性组织或团体建立联系。特别行政区政府负责维持社会治安。在必要时，可向中央人民政府请求驻军协助维持社会治安和救助灾害。特别行政区政府应当支持驻军履行防务职责，保障驻军和驻军人员的合法权益。驻军和特别行政区政府共同保护特别行政区内的军事设施。特别行政区政府应当协助驻军维护军事禁区的安全。驻军和特别行政区政府应当建立必要的联系，协商处理与驻军有关的事宜。[②]

案例分析

香港网络电台主持人煽动及洗黑钱案

案例

尹某某于2020年2月8日至11月21日期间，利用自身网络电台主持人的身份，通过制作、发布带有煽动性情绪的网络节目，意图引起香港民众憎恨、藐视中央及香港特别行政区政府，煽动普通民众对香港司法制度的不满及叛离，达到加深不同阶层民众间的对立、煽惑他人使用暴力、做出违法行为的目的。

---

① 全国人大常委会法制工作委员会编．中华人民共和国国家安全法释义．北京：法律出版社，2016：205-206.

② 全国人大常委会法制工作委员会编．中华人民共和国国家安全法释义．北京：法律出版社，2016：207-208.

香港警方国安处在获悉相关情况后，迅速依法开启调查。经查发现，尹某某与“台独”组织勾连，接受其授意、领导，利用制作、发布网络节目的便利实施上述行为，并私自串联、发动了“助养”逃台“黑魔”计划。2022年10月22日，香港特别行政区法院以“串谋作出具煽动意图的行为罪”和洗钱罪判监尹某某32个月。[①]

分析

《香港特别行政区维护国家安全法》第21条规定，任何人煽动、协助、教唆、以金钱或者其他财物资助他人实施分裂国家罪，即属犯罪。在本案中，香港国家安全机关及时对尹某某的违法犯罪行为进行了刑事处罚，有力地打击了违法犯罪活动，维护了国家安全。

关联法规

《香港特别行政区维护国家安全法》第22、23条，《刑法》第103条。

习近平法治思想指引

要支持特别行政区政府和行政长官依法施政、积极作为，团结带领香港、澳门各界人士齐心协力谋发展、促和谐，保障和改善民生，有序推进民主，维护社会稳定，履行维护国家主权、安全、发展利益的宪制责任。

——习近平总书记在中国共产党第十九次全国代表大会上的报告（2017年10月18日）

第四十一条　人民法院依照法律规定行使审判权，人民检察院依照法律规定行使检察权，惩治危害国家安全的犯罪。

条文解读

本条是关于人民法院、人民检察院在维护国家安全方面的职责的规定。

① 香港网络电台主持“杰斯”拟认煽动及洗黑钱罪 . [2023-11-13]. https://cj.sina.com.cn/articles/view/1784473157/6a5ce64502002i1xu.

一、人民法院依法行使审判权

《宪法》第 128、131 条的规定，人民法院是国家的审判机关，依照法律规定独立行使审判权。

1. 人民法院是代表国家行使审判权的机关

所谓“审判”，指的是对矛盾和纠纷的审理和判决。在法治国家，所谓审判，是指由国家的专门机构代表国家，依照宪法和法律规定的程序，对特定案件进行的审理和判决。代表国家行使审判权的机构作出的判决，具有最高的权威性，并由国家强制力保证执行。人民法院代表国家行使审判权，是在法律范围内对各种矛盾和纠纷进行审理和判决的国家机关。

2. 国家的审判权只能由人民法院行使

在社会主义国家，必须由独立的法院系统具体适用法律，才能保证国家法律的统一实施，维护社会主义法制的统一、国内市场的统一以及国家的统一，保障人民权利。

3. 人民法院行使审判权包括刑事的、民事的和行政的审判权

危害国家安全的犯罪属于严重的刑事犯罪，人民法院对此予以惩治时，行使的是刑事审判权。

二、人民检察院依法行使检察权

《宪法》第 134、136 条规定，人民检察院是国家的法律监督机关，依照法律规定独立行使检察权。检察机关通过行使检察权，对危害国家安全的犯罪行为依法予以惩治，以维护国家政权和社会的稳定，是检察机关的重要职责。

三、关于危害国家安全的犯罪

犯罪是指触犯法律而构成罪行。危害国家安全的犯罪包括以下几类：一是《刑法》分则第一章“危害国家安全罪”中规定的犯罪。我国刑法中的危

害国家安全罪，是指故意危害中华人民共和国国家安全的行为。主要罪名有叛国罪，分裂国家罪，煽动分裂国家罪，武装叛乱、暴乱罪，颠覆国家政权罪，煽动颠覆国家政权罪，资助危害国家安全犯罪活动罪，间谍罪，为境外窃取、刺探、收买、非法提供国家秘密、情报罪，资敌罪。二是《刑法》分则第一章之外规定的涉及国家安全的犯罪。需要指出的是，《刑法》规定的"危害国家安全罪"是指狭义的"国家安全"，《国家安全法》规定的"国家安全"，是广义的国家安全，包括政治安全、经济安全、金融安全、文化安全、粮食安全、网络安全等方面的安全，因此，刑法中还有一些罪名也属于危害国家安全的犯罪。有危害国家安全的犯罪行为的，根据罪行的轻重，可以被判处没收财产、剥夺政治权利、驱逐出境、拘役、管制、有期徒刑、无期徒刑、死刑等刑罚。[①]

事例分析

事例

在推进司法体制改革试点过程中，针对近年来涉及国家安全和公共安全等特殊领域案件上升的趋势，北京市检察机关在市检察院设立国家安全和公共安全检察部，在不同层级检察机关分设国家安全和公共安全检察专业化办案组，专案专办、术业专攻，注重提高依法指控犯罪、妥善处理案件和风险防控能力，依法有效打击、防范涉及国家安全和公共安全领域的犯罪案件。自北京市检察机关全面推进司法体制改革以来，全市各级检察机关严格履行打击犯罪职能，办理了危害国家安全、邪教犯罪、危害国防利益等各类犯罪130余件，积极维护首都安全稳定大局。[②]

分析

北京市检察机关以总体国家安全观为指导，针对涉及国家安全和公共安全领域的犯罪，成立专案组，专案专办，充分发挥检察机关打击犯罪的职能。通过依法严惩危害国家安全各类犯罪，北京市进一步降低了同类案件的发生率，从而有力地维护了北京市的社会安全。

---

① 全国人大常委会法制工作委员会编．中华人民共和国国家安全法释义．北京：法律出版社，209-213.

② 李竹，肖君拥主编．国家安全法学．北京：法律出版社，2016：218-219.

关联法规

《刑事诉讼法》第3～7条,《刑法》第102～113条,《检察官法》第7、10条,《法官法》第8、10条。

习近平法治思想指引

各地区各部门要各司其职、各负其责，密切配合、通力合作，勇于负责、敢于担当，形成维护国家安全和社会安定的强大合力。

——习近平总书记在主持十八届中央政治局第十四次集体学习时的讲话（2014年4月25日）

第四十二条　国家安全机关、公安机关依法搜集涉及国家安全的情报信息，在国家安全工作中依法行使侦查、拘留、预审和执行逮捕以及法律规定的其他职权。

有关军事机关在国家安全工作中依法行使相关职权。

条文解读

本条是关于维护国家安全的专门机关依法行使相关职权的规定。

一、维护国家安全的专门机关及其职权

国家安全直接关系国家核心利益和重大利益，对于国家的生存、发展至关重要。宪法和法律赋予有关专门机关维护国家安全专门工作的职责，一方面，这是庄严的法律授权；另一方面，这也是依法规范行使职权的必然要求。[①]国家安全机关、公安机关、有关军事机关是维护国家安全的专门机关，可以依法采取必要的手段和方式，有关部门和地方应当在职责范围内提供支持和配合。维护国家安全的专门机关的职权主要包括搜集涉及国家安全的情报信息、行政执法、刑事执法三个方面。

① 全国人大常委会法制工作委员会编．中华人民共和国国家安全法释义．北京：法律出版社，2016：215.

二、依法搜集涉及国家安全的情报信息职责

依法搜集情报信息是维护国家安全工作的重要手段和方法，对国家安全工作具有重要意义。情报信息对维护国家政权、主权、统一和领土完整、人民福祉、经济社会可持续发展以及国家其他重大利益具有重要意义，情报信息工作能有效防范和化解危害国家安全的风险。对该项职责在法律中作出规定，既体现了情报信息工作对于维护国家安全的重要意义，也是依法规范情报信息工作的必然要求，是世界主要国家的普遍做法。开展情报信息工作，应当坚持专群结合、公密结合、分工负责和协作配合相结合、人力与技术相结合、搜集与处置相结合的原则。

三、依法行使刑事执法职责

"依法行使侦查、拘留、预审和执行逮捕的职责"，是指《刑事诉讼法》规定的侦查、拘留、预审和执行逮捕等职权。

"侦查"是指专门机关在刑事案件办理过程中，依照《刑事诉讼法》规定的程序进行专门的调查工作，以及与之相关的强制性措施，包括讯问犯罪嫌疑人，询问证人，勘验、检查，搜查、查封、扣押物证、书证，鉴定，运用技术侦查措施，采取必要的强制措施等。

"拘留"是指刑事拘留，即专门机关为了及时制止正在进行的犯罪，抓获现行犯罪分子或重大嫌疑分子，阻止犯罪危害延续，尽量消除犯罪后果，及时取得罪证，查明案情。

"预审"是指专门机关为准确认定犯罪、惩罚犯罪，保证刑事诉讼活动的正常进行，对侦查中收集、调取的各种证据材料予以核实，也就是进一步发现犯罪线索，扩大侦查成果，以便正确处理案件。

"执行逮捕"是指经过人民检察院批准逮捕或者人民法院决定逮捕，由专门机关对犯罪嫌疑人、被告人实施逮捕。①

---

① 李竹，肖君拥主编．国家安全法学．北京：法律出版社，2019：223-224.

四、依法行使行政职责

根据法律规定，专门机关在履行维护国家安全职责时，可以依法行使的职权，分为以下三类：

一是行政执法方面的职权，包括依法采取行政许可、行政处罚、行政强制等，必要时对有关人员的人身、财产进行临时性的约束或控制，对公民、法人或其他组织的行政违法行为进行必要的处罚、惩戒和教育等。

二是行政调查方面的职权，包括向有关人员了解情况，调取有关的档案、数据、资料，要求有关企业、组织提供技术支持和协助，开展有关查验工作，责令停止相关危害国家安全信息的传输等。

三是行政管理方面的职权，根据职权法定原则，包括对有关人员、组织的日常活动进行管理，及时掌握日常情况，维护所管理领域的正常秩序等。

案例分析

案例

2009年8月，彼得·耶斯佩尔·达林（瑞典籍）伙同他人，在香港注册成立名为“Joint Development Institute”（JDI）的机构，在境内以“中国维权紧急救助组”的名义活动，未履行任何注册备案程序，资金入境和活动完全脱离正常监管。该组织长期接受某外国非政府组织等7家境外机构的巨额资助，在中国建立10余个所谓的“法律援助站”，资助和培训无照“律师”、少数访民，利用他们收集我国各类负面情况，加以歪曲、扩大甚至凭空捏造，向境外提供所谓的“中国人权报告”。同时，该组织通过被培训的人员，插手社会热点问题和敏感案件，蓄意激化一些原本并不严重的矛盾纠纷，煽动群众对抗政府。2016年1月4日，北京市国家安全局依法对其采取指定居所监视居住强制措施。2016年1月25日，因彼得等犯罪嫌疑人涉嫌资助危害国家安全犯罪活动，江西省国家安全机关和北京市国家安全机关依法采取刑事强制措施，将其依法驱逐出境，并10年禁止入境。

在本案中，有关国家安全机关在发现彼得等犯罪嫌疑人及其组织的非法活动后，迅速、依法、依规、高效地采取了有关行政强制措施，有力地维护了国家安全，消除了有关犯罪行为的不良影响。[①]

分析

开展反间谍工作、进行隐蔽战线的斗争，是国家安全机关的职责之一。在本案中，彼得等犯罪嫌疑人通过培训人员、煽动群众对抗政府，资助组织和个人实施颠覆国家政权的行为，涉嫌严重违法犯罪。国家安全机关及时侦破其违法犯罪活动并依法采取有效的强制措施，有力地维护了国家安全和社会稳定。

关联法规

《刑事诉讼法》第 4 条，《刑法》第 105、107 条，《国家安全法》第 52、53 条。

习近平法治思想指引

坚定理想信念，对党绝对忠诚，是党和人民对国家安全机关的一贯要求，新的历史条件下仍然要坚定不移坚持和加强。要总结经验，从严管理，努力打造一支坚定纯洁、让党放心、甘于奉献、能拼善赢的干部队伍。

——习近平总书记在会见全国国家安全机关总结表彰大会代表时的讲话

（2015 年 5 月 19 日）

第四十三条　国家机关及其工作人员在履行职责时，应当贯彻维护国家安全的原则。

国家机关及其工作人员在国家安全工作和涉及国家安全活动中，应当严格依法履行职责，不得超越职权、滥用职权，不得侵犯个人和组织的合法权益。

条文解读

本条是对国家机关及其工作人员的履职要求。

① 李竹，肖君拥主编．国家安全法学．北京：法律出版社，2019：224-225.

一、贯彻维护国家安全的原则

按照总体国家安全观的要求，维护国家安全不仅仅是国家安全专门机关以及其他相关部门的工作，所有国家机关及其工作人员在行权履职过程中，都要绷紧维护国家安全这根弦，将维护国家安全原则落实到各项具体工作中。

所有国家机关及其工作人员，不论是国家安全专门机关还是只承担某一领域的国家安全工作的部门，不论是在从事法律明确规定的国家安全任务还是在履行其他职责过程中，都必须始终贯彻维护国家安全的原则，将维护国家安全作为国家机关及其工作人员履行职责的基本要求。

二、严格依法履职

1. 依法行使职权

依法履职是宪法和法律对国家机关及其工作人员的基本要求，开展国家安全工作和涉及国家安全的活动也必须严格依法履职。《国家安全法》和其他有关法律在国家安全工作这个敏感的领域强调严格依法履职，更彰显了全面推进依法治国的信心和决心。各级国家机关及其工作人员都要自觉在宪法和法律范围内开展维护国家安全的工作和活动，严格依照法定权限和程序行使权力、履行职责，既不能超越职权，也不能滥用职权。[①]

2. 尊重和保障人权

尊重和保障人权原则既是宪法的基本原则，也是《国家安全法》的基本原则，是国家机关及其工作人员依法履职的基本要求。一个法治政府，自然应该尊重和保障人权，切实维护公民的合法权益，使之不受侵犯。国家在安全工作中，需要采取限制公民权利和自由的特别措施时，应当依法进行，并以维护国家安全的实际需要为限度，在有效打击犯罪的同时保障公民的基本权利。

3. 权力制约和监督

公民对国家机关和国家工作人员提出批评、建议、申诉、控告或者检

---

① 全国人大常委会法制工作委员会编．中华人民共和国国家安全法释义．北京：法律出版社，2016：219-220.

举，是宪法赋予公民的监督权利。公民和组织对国家安全工作有向国家机关提出批评建议的权利，对国家机关及其工作人员在国家安全工作中违法失职行为有提出申诉、控告和检举的权利。在大数据时代，公民有多重途径参与社会管理，涉及国家安全领域的各项工作变得越来越透明，而这与国家安全工作所具有的隐蔽性秘密性形成冲突。这就要求在国家安全工作中，一定要处理好公开与保密之间的关系，提高国家安全立法技术水平，保障公众的知情权，并自觉接受公众监督。[①]

案例分析

案例

2007 年 3 月、2009 年 8 月，两位日本公民佐藤正光、水上和则未经测绘行政主管部门批准，先后两次分别以考古、学术交流为名，携带高精度手持卫星定位仪到江西省南丰、鹰潭、上饶、铅山等地进行非法测绘活动。在接到有关群众举报后，测绘部门迅速联合江西省国家安全机关对其进行审查，发现他们采集的坐标点位数据中有 2 个绝密级、4 个机密级、1 个秘密级军事秘密，一旦外泄，将对我国军事设施安全构成严重威胁。佐藤正光、水上和则的行为违法，江西省铅山县国土资源局于 2009 年 3 月依据《测绘法》第 51 条的规定，对佐藤正光等人作出没收测绘工具和测绘成果、罚款人民币 2 万元的行政处罚。[②]

分析

本案中，江西省有关测绘部门和国家安全机关依据自身职责，在接到有关群众举报后，迅速行动，通过及时的审查，发现并制止了有关违法犯罪行为，避免了军事机密外泄的可能。

关联法规

《测绘法》第 8、51 条，《刑事诉讼法》第 4 条，《国家安全法》第 52 条。

① 李竹，肖君拥主编 . 国家安全法学 . 北京：法律出版社，2019：228-229.

② 李竹，肖君拥主编 . 国家安全法学 . 北京：法律出版社，2019：226.

习近平法治思想指引

各地区各部门要贯彻总体国家安全观，准确把握我国国家安全形势变化新特点新趋势，坚持既重视外部安全又重视内部安全、既重视国土安全又重视国民安全、既重视传统安全又重视非传统安全、既重视发展问题又重视安全问题、既重视自身安全又重视共同安全，切实做好国家安全各项工作。

——习近平总书记在主持十八届中央政治局第十四次集体学习时的讲话

（2014 年 4 月 25 日）

第四章　国家安全制度

导　学

党的二十大报告强调，要推进国家安全体系和能力现代化。制度体系建设是国家安全体系和能力现代化建设的基础和保障。面对纷繁复杂和异常严峻的国家安全形势，我们开展的国家安全工作是具体的、灵活的，是需要以问题和结果为导向的，但也需要在总结实践经验的基础上找到维护和塑造国家安全的制度规律，依靠制度和机制建设来支撑科学高效的国家安全工作。《国家安全法》既明确了建立“统分结合、协调高效的国家安全制度与工作机制”的总体要求，也在总结实践经验和借鉴国外立法的基础上，规定了适应中国国情、符合国际惯例、能有效指导实战的国家安全工作机制。这些机制主要包括国家安全重点领域工作协调机制、国家安全工作督促检查和责任追究机制、国家安全战略贯彻实施机制、国家安全重大事项跨部门会商工作机制、国家安全协同联动机制、国家安全决策咨询机制等。此外，《国家安全法》还从国家安全工作的现实需要出发，针对国家安全常态化的情报需求、国家安全风险预警预判、基于国家安全需要的审查监管以及国家安全危机事件的应急管控和有效处置等情况，建立了体系化、全周期的具体制度机制。这些制度和机制的建立和有效实施，为国家安全工作提供了坚实的基础，也为推进国家安全体系和能力现代化提供了保障。

第一节　一般规定

第四十四条　中央国家安全领导机构实行统分结合、协调高效的国家安全制度与工作机制。

条文解读

本条是关于中央国家安全领导机构有关国家安全制度与工作机制的规定。

一、中央国家安全领导机构

中央国家安全领导机构，是指在依法进行国家安全工作过程中，有权作出国家安全战略决策或决定的中央机构。

我国中央国家安全领导机构就是中国共产党中央国家安全委员会。2013年11月12日，中国共产党第十八届中央委员会第三次全体会议提出“设立国家安全委员会，完善国家安全体制和国家安全战略，确保国家安全”。习近平总书记在《中共中央关于全面深化改革若干重大问题的决定》的说明中指出：“我们的安全工作体制机制还不能适应维护国家安全的需要，需要搭建一个强有力的平台统筹国家安全工作。设立国家安全委员会，加强对国家安全工作的集中统一领导，已是当务之急。”2014年1月24日，中央政治局召开会议决定，中央国家安全委员会由习近平任主席。作为中央关于国家安全工作的决策和议事协调机构，中央国家安全委员会向中央政治局、中央政治局常务委员会负责，统筹协调涉及国家安全的重大事项和重要工作。

二、“统分结合、协调高效”是国家安全制度与工作机制的基本要求和目标

“统”：是指统领、统筹、统一。国家安全工作的特殊性和复杂性要求国家安全工作必须围绕国家利益高度集中，坚持党的绝对领导。面对新形势新

任务，习近平总书记强调，要坚持党对国家安全工作的领导，实施更为有力的统领和协调政策。[①] 中央国家安全委员会要发挥好统筹国家安全事务的作用，抓好国家安全方针政策贯彻落实，完善国家安全工作机制；着力在提高把握全局、谋划发展的战略能力上下功夫，不断增强驾驭风险、迎接挑战的本领。中央国家安全委员会的主要职责是"制定和实施国家安全战略，推进国家安全法治建设，制定国家安全工作方针政策，研究解决国家安全工作中的重大问题"。这些都是"统"的具体要求。

"分"：是指分工与合作。国家安全工作是一项全局性的任务，但其中牵涉的领域和层面是复杂多样的，需要各地区、各部门分工协作，各司其职。各地区、各部门要健全党委统一领导的国家安全工作责任制，认真贯彻落实党中央关于国家安全工作的决策部署，依法行使国家安全法律法规赋予的职权。各级党委（党组）是维护国家安全的责任主体；各地区应当根据本区域的实际情况，负责本地区的涉及国家安全的相关问题和任务；各部门应根据自身职责，负责妥善处理与国家安全相关的事项。通过不同责任主体的分工与合作，确保维护国家安全责任落实到位。

"协调"：国家安全工作涉及范围广泛，各部门、各地区之间存在一定接口和交叉，增强各方面的协调性，是保障国家安全工作高效开展的一个必要条件。国家安全工作，需要充分统筹各方面的优势，有效整合各部门和各地区的资源，共享各方信息，协同各方行动，确保各部门和各地区在人员、物资、信息等方面的有效配置，避免重复建设，形成联动效应，共同应对国家安全风险。

"高效"：国家安全工作由各级政府部门共同执行，但不同层级之间存在一定的垂直管理关系，这就可能会带来信息在各级之间传递过程中的滞后，从而导致一定程度的执行延迟。而国家安全工作往往需要及时应对突发事件，一旦出现执行延迟，可能会贻误战机，从而造成不可估量的后果。高效要求各责任主体在完成国家安全任务或实现国家安全目标时，以最少的资源投入和时间消耗取得最佳的结果。

---

① 习近平主持召开国家安全工作座谈会强调：牢固树立认真贯彻总体国家安全观开创新形势下国家安全工作新局面．人民日报，2017-02-18(1).

事例分析

不同国家在国家安全决策机构设置和职责划分上存在差异，但如《国家安全法》第 44 条规定的“统分结合、协调高效”的原则是国际通行的原则，也是国家安全决策的重要体现。

美国国家安全委员会根据 1947 年《国家安全法》成立，是美国总统与高级国家安全顾问和内阁官员一起制定国家安全和外交政策决策的主要机构，也是总统在联邦机构之间协调这些政策的主要机构。国家安全委员会由总统担任主席，其定期出席者有副总统、国务卿、财政部部长、国防部长、能源部长、司法部部长、国土安全部长、美国驻联合国代表、美国国际开发署署长、总统办公厅主任和总统国家安全事务助理。参谋长联席会议主席担任国家安全委员会的军事顾问，国家情报总监担任情报顾问。总统顾问和国家安全委员会法律顾问应邀出席每次国家安全委员会会议。其他执行部门和机构的负责人以及其他高级官员，将在适当的时候受邀参加国家安全委员会的会议，以解决许多跨领域性质的问题。委员会以重大国家安全问题为重点，例如国土安全、全球公共卫生、国际经济、气候、科学技术、网络安全、移民等。

俄罗斯联邦安全委员会于 1991 年 4 月由俄罗斯人民代表大会合法设立。俄罗斯联邦安全会议是为其国家元首在安全决策方面提供咨询、起草文件的机构，成立于 1992 年 6 月 3 日。总统任联邦安全会议主席，直接领导联邦安全会议，常务委员一般包括总理总统办公厅主任、内务部部长、国防部部长、联邦安全局局长、联邦安全会议秘书等。根据《俄联邦安全会议条例》的规定，俄联邦安全会议是宪法性咨议机构，在公共安全、环境安全、个人安全以及俄罗斯联邦法律规定的其他类型的安全问题、防御体系、军队建设、国防工业、与其他国家的军事和军事技术合作，维护联邦的宪法秩序、主权、独立和领土完整，以及其他安全保障的国际合作问题上为总统决策作准备。

习近平法治思想指引

国家安全和社会稳定是改革发展的前提。只有国家安全和社会稳定，改革发展才能不断推进。当前，我国面临对外维护国家主权、安全、发展利益，对内维护政治安全和社会稳定的双重压力，各种可以预见和难以预见的风险因素明显增多。而我们的安全工作体制机制还不能适应维护国家安全的需要，需要搭建一个强有力的平台统筹国家安全工作。设立国家安全委员会，加强对国家安全工作的集中统一领导，已是当务之急。

——习近平总书记关于《中共中央关于全面深化改革若干重大问题的决定》的说明

（2013 年 11 月 15 日）

第四十五条　国家建立国家安全重点领域工作协调机制，统筹协调中央有关职能部门推进相关工作。

条文解读

本条是关于国家安全重点领域工作协调机制的规定。

一、强化国家安全工作协调机制

在习近平总书记亲自谋划、亲自部署、亲自推动下，中央国家安全委员会自成立以来，建立并完善了国家安全工作协调机制。党的二十大报告指出，“强化国家安全工作协调机制”。在《国家安全法》第二章“维护国家安全的任务”中，规定了各相关领域维护国家安全的工作重心，这些领域就是当前和今后一段时间内维护国家安全工作的重点。随着国内外安全形势的变化，国家面临的各种安全威胁也在不断增加，国家安全重点领域的范围也是不断调整和扩展的。当前，从领域划分看，我国国家安全包括政治、军事、国土、经济、金融、文化、社会、科技、网络、粮食、生态、资源、核、海外利益、太空、深海、极地、生物、人工智能、数据等诸多领域。而从国家安全风险的发生机制看，当前的国家安全风险具有传导性、交互性、跨域性等特点，其演化、迭代、溢出效应明显增强。因此，在这些对国家安全影响重大的重点领域内，必须建立工作协调机制，以形成更加完善、更加合理的统筹、联动、高效的风险应对综合体。

“协调机制”，是指国家安全部、公安部、国防部、应急管理部、外交部等中央有关职能部门在国家安全工作上职责明确、信息共享、衔接配合、规避冲突、统一行动。"协调"是要求在面对不同领域的安全问题时，中央有关职能部门能够明确划分各主体在合作过程中的职责与权限，并考虑其他主体的情况，避免不同主体之间因利益、职责等方面的冲突，在行动上能够形成有效的衔接，与其他主体保持合理必要的配合，协同完成维护和塑造国家安全的目标。

二、坚持科学统筹与协调

习近平总书记强调，要坚持科学统筹，始终把国家安全置于中国特色社会主义事业全局中来把握，充分调动各方面积极性，形成维护国家安全合力。这是大力推进国家安全能力现代化的一个重大原则。[①] 要避免因统筹协调不足，出现各自为战、交叉重叠等影响维护国家安全能力全面提升的障碍。如果各部门之间在信息共享、资源配置、重大事件处置等关键环节协调不足，将会引发一系列不利影响。例如，部门之间若无法及时交换情报资料、了解最新情况，将会影响应对各类风险的能力，各部门工作可能出现重复或遗漏，无法发挥最大效能，处置重大危机事件时更难以实现高效衔接。总体国家安全观强调打总体战，要形成汇聚党政军民学各战线各方面各层级的强大合力，以全社会全政府全体系全手段应对重大国家安全风险挑战。[②] 只有坚持科学的统筹协调，才能弥合国家安全工作各环节可能出现的漏洞和不足，充分发挥各部门的最大能量，保障国家安全工作高效开展。

事例分析

事例

为依法维护气象数据安全，并依照《国家安全法》第 45 条规定的工作要求，2022 年，中国气象局、国家安全部、国家保密局联合出台《涉外气

---

① 习近平主持召开十九届中央国家安全 委员会第一次会议并发表重要讲话 . [2023-12-16]. https://www.gov.cn/ xinwen/2018-04/17/content_5283445.htm?eqid= a62be68b00000c1c000000046481 7a85.

② 中共中央宣传部，中央国家安全委员会办公室 . 总体国家安全观学习纲要 . 北京：学习出版社，人民出版社，2022：8.

象探测和资料管理办法》，明确规定：设立涉外气象探测站点实行行政许可，未经许可不得设立涉外气象探测站点；国防及军事设施区域、尚未对外开放地区、重点工程建设区域及其他涉及国家安全的区域不得设立涉外气象探测站点；违反相关规定的，依法责令停止违法行为、限期改正，给予警告或罚款；构成犯罪的，依法追究刑事责任。①

分析

自 2023 年以来，我国国家安全机关会同气象、保密等部门在全国范围内依法开展涉外气象探测专项治理，调查境外气象设备代理商 10 余家，检查涉外气象站点 3 000 余个，发现数百个非法涉外气象探测站点实时向境外传输气象数据，广泛分布在全国 20 多个省份，对我国国家安全造成风险隐患。这些非法涉外气象探测站点中，有的探测项目受境外政府直接资助，部分观测点设在军事单位、军工企业等敏感场所周边，进行海拔核准和 GPS 定位；有的布设在我主要粮食产区，关联分析我国农作物生长和粮食产量；有的甚至长时间、高频次、多点位实时传输至外国官方气象机构，服务于外国国土安全和气象监测。

习近平法治思想指引

全面贯彻落实总体国家安全观，必须坚持统筹发展和安全两件大事，既要善于运用发展成果夯实国家安全的实力基础，又要善于塑造有利于经济社会发展的安全环境；坚持人民安全、政治安全、国家利益至上的有机统一，人民安全是国家安全的宗旨，政治安全是国家安全的根本，国家利益至上是国家安全的准则，实现人民安居乐业、党的长期执政、国家长治久安；坚持立足于防，又有效处置风险；坚持维护和塑造国家安全，塑造是更高层次更具前瞻性的维护，要发挥负责任大国作用，同世界各国一道，推动构建人类命运共同体；坚持科学统筹，始终把国家安全置于中国特色社会主义事业全局中来把握，充分调动各方面积极性，形成维护国家安全合力。

——习近平总书记在十九届中央国家安全委员会第一次会议上的讲话

（2018 年 4 月 17 日）

① 国家安全部．国家安全机关会同有关部门开展涉外气象探测专项治理．[2023-12-20]. https://mp.weixin.qq.com/s/Jh89i4zfS2YlmiFnsuMXaQ.

第四十六条　国家建立国家安全工作督促检查和责任追究机制，确保国家安全战略和重大部署贯彻落实。

条文解读

本条是关于国家安全工作督促检查和责任追究机制的规定。

一、国家安全工作督促检查机制

国家安全工作直接关系到国家核心利益和人民安全，影响国家长治久安。为保障国家安全战略能够有效实施，相关决策和部署必须落到实处，得到有效执行；否则，国家安全战略就无法发挥其应有的指导和保障作用，难以及时应对各种安全威胁和挑战，甚至可能产生难以估计的后果。现实中，一些地方和部门对抓落实的认识还有偏差、作风不够扎实；重布置、轻落实，有令不行、有禁不止，推诿扯皮、敷衍塞责等现象时有发生；选择性执行、象征性落实等问题不同程度存在。[①]

2014 年，国务院办公厅发布的《关于进一步加强政府督促检查工作的意见》指出，督促检查工作是政府工作的重要组成部分，是政府全面履行职责的重要环节，是落实党和政府重大决策部署的重要保障。督促检查工作的主要任务是，推动党和政府重大决策部署的贯彻落实。结合文件要求与国家安全工作实际：第一，要抓好法律法规、规范性文件贯彻落实情况的督促检查，重点检查国家安全法律法规，如《国家安全法》《数据安全法》《网络安全法》等是否得到全面贯彻，各地是否建立完善的国家安全法律法规和政策体系。第二，抓好规范性文件贯彻落实情况的督促检查，重点检查国家安全战略规划和各领域规划是否落实，各部门是否按规范制定国家安全工作相关制度规定。第三，抓好政府领导同志批示和交办事项贯彻落实情况的督促检查，重点检查党中央和国务院领导关于国家安全工作的重要指示是否落实，各部门是否按要求实施国家安全工作。

① 李竹，肖君拥主编．国家安全法学．北京：法律出版社，2019：235.

二、国家安全工作责任追究机制

国家安全事关国计民生，责任意识直接影响工作质量，只有责任明确，问题才能得到有效解决。一方面，国家安全工作责任追究机制明确问题产生的责任主体，有利于提高各级工作人员的责任感，起到警示和约束的作用。另一方面，通过追究责任，总结问题出现的原因，找到工作漏洞，有利于改进国家安全工作相关流程和制度，消除隐患。十九届中央国家安全委员会第一次会议审议通过《党委（党组）国家安全责任制规定》，明确各级党委（党组）承担的维护国家安全主体责任，对各地区、各部门落实国家安全工作责任制作出规定、提出要求。各地区、各部门落实国家安全工作责任制既是职责担当，更是法定义务，工作不力将被问责。①

事例分析

正如《国家安全法》第46条所示，建立有效的国家安全监督和责任追究机制已经成为国际惯例。大多数国家通过制定完善的法律和制度来监督国家安全工作，明确各级执行机构和个人在国家安全决策和行动中的责任，并对违规行为进行追究。

美国国会，特别是参议院情报委员会，通过行使质询、调查和弹劾等权力来监督政府的国家安全政策和行为。参议院情报委员会的日常监督工作包括委员会工作人员长期跟踪情报机构定期开展的情报收集和分析活动，一旦发现任何问题，委员会都可以直接与情报机构联系。委员会的审计和监督人员也会开展长期的监督项目。通过这些方式，参议院情报委员会能够及时发现和处理任何可能影响国家安全的问题，以监督政府行为的透明性和合法性。

俄罗斯的法律也赋予俄罗斯联邦安全委员会监督职能。如，2011年版《俄罗斯联邦安全会议条例》，明确了安全委员会的10项具体职能，其中第5项职能要求“对联邦执行权力机关和联邦主体执行权力机关在实施内政、外交和军事政策、军事技术合作以及俄罗斯联邦信息安全战略方面的执行情况进行监督”，第6项职能要求“审议建立、监督和维持保障安全的力量和手段的准备情况及其活动问题”。

① 陈文清主编．全面践行总体国家安全观．北京：人民出版社，党建读物出版社．2019：145.

关联法规

《青藏高原生态保护法》第 4 条、《全国人民代表大会组织法》第 46 条。

习近平法治思想指引

踏上新征程，党委和政府办公厅应有新担当新作为新气象。要提高政治站位，坚持以新时代中国特色社会主义思想为指导，胸怀“国之大者”，深化政治机关建设，坚定维护党中央集中统一领导，始终在思想上政治上行动上同党中央保持高度一致。要强化政治担当，紧紧围绕全面贯彻党的二十大精神，加强统筹协调和督促检查，形成强大合力，力戒形式主义，推动党中央决策部署落地见效。要提升政治能力，坚持守正创新，更好发挥党委和政府参谋助手的重要作用。要落实政治责任，坚定不移推进全面从严治党，打造忠诚干净担当的高素质专业化干部队伍，建设让党放心、让人民满意的模范机关，为全面推进强国建设、民族复兴伟业作出新的更大贡献。

——习近平总书记对新时代办公厅工作作出的重要指示

（2023 年 9 月 14 日）

第四十七条　各部门、各地区应当采取有效措施，贯彻实施国家安全战略。

条文解读

本条是关于国家安全战略贯彻实施机制的规定。

一、国家安全战略

党的十八大明确提出，完善国家安全战略和工作机制，高度警惕和坚决防范敌对势力的分裂、渗透、颠覆活动，确保国家安全。2015 年 1 月 23 日，中央政治局审议通过《国家安全战略纲要》。制定和实施《国家安全战略纲要》，是有效维护国家安全的迫切需要，是完善中国特色社会主义制度、推进国家治理体系和治理能力现代化的必然要求。《国家安全战略纲要》是我国首份指导国家安全工作的纲领性文件，为 2015 年《国家安全法》的出台奠定了基础。[①] 2021 年 11 月 18 日，中共中央政治局召开会议，审议《国家安全战略（2021—2025 年）》。会议指出，新形势下维护国家安全，必须牢固树立总体国家安全观，加快构建新安全格局；必须坚持党的绝对领导，完善集中统一、高效权威的国家安全工作领导体制，实现政治安全、人民安全、国家利益至上相统一；坚持捍卫国家主权和领土完整，维护边疆、边境、周边安定有序；坚持安全发展，推动高质量发展和高水平安全动态平衡；坚持总体战，统筹传统安全和非传统安全；坚持走和平发展道路，促进自身安全和共同安全相协调。

二、深入贯彻实施国家安全战略

制定本部门、本地区的安全战略。各部门、各地区切实把贯彻实施国家安全战略摆到重要日程，纳入工作总体规划。根据国家安全战略的总体部署，各部门、各地区需要对本部门或本地区的安全形势和安全风险进行研判分析，明确本级安全工作的总体目标和原则、重点保障哪些领域和对象的安全，并据此制定相关安全战略。譬如，2015 年 5 月 26 日，中华人民共和国国务院新闻办公室发布《中国的军事战略》白皮书，强调贯彻新形势下积极防御军事战略方针，加快推进国防和军队现代化，坚决维护国家主权、安全、发展利益。

制定工作计划，坚决落实国家安全战略要求。国家安全战略包含保障国家整体安全的总体目标和原则性要求，但如何将这些战略性要求具体化和落实，还需要各部门和各地区的共同参与。各部门、各地区必须根据自身职责，落实主体责任，结合国家安全形势和战略部署，细化目标任务，认真制定相关工作计划和可操作的工作方案，确保将维护国家安全的重大事项、重点工作规划在内。2023 年国家安全机关发现，我国有关重要行业领域使用的境外地理信息系统软件存在搜集外传地理信息数据的情况，部分数据重要敏感，甚至涉及国家秘密，对我国家安全构成严重威胁。针对上述情况，国家安全机关会同有关部门开展地理信息数据安全风险专项排查治理，指导、协

---

① 陈文清主编．全面践行总体国家安全观．北京：人民出版社，党建读物出版社，2019：109.

助涉事单位开展清查整改，及时消除重大数据窃密、泄密等安全隐患。[①]

事例分析

按照《国家安全法》第47条要求，2016年12月27日，国家互联网信息办公室发布《国家网络空间安全战略》。该战略文件是为贯彻落实习近平主席关于推进全球互联网治理体系变革的“四项原则”和构建网络空间命运共同体的“五点主张”，阐明中国关于网络空间发展和安全的重大立场，指导中国网络安全工作，维护国家在网络空间的主权、安全、发展利益而制定的。《国家网络空间安全战略》提出了在总体国家安全观指导下，统筹国内国际两个大局和统筹发展安全两件大事，推进网络空间“和平、安全、开放、合作、有序”的发展战略目标；明确了九项具体战略任务，分别是：坚定捍卫网络空间主权、坚决维护国家安全、保护关键信息基础设施、加强网络文化建设、打击网络恐怖和违法犯罪、完善网络治理体系、夯实网络安全基础、提升网络空间防护能力、强化网络空间国际合作。

关联法规

《反恐怖主义法》第4条。

习近平法治思想指引

战略问题是一个政党、一个国家的根本性问题。战略上判断得准确，战略上谋划得科学，战略上赢得主动，党和人民事业就大有希望。一百年来，党总是能够在重大历史关头从战略上认识、分析、判断面临的重大历史课题，制定正确的政治战略策略，这是党战胜无数风险挑战、不断从胜利走向胜利的有力保证。

——习近平总书记在省部级主要领导干部学习贯彻党的十九届六中全会精神专题研讨班开班式上的讲话

（2022年1月11日）

① 国家安全机关会同有关部门开展地理信息数据安全风险专项排查治理. [2023-12-20].https://mp.weixin.qq.com/s/404yJjpaM7a6anAxE7FuFg.

第四十八条　国家根据维护国家安全工作需要，建立跨部门会商工作机制，就维护国家安全工作的重大事项进行会商研判，提出意见和建议。

条文解读

本条是关于国家安全工作重大事项跨部门会商工作机制的规定。

一、“会商事项”

会商事项通常是指那些需要多个部门共同参与、协调解决的维护国家安全的问题或工作。会商事项包括但不限于以下几个方面：一是国家安全战略和政策的制定与实施，这涉及国家的长远发展和安全环境，需要多个部门共同参与研究和制定；二是重大安全风险和突发事件的应对，如恐怖袭击、重大疫情、网络安全事件等，需要多个部门共同应对；三是跨境安全问题的处理，如打击跨国犯罪、维护边境安全等，需要多个部门共同合作；四是重要领域和关键基础设施的安全保障，如能源、交通、通信等领域，需要多个部门共同保障其安全。国家安全重大工作部署资源配置、力量分布等。

二、“跨部门”会商

“跨部门”会商，包括中央有关职能部门之间的会商，也包括地方有关职能部门之间的会商，但不包括中央有关国家安全的职能部门和地方有关国家安全的职能部门相互之间的联系。中央与地方之间的工作联系不叫会商，而是《国家安全法》第 49 条规定的中央和地方之间的协同联动。所以，跨部门会商工作机制中的会商属于同等层级部门之间的横向协同，需要有明确的牵头部门。

三、“会商研判”

“会商研判”包括“会商”和“研判”两层含义。“会商”是共同商量，涉及跨部门的重大事项，需要征求相关部门的意见，进行广泛讨论，推动部门形成共识、达成一致。“研判”是对事情的走向和发展趋势进行超前性预测分析，为决策提供参考。会商研判通常包括以下几个方面：一是信息收集和分析，为研判提供依据；二是情景构建和预测，根据收集到的信息，构建可能出现的各种情景，预测其发展趋势和可能产生的影响；三是方案设计和评估，针对可能出现的情景，设计应对方案，并评估各方案的有效性和可行性；四是决策建议，根据研判结果，向决策层提出具体的决策建议，以指导实际工作。

四、会商机制的意义

会商机制是以会商为基础形成的工作机制，对时间、对象、专题、原则、形式、结果等方面都有相对固定的要求。建立跨部门会商工作机制，就是要对维护国家安全工作的重大事项进行会商研判，消除分歧或求同存异，最终形成可行意见和建议。通过跨部门会商工作机制，可以有效地协调各部门的工作，形成维护国家安全的合力，提高国家安全工作的效率和效果。

案例分析

2019 年，我国某地发生一起涉及国家安全的事件。一名境外间谍意图通过非法途径获取我国某军事基地的内部情报。该间谍在我国境内与一名接应人员联系，计划将情报通过电子邮件发送至境外。国家安全机关掌握这一情况后，立即启动了跨部门会商工作机制，对这一事件进行会商研判、综合分析，有针对性地制定防范和打击措施，有效防止了间谍活动的进一步发展。

2020 年，我国某地一家能源企业遭受了一起网络攻击事件，攻击者通过黑客手段窃取了企业的关键信息。这些信息涉及我国能源安全的战略布局，一旦泄露，将对国家安全造成严重威胁。在发现这一事件后，国家安全机关迅速启动了跨部门会商工作机制，与网络部门、公安部门等相关单位共同研判事件性质和危害程度，并采取了一系列紧急措施，确保国家能源安全不受威胁。

以上两个案例均体现了《国家安全法》第 48 条要求，我国在维护国家安全工作中，充分利用跨部门会商工作机制的优势，迅速应对各类安全风险。通过会商研判，国家安全机关能够充分发挥各相关部门的专业优势，形成合力，有效应对和防范国家安全威胁，确保国家安全稳定。

习近平法治思想指引

面对新形势新挑战，维护国家安全和社会安定，对全面深化改革、实现“两个一百年”奋斗目标、实现中华民族伟大复兴的中国梦都十分紧要。各地区各部门要各司其职、各负其责，密切配合、通力合作，勇于负责、敢于担当，形成维护国家安全和社会安定的强大合力。

——习近平总书记在十八届中央政治局第十四次集体学习时的讲话（2014 年 4 月 25 日）

第四十九条　国家建立中央与地方之间、部门之间、军地之间以及地区之间关于国家安全的协同联动机制。

条文解读

本条是关于国家安全协同联动机制的规定。

一、协同联动的内涵

协同联动机制是指在国家安全工作中，不同层级、不同部门、不同地区以及军地双方之间建立的一种合作与协调的工作方式。这种机制的核心是打破条块分割和部门壁垒，实现信息共享、资源整合和行动协调，以形成维护国家安全的合力。协同，是指国家为使中央与地方之间、部门之间、军地之间、地方之间能分工合作、协同一致地开展维护国家安全工作所进行的各类活动。协同的作用在于，使每一个具有维护国家安全职能的部门、人员和其他参与主体都能成为国家安全工作的一部分，从而保证整个国家安全工作体系有条不紊地运行。联动，是指国家安全工作各参与主体联合行动、步调一致、互相配合，以实现共同维护国家安全的目标。协同的目的是联动，协同是过程和手段，联动是目的和结果。[①]

---

① 郑淑娜主编 . 中华人民共和国国家安全法解读 . 北京：中国民主法制出版社，2016：245.

二、建立协同联动机制的重要性

我国维护国家安全体制机制总体是好的，但也存在不适应的问题。这主要体现在以下方面：一是部门分工和分管体制往往阻碍部门协作，难以形成共同应对危机事件的合力，导致对危机信息的监测不能有效提供预警，不利于实现“早发现、早处理”；二是危机事件往往超出一定行政区域而涉及多个同级行政区域，区域之间政府的协作不够顺畅，协调联动存在障碍，极大影响危机事件的处置效果；三是我国行政组织呈条块分割，下级部门在服从上级部门指导和服从本级政府领导之间有时会出现两难，容易妨碍国家安全风险事件的统一行动部署，引发协同问题。为解决各部门各自为政、相互缺乏衔接和协调的问题，发挥整体优势，中央和地方政府在行政实践中广泛采取了协同联动机制统一部署管理行政事务。

三、协同联动机制的特点

国家安全协同联动机制涉及中央与地方之间、部门之间、军地之间以及地区之间的关系，通常具有以下特点：一是为专门任务或综合性项目而启动，涉及条和块、中央部门和地方政府的关系；二是既有政策制定职能，又肩负政策实施的职责；三是中央有关职能部门拥有对地方职能部门进行业务指导的权力，同时掌握地方政府需要的一些重要资源，因此在协同可运用的手段或工具、运作过程、实际效果等方面，其和跨部门会商有明显的不同。[①]

四、协同联动的目的

建立协同联动机制的目的在于优化国家安全工作的运行机制，提高国家安全工作的效率和优化国家安全工作的效果。通过协同联动，可以快速集结各方力量，形成统一的行动指挥，提高对国家安全事件的应对能力。协同联动机制有助于建立起高效的信息共享渠道，确保各方能够及时获取关键信

① 周志忍．中国政府跨部门协同机制探析：一个叙事与诊断框架．公共行政评论，2013(1).

息，作出准确判断；有助于在国家安全工作中实现各方行动的协调一致，避免重复劳动和资源浪费；可以全面提升国家安全工作的整体效能，更好地维护国家安全和社会稳定。

案例分析

2018年，某地区安全部门在情报搜集过程中发现了一起恐怖组织策划的袭击事件。该地区安全部门立即上报至国家安全部，并请求启动全国范围内的协同联动机制。国家安全部迅速协调中央、军方以及其他地区的安全力量，开展联合侦察和打击行动。通过跨部门、跨地区的紧密合作，成功捣毁了恐怖组织，避免了袭击事件的发生。

2019年，某地海关在例行检查中，发现了一批疑似非法流入国内的危险化学品。海关部门立即上报至国家安全部，并启动了与中央、军方以及其他地区的协同联动机制。通过各相关部门的紧密合作，成功查清了非法化学品的来源和流向，并及时采取了措施，防止了潜在的安全风险。

以上案例均体现了《国家安全法》第49条的要求，即我国在维护国家安全工作中，充分利用协同联动机制的优势，迅速应对各类安全风险。通过中央与地方、部门之间、军地之间以及地区之间的紧密合作，国家安全部门能够充分发挥各方的专业能力和资源，形成合力，有效应对和防范国家安全威胁，确保国家安全稳定。

关联法规

《反恐怖主义法》第21条，《安全生产法》第85条。

习近平法治思想指引

中央国家安全委员会要遵循集中统一、科学谋划、统分结合、协调行动、精干高效的原则，聚焦重点，抓纲带目，紧紧围绕国家安全工作的统一部署狠抓落实。

——在中央国家安全委员会第一次会议上的讲话

（2014年4月15日）

第五十条　国家建立国家安全决策咨询机制，组织专家和有关方面开展对国家安全形势的分析研判，推进国家安全的科学决策。

条文解读

本条是关于国家安全决策咨询机制的规定。

一、国家安全决策咨询机制的特点

国家安全决策咨询机制是国家安全决策体系的重要组成部分，旨在通过汇聚专家智慧和各方面力量，为国家安全决策提供有力支持。该机制具有以下几个特点：一是权威性，国家安全决策咨询机制通常由政府或相关部门设立，具有较高的权威性，其建议和意见能够直达决策层；二是专业性，该机制汇聚了来自不同领域的专家学者，能够从多角度、多领域对国家安全问题进行专业分析；三是前瞻性，通过专家的深入研究和分析，对国家安全发展趋势进行预测，为决策提供前瞻性建议；四是灵活性，该机制可以根据国家安全形势的变化，灵活调整研究议题和参与专家，以适应不断变化的决策需求。

二、专家和有关方面的参与

专家和有关方面的参与是国家安全决策咨询机制有效运作的关键。这些专家可能来自学术研究机构、政府部门、民间组织等多个领域，他们的参与有以下几个作用：一是提供专业意见，专家基于其专业知识和经验，能够提供针对性强、操作性强的意见和建议；二是增强决策透明度，专家的参与可以提高决策过程的透明度，使决策更加公开、公正；三是促进跨部门合作，专家来自不同领域，他们的参与有助于促进不同部门之间的沟通与协作；四是提高社会共识，通过专家的参与，可以更好地凝聚社会共识，使国家安全决策得到更广泛的社会支持。

三、国家安全形势的分析研判

国家安全形势的分析研判是国家安全决策咨询机制的核心工作。这一工作包括以下几个方面的内容：一是情报收集与评估，收集国内外与国家安全相关的各类信息，进行深入分析和评估；二是风险识别与预警，识别潜在的国家安全风险，建立预警机制，提前做好应对准备；三是趋势预测与模拟，根据现有信息，预测未来国家安全形势的发展趋势，并模拟可能出现的安全事件；四是策略制定与评估，基于分析研判的结果，制定相应的国家安全策略和应对措施，并进行效果评估。

四、建立国家安全决策咨询机制的重要意义

党的十八届三中全会通过的《中共中央关于全面深化改革若干重大问题的决定》明确提出，加强中国特色新型智库建设，建立健全决策咨询制度。中共中央办公厅、国务院办公厅印发的《关于加强中国特色新型智库建设的意见》，为建立健全国家安全决策咨询制度提供了重要智力支撑。该条规定，强调了国家安全决策的科学性和专业性，通过建立决策咨询机制，确保国家安全决策能够在充分听取专家意见和各方面信息的基础上进行。这不仅有助于提高国家安全决策的质量，也有助于增强国家安全工作的系统性和有效性。通过这种机制，国家能够更好地应对复杂多变的国际和国内环境，维护国家的长治久安。

案例分析

某国家在面临一起重大的公共卫生安全事件时，由于缺乏有效的决策咨询机制，政府未能及时获取专业意见和风险评估建议，在处理过程中，政府部门之间的沟通不畅，导致决策过程缓慢、反应迟钝。尽管政府最终采取了一系列措施来应对疫情，但起步阶段的延误使疫情扩散速度加快，对国家安全和民众的生命健康造成了严重威胁。事故发生后，该国政府开始意识到建立国家安全决策咨询机制的重要性，并采取措施加以完善。

在我国，某地区政府在面对一起重大的生态环境安全问题时，充分利用了国家安全决策咨询机制。政府组织了环境专家、政策分析师等相关人员，对生态环境风险进行了深入分析研判。在咨询过程中，专家就问题提出了具体的解决方案和政策建议。政府根据咨询结果采取了一系列有效措施，成功

化解了生态环境安全风险。

这两个案例均表明，国家安全决策咨询机制在应对各类国家安全风险方面具有重要作用，这体现了《国家安全法》第 50 条的要求。通过建立和完善国家安全决策咨询机制，政府能够及时、准确地获取专业意见和风险评估，更好地分析研判国家安全形势，提高决策效率，确保国家安全和民众的生命财产安全。同时，该机制有助于政府与专家之间建立紧密的合作关系，为政府决策提供科学依据，从而更好地应对国家安全威胁。

关联法规

《生物安全法》第 12 条、《科学技术进步法》第 99 条。

习近平法治思想指引

当前，我国正处在全面建成小康社会、全面深化改革、全面依法治国、全面从严治党的重要时期，面临复杂多变的安全和发展环境，各种可以预见和难预见的风险因素明显增多，维护国家安全和社会稳定任务繁重艰巨。要高度重视加强国家安全工作，把思想和行动统一到党中央对国家安全工作的决策部署上来，依法防范、制止、打击危害我国家安全和利益的违法犯罪活动。各级党委和政府要重视、理解、支持国家安全机关工作，同心协力开创国家安全工作新局面。

——在会见全国国家安全机关总结表彰大会代表时的讲话

（2015 年 5 月 19 日）

第二节　情报信息

第五十一条　国家健全统一归口、反应灵敏、准确高效、运转顺畅的情报信息收集、研判和使用制度，建立情报信息工作协调机制，实现情报信息的及时收集、准确研判、有效使用和共享。

条文解读

本条明确规定了情报信息工作协调机制要求的制度建设目标以及建成后应当达成的效果。

一、情报的定义

现代社会认为，情报本质上是一种为解决特定问题所需要传递的知识，是针对特定目的、特定对象、特定时间所提供或寻找的能起借鉴或参考作用的信息。[①]

二、建立情报信息工作协调机制所要达到的要求

由于情报信息工作涉及多个责任主体、多个工作流程，为提高工作实效，有必要建立工作协调机制。[②]

依据本条，要建立情报信息工作协调机制，就要健全情报信息收集、研判和使用制度，应当达到统一归口、反应灵敏、准确高效、运转顺畅的要求。

“统一归口”主要是指情报信息工作要坚持统一领导、归口管理。统一领导可以确定权力归属，避免多头领导、管理混乱和效率低下。归口管理是指各机构应按国家赋予的权力和承担的责任各司其职，按特定的管理渠道实施管理，不断加强情报信息工作的系统性、科学性、全面性、集成性。[③]

“反应灵敏”主要是指情报信息的收集、研判、使用应当紧紧围绕维护国家安全的实际需要，特别是对于时效性要求较高的重大突发事件的情报信息作出及时反应，为开展处置工作提供情报信息支持和参考。[④]

“准确高效”主要是指情报信息搜集具有很强的客观性、时效性，在收集、研判情报的过程中，要保证情报信息内容的准确性和流转的效率，确保

---

① 乔晓阳主编．中华人民共和国国家安全法释义．北京：法律出版社，2016：241.

② 李竹，肖君拥主编．国家安全法学．北京：法律出版社，2019：246.

③ 郑淑娜主编．中华人民共和国国家安全法解读．北京：中国法制出版社，2016：251.

④ 李竹，肖君拥主编．国家安全法学．北京：法律出版社，2019：246.

情报信息及时有效地发挥作用。[①]

"运转顺畅"主要是指情报信息工作在运作过程中要尊重客观规律，加强信息共享协作、相对统一制度和标准、优化资源协调配置，减少不必要的损耗，形成并不断完善顺畅流转的制度机制。

三、建立情报信息工作协调机制应达成的效果

本条要求达到的是在上述关于情报信息制度论述的基础上，继续通过不断建立完善相关工作协调机制，充分发挥各部门合力，统筹协调各项情报工作，最终实现情报信息的及时收集、准确研判、有效使用和共享的目标，发挥情报信息对于维护国家安全的重要作用。[②]

案例分析

巴黎恐怖袭击事件

2015 年 11 月 13 日晚，法国巴黎发生一系列恐怖袭击事件，造成至少 132 人死亡、300 多人受伤。其间，巴黎共发生 5 次爆炸，5 次枪击；其中，法兰西体育场附近发生 3 次爆炸。

法国高层表示袭击事件暴露了情报系统存在明显的疏漏。法国政府认为其反恐资源有限是主要问题。当前的涉恐人数巨大，原本的情报资源投入已经难以应对当前的局势，最突出的矛盾就是安全人员的数量相较于涉恐人员数量明显不足。在短期无法培训出合格安全人员的情况下，通过构建一个符合法国国情的情报信息工作协调机制来提高工作效率将是快速解决当前问题的最佳途径，并且这样的机制将会持续助力法国情报信息工作的优化发展。

关联法规

《国家情报法》第 3 条。

---

① 李竹，肖君拥主编．国家安全法学．北京：法律出版社，2019：246.

② 郑淑娜主编．中华人民共和国国家安全法解读．北京：中国法制出版社，2016：251.

习近平法治思想指引

双方同意深化安全合作。双方将加强对口部门交流，加大情报信息共享、边境管控、重大活动安保、嫌犯遣返、防务等领域合作，共同打击包括"东突"恐怖势力在内的恐怖主义、极端主义和分裂主义"三股势力"、洗钱、毒品和武器走私、网络犯罪以及跨国有组织犯罪活动、非法移民活动，维护两国和地区安全与稳定。

双方同意就巩固中吉边境安全稳定加强合作，推动商签两国国界管理制度政府间协定。

——中华人民共和国主席习近平和吉尔吉斯共和国总统萨德尔·扎帕罗夫关于《中华人民共和国和吉尔吉斯共和国关于建立新时代全面战略伙伴关系的联合宣言》

（2023 年 5 月 18 日）

第五十二条　国家安全机关、公安机关、有关军事机关根据职责分工，依法搜集涉及国家安全的情报信息。

国家机关各部门在履行职责过程中，对于获取的涉及国家安全的有关信息应当及时上报。

条文解读

本条的两款分别规定了我国情报工作的职责单位、分工原则以及获取信息后应当及时上报的机制。

一、国家情报机关依法搜集涉及国家安全的情报信息

本条第 1 款规定了国家安全机关、公安机关、有关军事机关是情报搜集的专门机关，根据职责分工，依法搜集涉及国家安全的情报信息。

"我国情报搜集的专门机关"是指国家安全机关、公安机关和有关军事机关。

"根据职责分工"是指专门机关应当按照有关法律法规和文件确定的职责分工，在本部门职责范围内，开展情报工作。

“依法搜集”是指搜集情报信息的活动要依照法律规定的范围、方式和权限开展，不得滥用职权、玩忽职守、徇私舞弊。

“涉及国家安全的情报信息”是指本法第二章维护国家安全的任务中规定的国家安全范畴中的各领域的情报信息，是广义的、需要根据经济社会发展和国家发展利益的需要不断完善更新的各个安全领域的情报信息。

二、国家机关各部门及时上报涉及国家安全信息的职责

情报搜集活动并非只由专门机关进行，其他国家机关虽然不是搜集情报的专门机关，但是在履行职责过程中，也要尽职尽责，及时关注、掌握并上报本领域涉及国家安全的信息。任何组织和公民都有依法支持、协助和配合以上工作的义务。

案例分析

根据职责分工依法搜集涉及国家安全情报信息的情况，在我国的实际情报工作中十分明显。国家安全机关是中国国家情报工作的核心机构，主要职责是维护国家安全和社会稳定。公安机关是中国国家情报工作机构的重要组成部分，主要负责收集与职责相关如反恐、犯罪等活动的情报信息，并对这些信息进行分析、研判和评估，提供情报研判报告。有关军事机关同样是我国情报工作的重要力量，其主要职责是为国防决策提供情报支持和服务，确保国家军事安全和利益。

关联法规

《国家情报法》第5条。

习近平法治思想指引

要坚持党对国家安全工作的绝对领导，实施更为有力的统领和协调。中央国家安全委员会要发挥好统筹国家安全事务的作用，抓好国家安全方针政策贯彻落实，完善国家安全工作机制，着力在提高把握全局、谋划发展的战

略能力上下功夫，不断增强驾驭风险、迎接挑战的本领。

——习近平总书记在十九届中央国家安全委员会第一次会议上的讲话（2018 年 4 月 17 日）

第五十三条　开展情报信息工作，应当充分运用现代科学技术手段，加强对情报信息的鉴别、筛选、综合和研判分析。

条文解读

本条是关于开展情报信息工作应当在全过程各方面充分运用现代科学技术手段的规定。

一、充分运用现代科学技术手段进行情报获取

涉及运用现代科学技术手段的情报获取方式主要有网络情报收集、数据挖掘、竞争情报收集和情报截取破译。

1. 网络情报收集

这种收集方式主要是通过搜索引擎、社交媒体等网络空间渠道获取信息。这种方式的优点是速度快、成本低、方便迅速获取大量信息。其缺点是无法保证信息的真实性和准确性，同时其信息的深度或会不足，需要进一步验证和分析。为在海量信息中寻找所需关联情报，使用人工智能技术和大数据分析技术可以降低收集难度、节约情报信息收集时间、提高信息的准确度并可以通过进一步的分析筛选出更加相关的信息，提升情报深度。

2. 数据挖掘

数据挖掘是一种通过算法分析大量数据以搜索隐藏于其中的信息的过程。这种信息收集方式与计算机科学有关，可通过统计、在线分析处理、情报检索、机器学习等一系列专业技术方法实现上述目标。这种方法的优点是可以获取大量信息，并且可以通过算法和模型来分析预测未来的趋势和变化。使用这种方法，不但需要专业的技能和工具，而且需要大量的数据支持。现代科学技术手段即可帮助情报信息工作机构更好地进行数据挖掘。

3. 竞争情报收集

正如《孙子兵法·谋攻篇》所言，知己知彼，百战不殆。竞争情报是关于竞争环境、竞争对手和竞争策略的信息和研究。对竞争情报的收集和分析可以帮助收集者更好地了解竞争对手的优势和劣势，从而制定更有效的战略和计划。这种情报收集和分析要求收集者有明确的目标，同时需要采用大数据分析等现代科学技术手段对信息收集和分析进行优化。

4. 情报截取破译

为确保所传输情报的安全性，信息发送方会采用加密技术来确保情报即便被截获也不会泄露信息，因此，对于情报截获方来说，情报解密能力和情报获取能力一样，都是关键能力，甚至更加重要。情报截获方需要充分运用现代科学技术手段，以更高层次的解密技术破译情报，获取关键信息。以这种方式获取的情报信息可能具有较高价值，但若缺乏现代科学技术的支持，即便截获最高价值的情报也难以化为己用。

二、情报信息工作的全过程、各方面

除了在情报信息获取方面，本条还要求将现代科学技术手段运用于对情报信息的鉴别、筛选、综合和研判分析。

“鉴别”是指对情报信息的真实性、客观性进行分析判断。“筛选”是指按照情报工作的要求，对情报信息的准确性进行考察，找出其中最符合所服务目标需求的信息。“综合”是指将不同来源、角度的情报信息进行加工整合，形成能更好地服务于情报工作目标的新整体。“研判”是指对情报信息反映的情况进行研究判断，提炼出其中最本质、最有价值的内容，形成情报信息产品。①

当前，各种信息纷繁复杂，真假情报难以辨别、有关与无关情报相互交织，在收集到所需信息后，综合信息并进行研判分析是将情报信息效用最大化的关键。运用现代科学技术手段可以更快更好地辨别情报信息的真假，迅速筛选出与当前情报信息工作有关联的信息，并可以使用大数据和人工智能

---

① 乔晓阳主编．中华人民共和国国家安全法释义．北京：法律出版社，2016：250.

等科学技术手段进行研判分析，最大化情报信息的效用。

案例分析

案例

近年来，我国各级公安情报指挥部门深化推进“情指勤舆”一体化实战化运行机制改革，加快构建贯通部省市县四级公安机关的新型警务运行机制，推动决策指挥高效顺畅、警种优势整合汇聚的合成作战格局加速形成。[①]

“情指勤舆”一体化解决方案是利用大数据、云计算、物联网、人工智能等先进技术，打造集“情报先导、精准指挥、勤务管理、舆指联动、可视展现”于一体的立体式“情指中枢”，解决情报与勤务脱节、指挥调度不畅、应急响应滞后等问题，构建以情指部门牵头、警种力量合成、纵向贯通一体、集群攻坚作战的工作格局。

2021 年 7 月，吉林通化发生一起命案，犯罪嫌疑人作案后逃跑。省、市、县三级联指专班立即成立前后方联合作战指挥部，第一时间派出 120 余名警力，多警种同步上案、合成作战，很快将犯罪嫌疑人抓获。这一案件的快速侦破只是“情指勤舆”一体化机制在治安防范和侦查破案中发挥作用的一个缩影。同时，30 天协调侦破摸清境外电诈集团犯罪底数、30 分钟指挥救下网上发帖割腕自杀的少女、3 分钟指挥制服街头狂舞刀具的精神障碍患者等案例[②]亦是现代科学技术手段在现实情报信息工作中发挥作用的重要体现。

分析

上述事例展示出我国公安机关在日常运作及案件侦破环节中，如何充分依托现代科学技术手段，为情报信息工作提供了强有力的支撑与保障。在科技愈发发达的时代，根据《国家安全法》第 53 条的指引，对各类现代科学技术的运用将在情报信息工作中占据越来越重要的地位。

---

① 宋灵云 . 全国公安情报指挥部门：心系“国之大者”全天候指挥中枢“耳聪目明”.[2023-12-05].http://special.cpd.com.cn/2022/zjgayx/gagzcjxl/522/t_1028354.html.

② 宋灵云 . 全国公安情报指挥部门：心系“国之大者”全天候指挥中枢“耳聪目明”.[2023-12-05].http://special.cpd.com.cn/2022/zjgayx/gagzcjxl/522/t_1028354.html.

关联法规

《国家情报法》第 22 条。

习近平法治思想指引

在杭州，“城市大脑”每天要汇入来自全市 70 余个部门和企业的数据，日均新增数据达到 8 000 万条以上，包括警务、交通、城管、文旅、卫健等 11 大系统、48 个应用场景，给老百姓生活带来方方面面的新变化；在深圳，借助互联网大数据研判车流监测准确率达 95% 以上，道路通行能力提高 8% 以上，30 分钟就能形成交通情报精准推送。

——《迈出建设网络强国的坚实步伐——习近平总书记关于网络安全和信息化工作重要论述综述》

（2019 年 10 月 19 日）

第五十四条　情报信息的报送应当及时、准确、客观，不得迟报、漏报、瞒报和谎报。

条文解读

本条规定了在报送情报信息时，应当追求的效果以及应当杜绝的行为。

一、情报信息的报送应当追求的效果

本条对于情报报送的要求即及时、准确、客观，反映了合格情报信息应当内含的三个关键特点：及时、准确和客观。

1. 及时

现实情况瞬息万变，情报信息的价值在于效用，能否在最短的时间内收集最准确客观的信息，并以最快的速度传递出去至关重要。一旦具体情况产生变化，依托客观情况产生的情报信息便失去了作用，依据过时情报信息采取的行动不但无法提供有效帮助，甚至还可能会起到反作用。

2. 准确

所提供的情报信息内容需要完全符合具体情报信息工作的事先要求，应当做到不缺漏相关必要信息，也不包含多余的内容，同时具备正确性。

3. 客观

情报必须是客观的，只能基于事实，而不是主观想法，也不能在客观的基础上进行主观调整。

二、情报信息报送应杜绝的情况

本条在规定了情报信息的报送应当及时、准确、客观的同时，也将不得迟报、漏报、瞒报和谎报情报信息明确为法律上的要求。迟报违背了情报信息的及时性要求，漏报和漏报违背了准确性要求，谎报违背了客观性要求。

“迟报”是指应当及时报送而没有及时报送。“漏报”是指没有将获取的相关情报信息按规定完整地上报。“瞒报”是指故意对已经获取的情报信息隐瞒不报。“谎报”是指故意报送虚假的情报信息。

情报信息工作的专门机关和其他有关部门在报送情报信息时，应遵守本条规定，确保及时、准确、客观地报送情报信息，避免迟报、漏报、瞒报、谎报情况的发生。

事例分析

事例

情报报送一直是情报有关部门确保工作顺利开展的关键。以我国公安部门为例，公安部门持续强调关注情报报送工作，不断出台相关规定以规范情报报送行为，如公安部情报中心《公安情报指挥部门紧急信息报送工作规定（试行）》《公安部情报指挥中心接受情报信息的主要范围》。这些规定为公安情报报送工作提供了重要方向指引，帮助公安情报部门以及各个相关部门进一步提高快速反应能力；打通紧急信息报送工作中存在的难点、堵点、痛点；充分发挥情报指挥部门的信息汇总作用等。[①]

① 于筱桐.【抓党建、整作风、强素质、树形象】高新区公安分局情报指挥中心组织开展信息报送工作培训会. [2023-12-07].https://www.thepaper.cn/newsDetail_forward_23320326.

分析

情报报送环节始终是情报信息工作的重点，其重要性体现在决策支持、预防预警、应急响应、协同作战、信息优势等方面。通过及时、准确、客观、全面地收集和报送情报信息，相关部门能够迅速洞察潜在威胁、预测发展趋势、制定针对性策略。《国家安全法》第 54 条对情报信息的报送提出了要求，在严格遵循下，情报信息工作的有效性将获得大幅提升。

习近平法治思想指引

要建立统一高效的网络安全风险报告机制、情报共享机制、研判处置机制，准确把握网络安全风险发生的规律、动向、趋势。要建立政府和企业网络安全信息共享机制，把企业掌握的大量网络安全信息用起来，龙头企业要带头参加这个机制。

——习近平总书记在网络安全和信息化工作座谈会上的讲话

（2016 年 4 月 19 日）

第三节　风险预估、评价和预警

第五十五条　国家制定完善应对各领域国家安全风险预案。

条文解读

本条是关于建立国家安全风险预案制度的规定。

一、国家安全风险预案制度的重要价值

国家安全风险是指国家政权、主权、统一和领土完整、人民福祉、经济社会可持续发展以及国家其他重大利益所面临的风险。随着城镇化、工业化持续推进，我国人口、生产聚合程度加深，产业链、供应链、价值链日趋复杂，生产生活空间高度关联，各类承灾体暴露度、集中度、脆弱性

大幅增加。同时，随着新能源、新工艺、新材料广泛应用，出现了区别于风雷火电等自然灾害的人为性风险。应当看到，当前危险化学品、资源开采、民用爆破、建筑施工等传统行业和以电池制造、核能发电、生物实验、医药制造为代表的新兴领域均有不可忽视的国家安全风险，而各种公共服务设施、超大规模城市综合体、人员密集场所、高层建筑、地下空间、地下管网的迅速建设，导致城市内涝、火灾、燃气爆炸、拥挤踩踏等安全风险日益上升。

预案是指针对可能发生的突发事件或安全风险而制定的计划和措施，在各领域国家安全风险日趋显现的今天，国家安全风险预案的价值愈发明显。就国家安全风险预案的价值而言：其一，通过制定国家安全风险预案可提前识别和评估潜在的国家安全风险，并采取相应的风险管控措施进行预防和控制，从而减少风险发生的可能。其二，制定完善应对各领域国家安全风险预案，有利于及时、准确地识别各类危害国家安全的风险，做到各领域国家安全风险了然于胸、应付自如，处置各类国家安全风险有章可循、有条不紊。其三，通过制定国家安全风险预案可提前了解和掌握应对突发事件或安全风险的方法、手段，提高应对安全事故的处置能力和处置效率。其四，国家安全风险预案能够有效防止国家安全风险的扩大升级，避免应急工作中出现紧张忙乱、顾此失彼等问题，有效减少国家安全风险造成的损害，并优化其管理与控制所需的成本。

二、国家安全风险预案制度的具体要求

国家安全风险预案制度同公共安全、环境保护、卫生防疫、食品安全、资源安全等领域业已建立的预防制度和预案体系具有密切联系，但两者之间并不是简单的对应或者替换关系。制定完善应对国家安全风险预案，必须以总体国家安全观为指导，统筹维护各领域国家安全，具体应当注意把握以下几个方面：一是以总体国家安全观为根本遵循；二是严格贯彻国家安全战略的指导方针；三是坚持预防为主、标本兼治；四是各级、各部门高效整合并利用现有资源，制定出全面、细致、可操作性强的应对预案。以《国家防汛抗旱应急预案》为例，该预案适用于全国范围内突发性水旱灾害的预防和应急处置。突发性水旱灾害包括江河洪水、渍涝灾害、山洪灾害、台风暴潮

灾害、干旱灾害、供水危机以及由洪水、风暴潮、地震、恐怖活动等引发的水库垮坝、堤防决口、水闸倒塌等次生衍生灾害。结合突发性水旱灾害的特点，该预案就事故发生前后的相关事项包括组织指挥体系、预警机制、应急响应、应急保障、善后工作五项作了明确规定，提出了重点要求，对提高突发性水旱灾害的应对能力具有重要意义。

案例分析

河南郑州“7·20”特大暴雨灾害案

2021年7月17日至23日，河南省遭遇历史罕见特大暴雨，发生严重洪涝灾害，特别是7月20日郑州市遭受重大人员伤亡和财产损失。全省因灾死亡失踪398人，其中郑州市380人，新乡市10人，平顶山市、驻马店市、洛阳市各2人，鹤壁市、漯河市各1人，郑州市因灾死亡失踪人数占全省的95.5%。

国务院河南郑州“7·20”特大暴雨灾害调查组经调查认为，事件发生的重要原因在于：应急响应严重滞后。《郑州市防汛应急预案》明确了启动Ⅰ级响应的7个条件，其中之一为“常庄水库发生重大险情”，但常庄水库20日10:30开始出现“管涌”险情，而郑州市未按规定启动Ⅰ级应急响应。郑州市以气象灾害预报信息为先导的防汛应急响应机制尚未有效建立，应急行动与预报信息发布明显脱节，直到20日16:01气象部门发布第五次红色预警时，郑州市才于16:30启动Ⅰ级应急响应，但未按预案要求宣布进入紧急防汛期。相比之下，登封市是郑州市所有区县（市）中启动应急响应最早的，也是因灾死亡失踪人数最少的。19日20:00登封市启动Ⅳ级应急响应，23:30根据调度研判情况决定直接提升至Ⅰ级应急响应，比郑州市早了17个小时，赢得了灾害应对处置的主动权。荥阳市启动应急响应最晚（21日4:00启动Ⅰ级应急响应），因灾死亡失踪人数最多。

调查组认为，应全面开展应急预案评估修订工作，强化预警和响应一体化管理。预案评估修订要与健全制度相结合，实化细化指挥长和各有关部门及相关单位的具体责任、应答机制、行动措施，强化演练磨合和日常检查，发布预警信息后依据预案和制度启动响应。建立健全极端天气和重大风险研判机制，量化预警和应急响应启动标准，规范预报预警信息发布，建立健全预警与应急响应联动机制，按规定及时采取“三停”（停止集会、停课、停业）强制措施。加强预案内容审核和预案衔接把关，增强预案体系整体性、协调性、实效性。①

分析

制度是确保在风险挑战面前赢得主动的基础性、关键性因素。国家安全风险预案制度作为保障国家安全的重要手段，其价值不言而喻。各级党委、政府和领导干部要增强责任感和自觉性，借助国家安全风险预案制度做到守土有责、主动负责，积极主动防范风险、发现风险、消除风险；提高快速处置能力，在第一时间做出反应、采取措施，遏制风险的发展和升级。

关联法规

《突发事件应对法》第二章，《反恐怖主义法》第55条，《环境保护法》第5、39条，《防震减灾法》第3、8、13、14、47条以及第四章，《食品安全法》第74条、第八章，《传染病防治法》有关条文，《土地管理法》有关条文。

习近平法治思想指引

“明者防祸于未萌，智者图患于将来。”我们必须积极主动、未雨绸缪，见微知著、防微杜渐，下好先手棋，打好主动仗，做好应对任何形式的矛盾风险挑战的准备，做好经济上、政治上、文化上、社会上、外交上、军事上各种斗争的准备，层层负责、人人担当。

——习近平总书记在省部级主要领导干部学习贯彻党的十八届五中全会精神专题研讨班上的讲话（2016年1月18日）

第五十六条　国家建立国家安全风险评估机制，定期开展各领域国家安全风险调查评估。

有关部门应当定期向中央国家安全领导机构提交国家安全风险评估报告。

---

① 国务院调查组相关负责人就河南郑州“7·20”特大暴雨灾害调查工作答记者问. [2023-11-27].https://www.gov.cn/xinwen/2022-01/21/content_5669744.htm.

条文解读

本条是关于建立国家安全风险评估和报告制度的规定。

一、国家安全风险评估制度的主要内涵

风险评估旨在从风险管理角度，运用科学的方法和手段，系统地分析特定对象所面临的威胁及其存在的脆弱性，评估特定安全事件一旦发生就可能造成的危害程度，提出有针对性的防护对策和整改措施，防范和化解相关安全风险，将风险控制在可接受的水平，最大限度地为应急决策、风险处置提供科学依据。建立国家安全风险评估机制，对有效预防和化解国家安全风险，管控国家安全危机具有重大意义，因此，国家必须切实增强对国家安全风险的准确评估和预警能力，而培育和不断增强这一能力的有效途径，为积极响应并有效应对维护国家安全的现实需求，应定期策划并进行实地调研，广泛而深入地搜集并整合来自不同领域的国家安全风险信息。在此基础上，运用严谨的科学方法，对相关风险数据进行系统分析，全面、细致地评估相关风险所带来的潜在危害以及它们的发展趋势，从而为制定精准有效的安全策略提供坚实依据。

二、国家安全风险报告制度的主要内涵

除风险评估制度外，本条还规定了国家安全风险报告制度，即要求有关部门定期向中央国家安全领导机构提交国家安全风险评估报告。风险评估是风险报告的基础，风险报告则是将风险评估结果以特定形式呈现，为决策者和其他利益相关者提供关于风险的详细信息和可行建议。可以看出，建立这一制度的主要目的，是保证中央国家安全领导机构全面掌握各领域国家安全风险评估情况，并根据相关风险评估报告进行研判、协调、决策。同时，国家安全风险报告在辅助国家进行重大决策的同时，还能够形成相应的风险提示材料，将涉及公众的、非涉密部分安全隐患发布给公众，促进政府与公众之间的安全风险沟通，如国家食品安全风险评估中心便周期性地向社会公众发布食源性相关风险提示。

三、国家安全风险评估和报告制度的具体要求

开展国家安全风险评估，对有效预防和化解国家安全风险而言至关重要。据此，应根据维护国家安全的紧迫需求，会同相关部门定期开展实地调研，收集整理重点领域国家安全风险相关的信息，形成具有科学性、准确性的评估报告。相关评估报告的科学性、准确性，直接关系到国家安全决策的成效、方向。为此，有关部门应按照中央国家安全领导机构的统一部署和要求，以及本部门承担的维护国家安全的具体职责，认真组织开展国家安全风险评估工作，定期提交高质量的国家安全风险评估报告。

关联法规

《突发事件应对法》第 5、20 条。

习近平法治思想指引

“安而不忘危，存而不忘亡，治而不忘乱。”同时，必须清醒地看到，新形势下我国国家安全和社会安定面临的威胁和挑战增多，特别是各种威胁和挑战联动效应明显。我们必须保持清醒头脑、强化底线思维，有效防范、管理、处理国家安全风险，有力应对、处置、化解社会安定挑战。

——习近平总书记在十八届中央政治局第十四次集体学习时的讲话（2014 年 4 月 25 日）

第五十七条　国家健全国家安全风险监测预警制度，根据国家安全风险程度，及时发布相应风险预警。

条文解读

本条是关于国家安全风险监测预警制度的规定。

一、国家安全风险监测预警制度的主要内涵

在国内外各种因素的影响下，我国的国家安全形势愈加复杂而严峻，建

立健全国家安全风险监测预警体系以应对各种挑战尤为必要。国家安全风险监测预警制度的范围不仅包括国家政治安全、军事安全、经济安全、文化安全、社会安全等多个方面，还涉及安全风险的多种类型，如自然灾害、公共卫生、网络安全等。值得注意的是，前述领域的国家安全风险的滋生原因以及发展态势各有不同，各级人民政府及其有关部门必须及时跟踪掌握有关信息，根据风险的种类和特性，通过精细划分监测区域和监测项目，建立起常态化、动态化的监测体系，实现对国家安全风险的实时监测，为后续有效防范、化解和管控风险打下基础。

国家安全风险监测预警制度是指国家依据法律法规及有关规定，建立健全国家安全风险监测预警机制，及时发现、分析、评估国家安全面临的各种风险，预警国家安全风险，为制定和完善国家安全战略、政策、措施提供科学依据。易言之，国家安全风险监测预警是在各领域国家安全风险发生蔓延或造成现实危害之前，根据以往总结的规律或监测得到的可能性前兆，向有关部门和社会发出紧急信号、报告危险情况，以便及时采取有效的响应措施应对安全风险，避免国家重大利益因应对准备不足而受有损失。

二、国家安全风险监测预警制度的具体要求

监测预警作为应急管理中的一种事务或一个对象，也是一个有机系统，具有系统性、开放性、动态性的基本属性。做好国家安全风险监测工作，应从制度建设入手，明确机构人员，细化任务分工，同时配备专业设备设施，形成切实可行的监测网络。如《突发事件应对法》专章规定了“预防与应急准备”和“监测与预警”；《环境保护法》第 17 条规定：“国家建立、健全环境监测制度，国务院环境保护主管部门制定监测规范，会同有关部门组织监测网络，统一规划国家环境质量监测站（点）的设置，建立监测数据共享机制，加强对环境监测的管理。”除此以外，《突发公共卫生事件应急条例》《地震监测管理条例》《重大动物疫情应急条例》《核电厂核事故应急管理条例》等行政法规也有风险监测的相关规定。当然，前述分布在不同领域的监测预警制度本身可能未必直接涉及国家安全风险监测，但在建立健全这些监测网络过程中所积累的经验、形成的工作模式，将为我们健全国家安全风险监测体系提供有益的借鉴。

据此，应以系统性思维构建国家安全风险监测预警体系，加强国家总体风险及国家重点领域风险的监测预警能力建设，补齐国家安全和社会稳定重点领域的风险监测预警能力短板，提升国土、粮食、生物、能源资源、海外利益、重要产业链供应链等领域的安全保障能力，推动国家安全风险治理由被动应对转向主动预防，由事件驱动转向源头治理。

关联法规

《环境保护法》第 11 条,《突发事件应对法》第二章、第三章,《传染病防治法》第 17、19 条,《防震减灾法》第三章、第四章,《突发公共卫生事件应急条例》《地震监测管理条例》《重大动物疫情应急条例》《核电厂核事故应急管理条例》。

习近平法治思想指引

提高预测预警预防各类安全风险能力，增加安全治理的预见性、精准性、高效性。

——习近平总书记在国际刑警组织第八十六届全体大会开幕式上的主旨演讲（2017 年 9 月 26 日）

第五十八条 对可能即将发生或者已经发生的危害国家安全的事件，县级以上地方人民政府及其有关主管部门应当立即按照规定向上一级人民政府及其有关主管部门报告，必要时可以越级上报。

条文解读

本条是关于报告危害国家安全的事件的规定。

对可能发生或者已经发生的危害国家安全的事件，县级以上地方人民政府及其有关主管部门应当立即按照规定向上一级人民政府及其有关主管部门报告，必要时可以越级上报。建立健全统分结合、协调高效的国家安全工作机制，其中一项重要工作就是实现重大紧急信息的互联互通、实时共享。但是，鉴于某些事件对国家安全的危害已经迫在眉睫或者业已存在，可将相关情况立即报告上一级人民政府及其有关部门。这有利于后者迅速掌握情况，进行综合研判、全面部署、高效决策，最大限度地降低这些事件的现实危害性和后续影响。易言之，对于已经发生的情况紧急的危害国家安全的事件，组织处置工作的人民政府及其有关部门可以边处置边迅速上报。必要时，即在事态特别紧急严重时，可以越级上报。报告的主要内容包括：一是事件的性质、起因、危害程度和发展态势，二是已经采取的先期处置措施，三是拟采取的处置方案，四是请求上级批准的重大事项等。

案例分析

山西省襄汾县新塔矿业公司“9·8”特别重大尾矿库溃坝事故

案例

尾矿库是贮存金属、非金属矿山矿石后排出尾矿的场所，依据地形条件分为山谷型、傍山型、平地型、截河型4类，我国尾矿库绝大多数为山谷型。山谷型尾矿库是在山谷谷口处筑坝形成的尾矿库，其是一个由尾砂堆积形成的具有高势能的危险源，尾矿库一旦发生溃坝会产生泥石流，可能对其下游居民和设施安全造成严重的威胁，容易导致重大人员伤亡和财产损失。

2008年9月8日7时58分，山西省临汾市襄汾县新塔矿业有限公司980沟尾矿库发生溃坝事故，造成277人死亡、4人失踪、33人受伤，直接经济损失9 619.2万元。9月8日上午8时许，襄汾县陶寺乡党委书记接到云合村委会的事故报告后，立即上报给了襄汾县人民政府。9时许，襄汾县县长到达事故现场后，在没有降暴雨、事故原因尚不清楚的情况下，指示县政府工作人员向临汾市委、市政府作出“暴雨引起山体滑坡、导致尾矿库溃坝”的报告。临汾市委书记、市长到达事故现场后，只是简单听取了县里有关负责人员的情况汇报，在没有广泛开展深入调查了解、研究分析事故可能造成的伤亡、组织有效的排查抢险工作的情况下，就回到市里继续开会。当日下午4时许，临汾市抢险指挥部要求上报死亡人数，在明知已发现33具尸体的情况下，襄汾县委书记决定按“死亡26人、受伤22人”上报，县长、副县长表示同意。临汾市及山西省政府按襄汾县政府所报告情况逐级上报，并通过新闻媒体对事故原因和人员伤亡情况进行了失实报道，在社会上造成了恶劣影响。[①]

① 山西襄汾塔山矿区新塔矿业事故遇难人数升到34人. [2023-11-27]. https://www.gov.cn/jrzg/2008-09/09/content_1090721.htm.

分析

可以看出，尾矿库一旦溃坝，其尾砂流速快，应急时间短，下游居民撤离和环境污染治理难度大，所以有效的应急响应机制对降低尾矿库溃坝导致的安全损失和环境污染影响发挥着重要的作用。因此，国家安全事件的及时、准确上报对于应急处置、挽回损失意义重大，应在特定行业、领域设置应急值班、专人巡查和事故信息报告制度，确保一旦发生险情，立即启动应急预案并迅速、准确报告。而相关安全部门在收到情况汇报后，应深入调查了解后作出重大决策，避免人为引发次生灾害。

关联法规

《国家安全法》第 40、44、49 条。

习近平法治思想指引

要加强交通运输、消防、危险化学品等重点领域安全生产治理，遏制重特大事故的发生。

——习近平总书记主持召开国家安全工作座谈会并发表重要讲话

（2017 年 2 月 17 日）

第四节　审查监管

第五十九条　国家建立国家安全审查和监管的制度和机制，对影响或者可能影响国家安全的外商投资、特定物项和关键技术、网络信息技术产品和服务、涉及国家安全事项的建设项目，以及其他重大事项和活动，进行国家安全审查，有效预防和化解国家安全风险。

条文解读

本条是对国家安全审查和监管的制度和机制对象、范围的规定。

一、国家安全审查和监管制度和机制的内涵

目前，世界各国已经建立了较为完善的国家安全审查和监管的制度和机制，通过完善审查和监管，可以及时预防、化解国家安全各领域存在的风险。

对国家安全审查和监管的制度和机制的理解，应注意以下内容：首先，国家安全审查区别于一般安全审查。根据《国家安全法》第 2 条的规定，国家安全围绕国家政权、主权、统一和领土完整、人民福祉、经济社会可持续发展以及国家其他重大利益，因而，国家安全审查的对象是对国家重大利益可能造成严重损害的现实风险。其次，审查和监管制度和机制区别于一般的监督方式。审查和监管方式不仅对已有的违法犯罪行为进行规制，还强调对个人、企业、组织在实施具体行为时的预先审批。后者是审查区别于一般监督的关键。监察监督是国家监督体系的重要组成部分，国家监察机关依法对所有行使公权力的公职人员进行监察，调查职务违法和职务犯罪，开展廉政建设和反腐败工作。此种监督方式属于对相关行为的事后监督。最后，国家安全审查和监管的制度和机制具有体系性，与一般的审查行为相区别。“制度和机制”强调公民共同遵守的准则，并且此种组织运行具有一定的规律性。区别于各领域法的具体举措，制度和机制强调应形成涵盖全体的审查模式，并有统一的原则指引。

二、国家安全审查和监管制度和机制的范畴

在总体国家安全观提出后，我国安全审查和监管制度体现出由传统安全领域向非传统安全领域延伸的趋势。以往的国家安全审查和监管主要围绕国防、军事、防扩散等领域展开，例如，《军品出口管理条例》《核出口管制条例》《核两用品及相关技术出口管制条例》。同时，相关部门在经济、科技等领域进行了基本的制度框架设计，例如，《货物进出口管理条例》《有关化学品及相关设备和技术出口管制办法》。随着科技的不断发展与进步，非传统安全风险日益凸显，对此，国家安全审查和监管应不断进行调整，坚持统筹发展与安全原则的指导作用。根据本条内容，国家安全审查和监管制度和机制构建应包含以下方面。

在外商投资方面，2020 年 12 月 19 日国家发展改革委、商务部发布了

《外商投资安全审查办法》，对审查的外商投资类型、审查机构、审查范围、审查程序、审查决定监督执行和违规处理等，进行精准规定，保护外商投资积极性和合法权益。

在特定物项和关键技术方面，2002 年起施行的《货物进出口管理条例》中规定，禁止、限制进出口的货物目录由国务院外经贸主管部门会同国务院有关部门制定、调整并公布。2020 年修订的《技术进出口管理条例》对专利权转让、专利申请权转让和专利实施许可等方式的技术转移进行调整，促进跨境技术交易安全发展。

在网络信息技术产品和服务方面，2021 年通过的《网络安全审查办法》是对关键信息基础设施运营者采购网络产品和服务，以及网络平台运营者开展数据处理活动的规范性引导。2022 年通过的《数据出境安全评估办法》完善了我国重要数据和个人信息的安全保护。

在涉及国家安全事项的建设项目方面，2004 年发布的《国务院决定对确需保留的行政审批项目设定行政许可的目录》规定，国家安全部、地方各级国家安全机关，为涉及国家安全事项的建设项目审批的实施机关。此类建设项目包括重要国家机关、军事设施、重点科研单位和军工单位的周边建设项目，出入境口岸邮件和快件处理场所、电信枢纽等建设项目等。

其他重大事项和活动应与前述几个方面具有相当性，随着经济社会的发展，国家安全风险产生新的变化，应结合具体实践内容，对重大事项和活动的内涵进行把握。

案例分析

案例

2021 年 7 月，为防范国家数据安全风险，维护国家安全，保障公共利益，依据《国家安全法》《网络安全法》，网络安全审查办公室按照《网络安全审查办法》对滴滴公司实施网络安全审查。根据网络安全审查结论及发现的问题和线索，国家互联网信息办公室依法对滴滴公司涉嫌违法行为进行立案调查。

经查明，滴滴公司共存在 16 项违法事实，归纳起来主要是 8 个方面。一是违法收集用户手机相册中的截图信息 1 196.39 万条；二是过度收集用户剪切板信息、应用列表信息 83.23 亿条；三是过度收集乘客人脸识别信息 1.07 亿条、年龄段信息 5 350.92 万条、职业信息 1 633.56 万条、亲情关系信息138.29万条、“家”和“公司”打车地址信息1.53亿条；四是过度收集乘客评价代驾服务时、App后台运行时、手机连接桔视记录仪设备时的精准位置（经纬度）信息1.67亿条；五是过度收集司机学历信息14.29万条，以明文形式存储司机身份证号信息5 780.26万条；六是在未明确告知乘客的情况下分析乘客出行意图信息539.76亿条、常驻城市信息15.38亿条、异地商务/异地旅游信息3.04亿条；七是在乘客使用顺风车服务时频繁索取无关的“电话权限”；八是未准确、清晰说明用户设备信息等19项个人信息处理目的。[①]

分析

此次对滴滴公司的网络安全审查相关行政处罚，与一般的行政处罚不同，具有特殊性。滴滴公司违法违规行为情节严重，结合网络安全审查情况，应当予以从严从重处罚。从违法行为的性质看，滴滴公司未按照相关法律法规规定和监管部门要求，履行网络安全、数据安全、个人信息保护义务，置国家网络安全、数据安全于不顾，给国家网络安全、数据安全带来严重的风险隐患，且在监管部门责令改正情况下，仍未进行全面深入整改，性质极为恶劣。

习近平法治思想指引

从问题导向把握新发展理念。我国发展已经站在新的历史起点上，要根据新发展阶段的新要求，坚持问题导向，更加精准地贯彻新发展理念，切实解决好发展不平衡不充分的问题，推动高质量发展。……比如，随着经济全球化出现逆流，外部环境越来越复杂多变，大家认识到必须处理好自立自强和开放合作的关系，处理好积极参与国际分工和保障国家安全的关系，处理好利用外资和安全审查的关系，在确保安全前提下扩大开放。总之，进入新发展阶段，对新发展理念的理解要不断深化，举措要更加精准务实，真正实现高质量发展。

——习近平总书记在省部级主要领导干部学习贯彻党的十九届五中全会精神专题研讨班上的讲话

（2021年1月11日）

① 滴滴存在严重影响国家安全的数据处理活动 . [2024-06-22]. http://finance.people.com.cn/n1/2022/0721/c1004-32482059.html.

第六十条　中央国家机关各部门依照法律、行政法规行使国家安全审查职责，依法作出国家安全审查决定或者提出安全审查意见并监督执行。

条文解读

本条是关于中央国家机关各部门依法行使国家安全审查职责并监督执行的规定。

一、中央国家机关各部门依照法律、行政法规行使国家安全审查职责

首先，中央国家机关各部门履行国家安全审查职责，包括依法直接对涉及国家安全的事项作出审查决定和通过明确有关审查标准和程序要求，领导或指导本系统的基层部门，依法对涉及国家安全的事项作出审查决定。其次，从目前国家安全审查的主体看，既有单个部门，也有由相关部门组成的跨部门协调机构。最后，中央国家机关各部门履行职责的依据是法律法规中关于审查意见的内容，涵盖外商投资，特定物项和关键技术，以及网络信息技术产品和服务等方面。

二、中央国家机关各部门依法作出国家安全审查决定或者提出安全审查意见并监督执行

依法作出国家安全审查决定是指中央国家机关各部门决定依照现有法律规定进行涉及国家安全事项的审查。在外商投资安全审查中，审查可以分为一般审查和特别审查，工作机制办公室决定对申报的外商投资进行安全审查的，应当自决定之日起 30 个工作日内完成一般审查。经一般审查，认为申报的外商投资不影响国家安全的，工作机制办公室应当作出通过安全审查的决定；认为影响或者可能影响国家安全的，工作机制办公室应当作出启动特别审查的决定。工作机制办公室作出的决定应当书面通知当事人。

提出安全审查意见是指中央国家机关各部门认为该行为具有产生危险的

可能性，为决定是否通过国家安全审查提供评估。在并购安全审查程序中，联席会议对商务部提请安全审查的并购交易，首先进行一般性审查，对未能通过一般性审查的，进行特别审查。其中，安全审查意见起到以下作用：第一，决定是否采取特别审查。联席会议在收到商务部提请安全审查的并购交易申请后，在5个工作日内，书面征求有关部门的意见。如有关部门均认为并购交易不影响国家安全，则不再进行特别审查。如有部门认为并购交易可能对国家安全造成影响，联席会议应在收到书面意见后5个工作日内启动特别审查程序。第二，影响商务部和有关部门采取行动。一般性审查采取书面征求意见的方式进行。启动特别审查程序后，联席会议组织对并购交易的安全评估，并结合评估意见对并购交易进行审查，意见基本一致的，由联席会议提出审查意见，存在重大分歧的，由联席会议报请国务院决定。联席会议自启动特别审查程序之日起60个工作日内完成特别审查，或报请国务院决定。审查意见由联席会议书面通知商务部。

案例分析

案例

中国私募股权智路资本收购韩国企业美格纳半导体公司（Magnachip）的计划失败。2021年12月13日，两家公司发布联合声明，宣布终止价值14亿美元的合并协议。美格纳半导体公司在纽约证券交易所上市，属于在美的韩国概念股，受美国外国投资委员会的管理。据路透社和美媒介绍，2021年3月26日，智路资本同意以总价14亿美元（按当时汇率，约合人民币92亿元），每股29美元的价格收购总部位于韩国的美格纳半导体公司，该公司在韩国拥有生产和研发设施。按照双方达成的股权出售合同，这笔收购案预定今年下半年完成全部流程。2021年5月底，美国外国投资委员会宣布要对这笔收购案进行审查，重点是审查收购案是否涉及核心技术，从而对美国构成“国家安全风险”。2021年6月，该机构要求在审查完成前，搁置合并流程。2021年8月，美格纳半导体公司收到美国财政部的一封信，信中认定中国公司收购美格纳半导体公司构成对美国的“国家安全风险”。经协商，智路资本将向美格纳半导体公司支付7 020万美元的协议终止费，其中5 100

万美元将立即支付，1 920 万美元将推迟至 2022 年 3 月 31 日支付。[①]

分析

该案例提示了在国际贸易中安全因素如何影响全球市场运作，反映了美国对国家安全概念的宽泛解读，以及对国家力量的不当使用，导致科技与经贸问题被不当地政治化、工具化和意识形态化，构筑了国际贸易与投资的壁垒，最终将损害各方利益。世界各国应顺应时代潮流，摒弃零和思维，致力于营造一个公平、公正、非歧视的市场环境，以实际行动推动构建开放型世界经济。

关联法规

《外商投资安全审查办法》第 8 条、《网络安全审查办法》第 10 条。

习近平法治思想指引

完善以宪法为核心的中国特色社会主义法律体系。坚持依法治国首先要坚持依宪治国，坚持依法执政首先要坚持依宪执政，坚持宪法确定的中国共产党领导地位不动摇，坚持宪法确定的人民民主专政的国体和人民代表大会制度的政体不动摇。……完善和加强备案审查制度。坚持科学决策、民主决策、依法决策，全面落实重大决策程序制度。

——习近平总书记在中国共产党第二十次全国代表大会上的报告

（2022 年 10 月 16 日）

第六十一条　省、自治区、直辖市依法负责本行政区域内有关国家安全审查和监管工作。

条文解读

本条是关于省、自治区、直辖市依法履行国家安全审查和监管职责的规定。

① 中资收购韩国半导体公司，被美国政府横插一脚搅黄 .[2024-06-22].https://www.guancha.cn/internation/2021_12_14_618445.shtml.

一、省、自治区、直辖市是本行政区域内履行国家安全审查和监管职责的主体

《国家安全法》第三章明确了地方各级人民政府维护国家安全的职责。其中，第 40 条第 2 款规定："地方各级人民政府依照法律法规规定管理本行政区域内的国家安全工作。"第 43 条规定："国家机关及其工作人员在履行职责时，应当贯彻维护国家安全的原则。"省、自治区、直辖市依法负责本行政区域内有关国家安全审查和监管工作的规定，是地方政府履行维护国家安全职责的重要内容。

省、自治区、直辖市负责本行政区域内有关国家安全审查和监管工作，要依照法律法规的规定和事权划分进行。依据《国家安全法》第 60 条的规定，"中央国家机关各部门依照法律、行政法规行使国家安全审查职责，依法作出国家安全审查决定或者提出安全审查意见并监督执行。"省、自治区、直辖市有关部门在开展履行国家安全审查和监管职责时，对于具体事项是否符合国家安全审查标准，如果中央部门有明确规定，要严格按照本领域的相关规定执行。依法应当由中央部门开展审查的，地方有关职能部门不能越权直接行使审查职责；依法应当由省、自治区直辖市有关职能部门开展审查的，有关部门要有效实施法律法规规定，切实履行审查和监管职责。

二、省、自治区、直辖市依法履行相关职责

省、自治区、直辖市依法履行相关职责，其中的"法"包括国家法律、行政法规关于国家安全审查和监管的规定，以及地方性法规、地方政府规章等。在具体审查过程中，不仅要依据本法开展，也要严格执行直接规范审查工作的有关法律、行政法规、地方性法规、地方政府规章和相关规范性文件，在具体开展审查业务中，要接受中央有关部门依法开展的领导和指导。天津、河北、广东、四川、陕西、宁夏、宁波、营口、南昌、青岛等地对建设项目涉及国家安全事项的审批和管理，专门作出规定。

省、自治区、直辖市依法履行相关职责时，应综合运用行政许可、行政审批等方式，积极开展国家安全审查和监督工作。依照行政许可法规定，设定和实施行政许可，应当依照法定的权限、范围、条件和程序；有关行政许

可的规定应当公布；未经公布的，不得作为实施行政许可的依据。另外，结合行政审批制度改革，有相当数量的行政审批被取消，或者调整了审批主体下放了审批层级，并且严格了审批程序，行政审批方式更加高效。通过行政审批方式开展的国家安全审查工作，要严格按照法律法规和有关规范性文件已经确定的管辖和职责开展。

案例分析

案例

中国企业安世半导体（Nexperia）被英国政府强制出售其持有的纽波特晶圆厂86%的股份。半导体制造商Vishay以17 700万美元（144 200万英镑）的价格收购了该工厂。英方给出的原因是这桩收购危及国家安全。英方在声明中指出，这桩交易在两个方面危及英国国家安全：首先，在NWF工厂重新引入半导体化合物所涉及的科技以及制造工艺，可能削弱英国的能力；其次，工厂所在的位置将导致南威尔士工业集群的科技专业和技术暴露，可能阻止集群未来从事与国家安全相关的项目。[①]

分析

在该案例中，英国泛化国家安全概念，滥用国家力量，直接干预中国企业在英国的正常投资合作，损害有关企业的合法权益，严重违背英方向来标榜的市场经济原则和国际贸易规则。这反映出在高新技术产业中，西方高度警惕中国企业发展，其国家安全审查工具化、政治化特征明显。

关联法规

《外商投资安全审查办法》第6条、第7条、第13条。

习近平法治思想指引

加强和规范科学数据管理，要适应大数据发展形势，积极推进科学数据资源开发利用和开放共享，加强重要数据基础设施安全保护，依法确定数据

① 王静仪，邓雨洁．英国政府以国家安全为由，要求中企出售英最大芯片厂86%股权．[2022-11-18]. https://new.qq.com/rain/a/20221118A078XF00.html.

安全等级和开放条件，建立数据共享和对外交流的安全审查机制，为政府决策、公共安全、国防建设、科学研究提供有力支撑。

——习近平总书记在中央全面深化改革领导小组第二次会议上的讲话（2018年1月23日）

第五节　危机管控

第六十二条　国家建立统一领导、协同联动、有序高效的国家安全危机管控制度。

条文解读

本条是关于国家安全危机管控制度基本要求的规定。

一、国家安全危机的范畴

根据我国宪法及其他法律的规定，国家安全危机主要有以下三种类型。

1. 战争

一般认为战争包括对外战争和内战两种情形。其中，对外战争一般包括两种情况：一是“遇到国家遭受武装侵犯”而决定采取武装行动的情形，二是“必须履行国际间共同防止侵略的条约”而决定采取武装行动的情形。内战一般是指遇有造成分裂国家的事实，或者即将发生国家分裂的重大事变，或者导致国家和平统一的可能性完全丧失的情况，而决定采取武装行动的情形。

2. 国防动员

独立国家的主要标志是主权、统一、领土完整和安全，当这些方面受到挑战和威胁时，国家应行使实施国防动员的职权。

3. 紧急状态

紧急状态是一种非正常的危机状态，是指发生或者即将发生的特别重大的突发事件，严重威胁国家安全及法律秩序时，有关机关按照宪法和法律规定，决定和宣布的一种暂时和例外的非常社会秩序。

二、"统一领导、协同联动、有序高效"是国家安全危机管控制度的基本要求与目标

"统一指挥"：危机管控工作由中央国家安全领导机构进行统一指挥和领导，依照法律法规的规定，确保各项应对措施的协调一致。各相关部门与地方政府应依法履行职责，服从统一指挥，形成维护国家安全的整体合力。

"协同联动"：在国家危机管控工作中，各部门、各地方要密切协作、加强沟通，形成维护国家安全的有机整体，既要从全局、整体出发，相互协调配合，又要相互联系沟通，形成合力，共同应对危机。

"有序高效"：国家危机管控工作要求各项工作必须有条不紊地开展，危机管控的措施要及时有效，并且危机管控的措施要符合法律规范和政策流程。根据危机性质与等级，分级建立危机管控机构，明确任务分工和操作流程，进行有序行动。同时，也要及时落实危机管控措施，注重提高效率，以最大限度减少危机带来的损失和影响，实现预期的管控效果。①

案例分析

案例

2022年11月21日，河南省安阳市凯信达商贸有限公司发生特别重大火灾事故，造成42人死亡、2人受伤，直接经济损失12 311万元。事故发生后，党中央、国务院高度重视，习近平总书记立即作出重要指示，要求全力救治受伤人员，妥善做好家属安抚、善后等工作，查明事故原因，依法严肃追究责任。根据习近平总书记的重要指示，应急管理部部长王祥喜受国务院

① 郑淑娜主编．中华人民共和国国家安全法解读．北京：中国法制出版社，2016：293-294.

领导同志委托，率工作组紧急赶赴事故现场，指导事故处置工作。经国务院批准，成立了由应急管理部牵头，公安部、国家消防救援局（原应急管理部消防救援局）、全国总工会和河南省人民政府有关负责同志参加的国务院河南安阳市凯信达商贸有限公司“11·21”特别重大火灾事故调查组，经国务院事故调查组调查认定，河南安阳市凯信达商贸有限公司“11·21”特别重大火灾事故是一起企业负责人严重违法违规、主体责任不落实，地方党委政府及其有关部门和单位履职不到位而导致的生产安全责任事故。事故发生后党中央进行统一领导、统一指挥、科学调度、全方位开展救援以及善后处理各项工作。[①]

分析

这起火灾事故引起了党中央和国务院的高度重视，习近平总书记要求全力救治伤者，彻查事故原因，并严肃追究责任。在此背景下，河南省委、省政府和安阳市委、市政府迅速组织了抢险救援和善后处置工作，应急管理部也派出工作组赶赴事故现场指导处置工作。本案体现了《国家安全法》第62条的规定，事故发生后党中央进行统一领导、统一指挥、科学调度、全方位开展救援以及善后处理各项工作，以防范和遏制重特大事故的发生。

关联法规

《突发事件应对法》第4、69条，《国防动员法》第15、42条。

习近平法治思想指引

中央国家安全委员会要遵循集中统一、科学谋划、统分结合、协调行动、精干高效的原则，聚焦重点、抓纲带目，紧紧围绕国家安全工作的统一部署狠抓落实。

——习近平总书记在中央安全委员会第一次会议上的讲话

（2014年4月15日）

---

① 河南安阳市凯信达商贸有限公司“11·21”特别重大火灾事故调查报告公布．[2023-12-07]. https://news.cctv.com/2023/08/29/ARTIidXFoGgEYgqVg9je842D230829.shtml.

第六十三条　发生危及国家安全的重大事件，中央有关部门和有关地方根据中央国家安全领导机构的统一部署，依法启动应急预案，采取管控处置措施。

条文解读

本条主要规定了发生危及国家安全的重大事件后，国家安全危机管控措施的决策与实施。

一、危机管控的责任主体

1. 危机管控实行统一领导

本法第 5 条对中央国家安全领导机构的职责进行了规定，负责国家安全工作的决策和议事协调，统筹协调国家重大事项和重要工作。一旦发生危及国家安全的重大事件，必须由中央国家安全领导机构对事件的应对和处置作出决策部署，并在事件处置过程中对有关重要事项进行统筹协调。这种统一领导的决策指挥模式，有利于全面准确研判安全危机的危害程度、影响范围等，有利于及时对危机作出迅速高效的反应，有利于统合力量、整合资源、协调一致管控危机。[①]

2. 在危机管控中，有关部门肩负着重要职责

本法第 39 条规定："中央国家机关各部门按照职责分工，贯彻执行国家安全方针政策和法律法规，管理指导本系统、本领域国家安全工作。"危机管控是宪法和法律赋予有关部门的法定职责，有关部门必须按照法律法规的相关规定，认真履职尽责，有效实施管控，努力消除危机。

3. 地方各级人民政府负责本行政区域内的国家安全工作

危及国家安全的重大事件发生之后，有关地方要守土有责，及时作出反应，采取有效措施，控制危机事态发展，维护国家安全。[②]

---

① 贾宇，舒洪水主编 . 中国国家安全法教程 . 北京：中国政法大学出版社，2021：298-299.

② 郑淑娜主编 . 中华人民共和国国家安全法解读 . 北京：中国法制出版社，2016：295-296.

二、应急预案及其启动

应急预案，是指针对各类可能危及国家安全的重大事件，规定应对的基本原则、组织体系、运行机制，制定应急管理、指挥、救援等工作方案，并明确事前、事中、事后各个过程中相关部门和人员的职责。应急预案的编制，应当依据有关法律、行政法规和制度，结合实际，根据事件发生、发展和演变规律，针对风险的特点，科学制定和实施。同时，要随着应急预案中的应急目标、应急技术、调度方案等的变化不断修正应急预案，加强预案动态管理，突出时效性。在做好应急决策后，需要立即启动危机管控的应急预案，建立快速反应机制，建立统一领导、指挥和行动网络，迅速按照应急预案开展危机管控工作。有关各部门和各级地方政府在处理危及国家安全重大事件时，应当按照规定，及时启动预案，控制事态发展。[①]

三、重大事件的管控措施

根据我国宪法和法律的规定，有关部门和有关地方按照中央统一部署，可以采取多种管控处置措施。

1. 对重大事件的发生地或相关区域进行现场控制

《突发事件应对法》规定，突发事件发生后，应迅速控制危险源，标明危险区域，封锁危险场所，划定警戒区，实行交通管制以及其他控制措施，对特定区域内的建筑物、交通工具、设备、设施以及燃料、燃气、电力、水的供应进行控制。

2. 对相关人员人身或其活动进行控制

这种管控措施是在特殊时期或特殊区域内，对公民基本权利的限制。突发事件发生后，可以中止人员密集的活动或者可能导致危害扩大的生产经营活动，强制隔离使用器械相互对抗或者以暴力行为参与冲突的当事人。根据《戒严法》第 4 条的规定，在戒严状态存续期间，国家有权依据法律，对公民的权利与自由的行使制定特殊的限制或调整措施。通过合法手段，对特定

① 李竹，肖君拥主编．国家安全法学．北京：法律出版社，2019：258.

区域内的公民行为进行必要管控，以应对紧急状态下的社会治安需求。《戒严法》第 13 条规定了戒严实施机关在戒严地区实施戒严的具体措施。

3. 实行紧急状态或者进入战争状态

当危机事件可能严重威胁国家生存和公民的生命财产时，国家可以通过宣布整个国家或部分地区进入紧急状态或者战争状态，应对危机。在紧急状态或者战争状态下，有关部门和地方可以采取特别措施来限制社会成员的行动，或者强制公民提供一定劳务或者财务。我国宪法和法律对紧急状态制度已经有了一些规定，《戒严法》第 2 条规定，在出现紧急状态时，如骚乱、暴动或严重骚乱，国家统一和安全或社会安全受到严重威胁，为保护人民生命财产安全和维持社会秩序而需采取非常措施时，国家可决定实施戒严。①

案例分析

案例

2020 年 3 月，四川凉山州西昌市突发森林火灾，由于风向、气温、地形等综合因素影响，山火火势迅速向泸山景区方向蔓延，威胁马道街道办事处及西昌城区，其中包括石油液化气储配站、加油站、学校、百货仓库等重要公共设施。此次森林火灾在救援过程中因火场风向突变、风力陡增、飞火断路、自救失效，致使参与火灾扑救的 19 人牺牲、3 人受伤，造成各类土地过火总面积 3 047.780 5 公顷，综合计算受害森林面积 791.6 公顷，直接经济损失 9 731.12 万元。

火灾发生后，习近平总书记作出重要指示，要求坚决遏制事故灾难多发势头，全力保障人民群众生命和财产安全。西昌市立即启动应急预案，州、市领导及相关部门第一时间赶赴现场，迅速召开紧急联席会议，成立前线联合指挥部，分析研判火情，指挥调度救援工作。但在本次事故调查中发现，凉山州及西昌市存在贯彻落实党中央国务院和省委省政府的相关部署要求不及时、不到位的情况；森林火灾应急预案的操作性、针对性、科学性不强；火灾发生后处置初期不规范，应对乏力；指令传达不及时、不顺畅，火灾扑

① 李竹，肖君拥. 国家安全法学. 北京：法律出版社，2019：258-259.

救统筹协调不到位等问题。[①]

分析

根据《国家安全法》第63条的规定，发生危及国家安全的重大事件，中央有关部门和有关地方根据中央国家安全领导机构的统一部署，依法启动应急预案，采取管控处置措施。在火灾事故发生后，习近平总书记作出重要指示，要求坚决遏制事故灾难多发势头，全力保障人民群众生命和财产安全。西昌市立即启动应急预案，州、市领导及相关部门工作人员第一时间赶赴现场，迅速召开紧急联席会议，成立前线联合指挥部，分析研判火情，指挥调度救援工作。但在调查中发现：凉山州及西昌市存在贯彻落实党中央国务院和省委省政府的相关部署要求不及时、不到位的情况；森林火灾应急预案的操作性、针对性、科学性不强等问题，以致发生扑火人员重大伤亡的惨痛事件。

关联法规

《宪法》第67、90条，《国家安全法》第5、39、55条，《人民警察法》第8条，《国务院组织法》第10条，《突发事件应对法》第49、50条，《戒严法》第2、4、13、14条等。

习近平法治思想指引

应急管理是国家治理体系和治理能力的重要组成部分，承担防范化解重大安全风险、及时应对处置各类灾害事故的重要职责，担负保护人民群众生命财产安全和维护社会稳定的重要使命。要发挥我国应急管理体系的特色和优势，借鉴国外应急管理有益做法，积极推进我国应急管理体系和能力现代化。

——习近平在中央政治局第十九次集体学习时的讲话

（2019年11月29日）

第六十四条　发生危及国家安全的特别重大事件，需要进入紧急状态、战争状态或者进行全国总动员、局部动员的，由全国人民代表大会、

---

① 凉山州西昌市“3·30”森林火灾事件 调查结果公布. [2023-12-07]. https://baijiahao.baidu.com/s?id=1686684554851182155&wfr=spider&for=pc.

全国人民代表大会常务委员会或者国务院依照宪法和有关法律规定的权限和程序决定。

条文解读

本条是关于决定国家进入非常状态，进行全国总动员、局部动员的主体、权限和程序的规定。

一、决定进入紧急状态

紧急状态，是指发生或者即将发生特别重大突发事件，严重威胁人民的生命和财产安全，危及一个国家正常的宪法和法律秩序时，需要国家机关行使紧急权力予以控制，按照宪法、法律的规定决定并宣布全国或者局部地区实行的一种临时性的严重危急状态。紧急状态的决定机关和权限必须由宪法作出规定。根据《宪法》第 67 条和第 89 条的规定，有权决定紧急状态的机关按照权限划分分别是全国人大常委会和国务院。全国人大常委会决定全国或者个别省、自治区、直辖市进入紧急状态。国务院依法决定省、自治区、直辖市的范围内部分地区进入紧急状态。对于紧急状态的宣布机关及权限，《宪法》第 80 条和第 89 条也作了规定，国家主席宣布全国或者个别省、自治区、直辖市进入紧急状态，国务院宣布省、自治区、直辖市的范围内部分地区进入紧急状态。①

二、决定进入战争状态

战争状态是一种最严厉的紧急状态类型，国家必须履行国际间共同防止侵略的条约时，或者在遭受武装侵犯时，将国家由平时状态转为战时状态，即国家的军事、政治、经济、科技、教育和外交等进入战时状态，实施战时管理体制，采取一系列措施和手段，集中人力、物力和财力为战争服务。《宪法》第 62 条规定，全国人大“决定战争和和平的问题”。第 67 条规定，全国人大常委会“在全国人民代表大会闭会期间，如果遇到国家

① 郑淑娜主编．中华人民共和国国家安全法解读．北京：中国法制出版社，2016：299-300.

遭受武装侵犯或者必须履行国际间共同防止侵略的条约的情况，决定战争状态的宣布”。

“决定战争状态的宣布”与“决定战争和和平的问题”有所不同。战争与和平的问题，与国家的生存与发展生死攸关，往往是战争将不可避免时或者正在进行之中，对是否决定进行战争或者停止战争所做的一种选择和决定，由全国人大决定；但在现实生活中，战争虽然会有一定的预兆，但战争的爆发往往有一定的突然性，及时应战、快速应战，是维护国家安全的首要选择，不可能等待进入大会会期由全国人大决定，因此《宪法》规定，在全国人大闭会期间，由全国人大常委会“决定战争状态的宣布”[①]。

三、决定进行全国总动员、局部动员

全国总动员、局部动员，是在国家的主权、统一、领土完整和安全遭受威胁（一般是指面临或者已经遭受外敌侵略或者发生严重内乱）时，国家所采取的一种紧急措施。全国总动员是动员的最高等级，通常是在发生大规模战争或国家遭受特别重大的灾害，国家需要全力应对时决定并实施。在国家总动员时，一个国家的军事、政治、经济、科学、技术、文化和社会生活都进入全面动员状态。如果国家安全受到中度或低度威胁，或发生国家安全危机，或局部地区受到影响，其通常会有选择地在某些地区或部门进行有限的局部动员。《宪法》第 67 条规定全国人大常委会决定全国总动员或者局部动员。全国总动员和局部动员对国家经济建设和其他建设都会产生重要影响，所以必须由全国人大常委会决定。第 80 条规定国家主席根据全国人大和全国人大常委会的决定，发布动员令。动员令一经发出，国家或者局部地区将从平时体制转入动员体制，全国人民或者局部地区的人民都必须全力以赴地投入到抵抗侵略或者制止内乱、消除灾害的行动中，一切工作都要服从动员的需要。[②]

① 郑淑娜主编 . 中华人民共和国国家安全法解读 . 北京：中国法制出版社，2016：300-301.
② 贾宇，舒洪水主编 . 中国国家安全法教程 . 北京：中国政法大学出版社，2021：301-302.

事例分析

事例

截至当地时间 2024 年 5 月 30 日，洪都拉斯累计确诊登革热病例超 1.8 万例，累计死亡 13 人，是中美洲地区登革热疫情最为严重的国家之一。由于登革热病例激增，洪都拉斯于当地时间 5 月 31 日宣布全国进入“登革热国家紧急状态”。为缓解公共卫生部门的压力，洪都拉斯政府在中央大区内的多个医疗机构加设临时病房，同时，洪都拉斯卫生部门组织人员通过喷洒杀虫剂和清理蚊子繁殖地来控制疫情。[①]

分析

紧急状态对一个国家、一个地区而言，是迫不得已打破法律常规且格外重要的治理活动，往往会给公民的人身财产安全造成巨大威胁，给社会秩序造成巨大破坏。紧急状态的决定和宣布，是关涉全局的大事，是决定面对紧急事态，暂停常态下的法治而启动紧急状态下的法治之重大决策行为。因此，其决定和发布必须严格遵循法律的规定，在决定和宣布主体、权力、条件以及程序诸方面都必须符合法律之要求。

关联法规

《宪法》第 62、67、80、89 条,《戒严法》第 3 条,《国防动员法》第 8 条。

习近平法治思想指引

平时科研积累和技术储备是基础性工作，要加强战略谋划和前瞻布局，完善疫情防控预警预测机制，及时有效捕获信息，及时采取应对举措。要研究建立疫情蔓延进入紧急状态后的科研攻关等方面指挥、行动、保障体系，平时准备好应急行动指南，紧急情况下迅速启动。

——习近平总书记在同有关部门负责同志和专家学者
就疫情防控科研攻关工作座谈时的讲话
（2020 年 3 月 2 日）

---

① 洪都拉斯宣布进入登革热国家紧急状态 . [2024-07-25].https://www.yangtse.com/zncontent/3797716.html.

第六十五条　国家决定进入紧急状态、战争状态或者实施国防动员后，履行国家安全危机管控职责的有关机关依照法律规定或者全国人民代表大会常务委员会规定，有权采取限制公民和组织权利、增加公民和组织义务的特别措施。

条文解读

本条是关于国家进入非常状态，有关机关有权按照相关规定采取特别措施的规定。

一、采取特别措施的特定条件

紧急状态指的是国家为应对法定的危险事态而采取的一项法律制度，法定危险事态往往是危及国家安全、对社会稳定和人民的生命和财产安全构成严重威胁的正在发生的或者迫在眉睫的危险事态。在法定的危险事态出现之后，国家根据宪法与法律的规定，决定、宣布进入“紧急状态”。根据《戒严法》第 2 条的规定，在发生严重危及国家的统一、安全或者社会公共安全的动乱、暴乱或者严重骚乱，不采取非常措施不足以维护社会秩序、保护人民的生命和财产安全的紧急状态时，国家可以决定实行戒严。战争状态是一种最严厉的紧急状态类型，是“特殊中的特殊”。其主要针对的是国与国之间的战争或者严重的内乱，形势最为特殊和严峻，如没有及时、有效应对，可能会危及一国的国家安全甚至致使政权颠覆。在其应对上，通常政治权威和武装力量的深度介入都被格外重视，应对措施的军事色彩非常浓厚。[①] 实施国防动员是维护国家安全的重要举措，《国防动员法》第 8 条规定，全国人民代表大会常务委员会、国家主席发布动员的程序。只有国家决定进入紧急状态、战争状态或者实施国防动员后，相关机关才能依法采取特别措施，维护国家安全。

① 梅扬．紧急状态的概念流变与运作机理．法制与社会发展，2023(6)：86.

二、采取特别措施的特殊主体

采取特殊措施的主体是“履行国家安全危机管控职责的有关机关”。根据《国防动员法》第 64 条，在全国或者部分省、自治区、直辖市实行特别措施，由国务院、中央军事委员会决定并组织实施；在省、自治区、直辖市范围内的部分地区实行特别措施，由国务院、中央军事委员会决定，由特别措施实施区域所在省、自治区、直辖市人民政府和同级军事机关组织实施。根据《戒严法》第 9 条的规定，全国或者个别省、自治区、直辖市的戒严，由国务院组织实施。省、自治区、直辖市的范围内部分地区的戒严，由省、自治区、直辖市人民政府组织实施；必要时，国务院可以直接组织实施。组织实施戒严的机关称为戒严实施机关。

三、采取特别措施的具体内容

我国相关法律对“限制公民和组织权利、增加公民和组织义务的特别措施”作了详细的规定。《戒严法》第 13 条对戒严实施机关可以决定在戒严地区采取的措施作出了规定，包括：禁止或者限制集会、游行、示威、街头讲演以及其他聚众活动，禁止罢工、罢市、罢课，实行新闻管制，实行通讯、邮政、电信管制，实行出境入境管制，禁止任何反对戒严的活动。《突发事件应对法》第 69 条对紧急状态下采取的特别措施作出了规定，紧急状态期间采取的非常措施，依照有关法律规定执行或者由全国人民代表大会常务委员会另行规定。《国防动员法》第 63 条对国家决定实施国防动员后，在实施国防动员的区域采取下列特别措施作了详细规定，包括对相关行业实行管制，对人员活动的必要限制，对国家机关、社会团体和企业事业单位实行特殊工作制度，为武装力量优先提供各种交通保障，以及需要采取的其他特别措施。

案例分析

案例

在遭遇国家安全危机时，通过政府首脑或决策部门宣布该国进入紧急状态，动用一切资源应对国家安全威胁是各国的通行做法。

“9·11”事件不仅是有史以来最严重的恐怖袭击事件，也是美国建国200多年以来除1812年美英战争外本土遭受的最具破坏性的打击。在恐怖袭击发生后，时任美国总统乔治·沃克·布什（George Walker Bush，又称小布什）马上启动了全国紧急预警，派出超过4 000人的情报调查部队和安全人员，宣布美国进入“全国紧急状态”。小布什召开了最高级别的国家安全会议，决定发动反恐战争。国防部部长拉姆斯菲尔德提交了一项兵役动员令，建议征召5万名预备役士兵，迅速得到批准。国会参众两院分别授权总统布什对恐怖分子使用武力。①

2023年6月24日，俄罗斯雇佣兵组织“瓦格纳集团”发动武装叛乱。俄罗斯总统普京发表全国讲话，表示“绝不允许俄罗斯分裂重演”。俄罗斯国家反恐委员会宣布，莫斯科市、莫斯科州以及沃罗涅日州均进入反恐行动状态。与莫斯科州毗邻的图拉州宣布加强安全措施并开展反恐行动，加大安全保障力度和增加道路检查措施。俄罗斯总统普京就武装叛乱企图下达有关指令后，俄国防部、联邦安全局等多个部门全天候向普京汇报为执行这些指令所采取措施的有关情况。莫斯科市实施反恐行动状态后，原计划在该市举行的大型群众活动已被取消，俄罗斯沃罗涅日州和利佩茨克州也取消了原定的群众性活动。另外，罗斯托夫州也取消了原计划举行的人员聚集性活动。②

分析

在重大国家安全危机发生时，仅仅依靠平时的社会治理和行政措施是远远不够的。为了有效应对危机、保障公民权益、维护国家安全，采取一些特别措施是必要的。国家根据实际情况需要，依法实施特殊管理制度和强制性措施。但这些特别措施在一定程度上会限制公民的权利，因此特别措施的实施的决定与实施需要严格按照法定权限、程序进行。

关联法规

《国防动员法》第63、64、65、67、68条，《戒严法》第13、14、15、

① 9·11的回忆与纪念：一部法律，两场战争，新的恐惧 . [2023-12-09]. http://www.xinhuanet.com/world/2015-09/11/c_128218875.htm.

② 9·11的回忆与纪念：一部法律，两场战争，新的恐惧 .[2023-12-09]. http://www.xinhuanet.com/world/2015-09/11/c_128218875.htm.

16、17、18、19、20 条，《突发事件应对法》第 69 条。

习近平法治思想指引

要统筹应急状态下医疗卫生机构动员响应、区域联动、人员调集，建立健全分级、分层、分流的重大疫情救治机制……加强国家医学中心、区域医疗中心等基地建设，健全重大疾病医疗保险和救助制度，要优化科研攻关体系和布局，抓好《关于健全公共卫生应急物资保障体系的实施方案》组织落实。

——习近平在参加十三届全国人大三次会议湖北代表团审议时的讲话（2020 年 5 月 24 日）

第六十六条　履行国家安全危机管控职责的有关机关依法采取处置国家安全危机的管控措施，应当与国家安全危机可能造成的危害的性质、程度和范围相适应；有多种措施可供选择的，应当选择有利于最大程度保护公民、组织权益的措施。

条文解读

本条是关于国家安全危机管控措施的合理性原则的规定。

一、采取处置国家安全危机的管控措施的范围

本条赋予了履行国家安全危机管控职责的有关机关依法采取处置国家安全危机的管控措施的权力，赋予了危机管控机关行使权力的合法性。但危机管控不可避免会对公民或组织的合法权益造成损害。行政行为在合法行使的前提下，还应当尽可能合理、适当和公正。国家安全危机管控机关管控措施的范围应当与国家安全危机可能造成的危害的性质、程度与范围相适应。这就要求采取管控措施的机关，在确保危机能够被管控的前提下，对所面临的国家安全危机加强情报收集和研判，分析其可能造成的危害，以及这种危害的性质、程度和范围，根据分析研判结果，采取相应的管控措施。对公民、组织权益的限制必须在目的和手段之间符合一定的比例，不能为了维护国家

安全而完全置公民权利于不顾。

二、采取处置国家安全危机的管控措施的原则

紧急状态、战争状态以及实施国防动员往往伴随着公民权利大幅受限、国家权力运行常态遭遇障碍，甚至从根本上改变社会秩序。面对这种对国家和社会可能产生的不良后果，现代国家积极寻找将此类破坏降到最低的手段与方法，并最终达成以法治手段应对法治危机的基本共识。本条确立的紧急状态下的法治和公民权益保护原则，进一步贯彻了国家安全法的基本原则。《国家安全法》强调以人民安全为宗旨，把“保护人民的根本利益”确定为立法目的，把“人民福祉”确定为国家核心利益，把“尊重和保障人权依法保护公民的权利和自由”确定为维护国家安全的重要原则。保护人民利益，既体现在出现国家安全危机时，国家采取种种强有力的危机管控措施，保护广大人民的利益；也体现在国家采取具体的危机管控措施时，对权益受损的公民、组织尽到最大限度的保护义务。除此之外，在危机管控中也应尽量考虑非克减原则、法律保留原则、利益衡量原则，最大限度保护人权。[①]

案例分析

2024 年 1 月 23 日，国务院新闻办公室发布的《中国的反恐怖主义法律制度体系与实践》白皮书中明确指出：“保障享有人权的安全环境与社会秩序。”[②] 恐怖主义对国家安全、公共安全、人民生命财产安全造成重大威胁，强化反恐怖主义措施、有效防范和打击恐怖活动是人权保障的重要方面。中国依法开展反恐怖主义工作，一方面坚决维护公民和组织的合法权益，禁止任何基于地域、民族、宗教等理由的歧视性做法；另一方面有效遏制恐怖主义传播蔓延，最大限度保障公民的生命权、健康权、财产权，维护社会稳定。

---

① 李竹，肖君拥主编．国家安全法学．北京：法律出版社，2019：260.

② 中国的反恐怖主义法律制度体系与实践（2024 年 1 月）. [2024-03-09]. http://www.scio.gov.cn/zfbps/zfbps_2279/202401/t20240123_829658_m.html.

关联法规

《戒严法》第 7 条,《突发事件应对法》第 11 条。

习近平法治思想指引

要在落实各项防疫举措的同时加强分析研判，必要的防疫举措不能放松，既要反对不负责任的态度，又要反对和克服形式主义、官僚主义，纠正“层层加码”“一刀切”等做法。要全力做好人民群众生产生活服务保障，切实满足疫情处置期间群众基本生活需求，保障看病就医等基本民生服务，加大对老弱病残等特殊群体的关心帮助力度，解决好人民群众实际困难，尽力维护正常生产工作秩序。要做好重点人群疫苗接种等工作，筑牢疫情防控屏障。

——中共中央政治局常务委员会召开会议　听取新冠肺炎疫情防控工作汇报　研究部署进一步优化防控工作的二十条措施　中共中央总书记习近平主持会议

（2022 年 11 月 10 日）

第六十七条　国家健全国家安全危机的信息报告和发布机制。

国家安全危机事件发生后，履行国家安全危机管控职责的有关机关，应当按照规定准确、及时报告，并依法将有关国家安全危机事件发生、发展、管控处置及善后情况统一向社会发布。

条文解读

本条是关于国家安全危机的信息报告和发布机制的规定。

一、国家安全危机的信息报告的原则

危机管控，无论是对危机的预警与准备，还是对危机的处置与善后，都必须建立在准确、全面、适时的信息基础之上。《国家安全法》规定，危机发生后，履行国家安全危机管控职责的有关机关在危机管控过程中应收集、

报告、传递国家安全危机事件信息，做到“准确、及时”。我国相关法律对危机处置中的信息报告的具体要求作出了规定。《突发事件应对法》第 39 条规定了，有关单位和人员报送、报告突发事件信息应当遵守的原则。第 53 条规定了，人民政府发布有关突发事件事态发展和应急处置工作的信息应当遵守的原则。建立高效的国家安全危机事件发布机制，确保统一、及时、准确地发布有关信息，增加工作的透明度，对于妥善、有效与快速地处置国家安全危机事件，保护人民生命、财产安全和维护国家安全，具有重要意义。

二、国家安全危机的信息发布的内容

国家安全危机事件的信息发布，是管控、处置国家安全危机的一项重要工作。一方面，国家安全危机的信息发布保障了社会公众的知情权，同时可以加强群众监督，有效地约束公权力，防止政府紧急权力的滥用可能。另一方面，按照规定统一、准确、及时发布相关信息，让公众远离谣言，克服恐慌，减少不安定因素，形成有关机关和公众的良性互动。2005 年，国务院专门制定了《国家突发公共事件总体应急预案》，其中规定了“特别重大或者重大突发公共事件发生后，各地区、各部门要立即报告，最迟不得超过 4 小时，同时通报有关地区和部门。应急处置过程中，要及时续报有关情况”，推进应对突发公共事件与重大安全危机信息发布工作的准确化、制度化、规范化。2019 年 5 月 15 日起实施的《政府信息公开条例》第 20 条第 12 款规定，主动公开本行政机关的政府信息包括突发公共事件的应急预案、预警信息及应对情况。统一、准确、及时发布国家安全危机事件发生、发展、管控处置及善后等完整情况，有利于公众全面、准确了解国家安全危机事件的情况，协助做好管控处置工作，共同应对国家安全危机。

案例分析

案例

2013 年 10 月 28 日在北京天安门金水桥发生的恐怖袭击，是一起由境内外“三股势力”严密策划，有组织、有预谋的暴力恐怖袭击事件。官方在事发后一个半小时左右，发布了第一条消息：“28 日 12 时 05 分许，一辆吉普车由南池子南口拐入长安街便道，由东向西行驶撞向金水桥护栏后起火，行驶过程中造成多名游客及执勤民警受伤。警方在现场立即开展工作并组织施救，火被迅速扑灭。目前，受伤人员已全部送往附近医院救治，吉普车司机及车内人员共3人已确认死亡。相关情况正在进一步调查中。”事件发生后，“北京市公安、应急、卫生等相关部门立即启动应急预案，开展工作并组织施救”；“中央领导同志和公安部、北京市委市政府领导先后赶到现场指挥处置工作，要求全力以赴抢救伤者，迅速查明真相，采取有力措施，确保首都安全稳定”；“为全力救治伤员，相关医院迅速组织专家紧急会诊，根据伤者伤情分别采取手术、包扎及其他紧急治疗措施。当日下午，北京市委、市政府领导先后前往医院指导救治工作并看望慰问伤员”[①]。相关部门在恐怖事件发生后，准确、及时地向社会公众通报事件情况。2014年6月16日，新疆乌鲁木齐市中级人民法院对“10·28”暴力恐怖袭击案件进行公开宣判，将宣判结果向社会公众公开。

分析

在此次重大恐怖袭击事件中，有关部门准确、及时地向社会公众发布事件发生的具体情况以及行动措施，不仅履行了法律规定的职责，还安抚了公众的情绪，防止在社会层面造成紧张、恐惧的情绪。相较于对恐怖事件的处理，在纷乱信息流中确保第一时间发布真实准确的情况报道也同样重要，有关机关、部门不但需要充分尊重公众的知情权，而且要让公众远离谣言，克服恐慌，减少不安定因素。

关联法规

《突发事件应对法》第39、53条，《反恐怖主义法》第63条。

习近平法治思想指引

要依法做好疫情报告和发布工作，按照法定内容、程序、方式、时限及时准确报告疫情信息。要加强对相关案件审理工作的指导，及时处理，定分止争。要加强疫情防控法治宣传和法律服务，组织基层开展疫情防控普法宣传，引导广大人民群众增强法治意识，依法支持和配合疫情防控工作。要

① 卢国强，朱东阳．中国向“恐怖袭击”说不．瞭望，2013(47)：10-12.

强化疫情防控法律服务，加强疫情期间矛盾纠纷化解，为困难群众提供有效法律援助。

——习近平总书记在中央全面依法治国委员会第三次会议上的讲话（2020年2月5日）

第六十八条　国家安全威胁和危害得到控制或者消除后，应当及时解除管控处置措施，做好善后工作。

条文解读

本条是关于及时解除管控处置措施的规定。

一、及时解除管控措施

发生国家安全危机后，采取的管控措施会对公民、组织的生活、生产产生影响，影响公民、组织的权益，因此，管控措施随着国家安全的重大事件或者特别重大事件的发生而实施，应当随着威胁和危害得到控制和消除而停止。在国家安全危机得到控制或者消除后，应当及时解除管控措施，使非常状态恢复转入平常状态。

一方面，危机是一种重大的负外部性事件，特别是国家安全危机，更需要公众形成一致性的集体行动来克服负外部性的扩散，不仅要在危机管控期间满足公众的合法、合理诉求，还要在危机化解后，及时解除管控处置措施，避免民众的合法权益受到侵犯。另一方面，国家安全危机管控期间，政府将投入大量的人力、物力、财力，以维护国家安全，保障公民的生命、财产安全，在危机得到有效化解后，及时解除管控处置措施，以避免政府资源的浪费。

二、做好善后工作

国家安全威胁和危害的爆发期结束，并不意味着危机管理过程已完结，其善后管理是整个公共危机管理机制中的重要环节。国家安全危机的善后管理，是指国家安全危机被控制后，作为危机应对者，以国家与政府为主体的公共部门致力于危机后的恢复工作，尽快消弭危机带来的损害，将社会财产、基础设施、社会秩序和社会心理恢复到正常状态。国家安全危机在发生后，会给社会秩序带来极大的冲击，导致社会出现高度不稳定的紧张、失衡状态。这种状态一般会持续一段时间才能完全消失。从应急状态中解脱出来的政府及其他组织必须对国家安全危机的后续发展情况进行跟踪、反馈，以确保问题的根本解决，即进行善后工作。国家需要根据安全危机的类别和级别，在对危机事件的起因、性质、影响、责任、经验教训等问题进行调查的基础上开展一系列善后工作，主要包括调查评估、补偿赔偿、恢复重建、心理疏导、管理评估、责任追究等，重建正常的生产、生活、工作和社会秩序。

案例分析

案例

2021 年，6 月 13 日 6 时 40 分许，湖北省十堰市张湾区艳湖社区集贸市发生燃气爆炸。事故发生后，党中央、国务院高度重视。习近平总书记立即作出重要指示："湖北十堰市燃气爆炸事故造成重大人员伤亡，教训深刻！要全力抢救伤员，做好伤亡人员亲属安抚等善后工作，尽快查明原因，严肃追究责任。"[①] 2022 年 4 月 29 日，湖南省长沙市望城区金山桥街道金坪社区一居民自建房发生倒塌事故。事故发生后，习近平总书记立即作出重要指示："要不惜代价搜救被困人员，全力救治受伤人员，妥善做好安抚安置等善后工作；同时注意科学施救，防止发生次生灾害。"[②] 2023 年 6 月 21 日，宁夏银川市兴庆区富洋烧烤店发生燃气爆炸事故。事故发生后，习近平总书记高度重视并作出重要指示："宁夏银川市兴庆区富洋烧烤店发生燃气爆炸事故，造成多人伤亡，令人痛心，教训深刻。要全力做好伤员救治和伤亡人

---

① 习近平对湖北十堰市张湾区艳湖社区集贸市场燃气爆炸事故作出重要指示 要求全面排查各类安全隐患 切实保障人民群众生命和财产安全 维护社会大局稳定 为建党百年营造良好氛围 李克强就救援工作作出批示．人民日报，2021-06-14(1).

② 习近平对湖南长沙居民自建房倒塌事故作出重要指示 要求不惜代价搜救被困人员 全力救治受伤人员 对全国自建房安全开展专项整治 坚决防范各类重大事故发生 李克强作出批示．人民日报，2022-05-01(1).

员家属安抚工作，尽快查明事故原因，依法严肃追究责任。”[①]在重大公共安全事件发生后，习近平总书记高度重视，在重要指示中强调“做好善后工作”，充分彰显了人民至上、生命至上的深厚情怀。在事件处置后，还应当“回头看”，落实习近平总书记相关重要指示批示精神，尽快查明原因，依法严肃追求责任，从根本上消除隐患，坚决防范和遏制各类事故发生。

关联法规

《戒严法》第42条，《突发事件应对法》第47条，《反恐怖主义法》第64、65、66、67条。

习近平法治思想指引

当前已进入“七下八上”防汛最关键时期，防汛抗洪抢险救灾形势依然严峻。要把防汛抗洪救灾工作作为重大任务，把确保人民群众生命安全放在首位，绷紧防大汛、抗大洪、抢大险、救大灾这根弦，进一步强化措施、落实责任。要加强雨情水情监测预报预警，及时发布预警信息，及时启动应急响应，坚持军民联防联动，全力保障人员安全，保证大中型水库运行安全。要加强灾区群众工作，妥善安置受灾群众，保障他们的基本生活，做好灾区卫生防疫。要做好失踪失联人员搜救，加强受伤人员救治，妥善处置死亡人员善后事宜。要做好恢复重建规划安排和工作准备，组织群众开展生产自救，针对薄弱环节健全增强防汛抗洪能力的具体措施。

——习近平总书记在河北唐山市考察时的讲话

（2016年7月28日）

① 习近平对宁夏银川市兴庆区富洋烧烤店燃气爆炸事故作出重要指示 要求全力做好伤员救治 加强重点行业重点领域安全监管 切实保障人民群众生命财产安全 . 人民日报，2023-06-23(1).

第五章　国家安全保障

导　学

当前全球正经历着前所未有的深刻变革与重大调整，步入了动荡与转型交织的新阶段。我国既迎来了战略性的历史机遇，也面临诸多风险挑战，不确定性及难以预见的因素显著增多。面对复杂形势，我们必须做好充分准备，勇于迎接可能到来的狂风巨浪乃至惊涛骇浪的严峻考验。面对日益严峻复杂的国家安全形势，维护国家安全的任务十分艰巨。全党全国都必须增强忧患意识，做到居安思危。为有效推进国家安全工作，契合新时代背景下的新使命与新要求，国家急需强化国家安全总体保障能力，构建并完善一套全面、高效的国家安全保障体系。长期以来，我国高度重视国家安全保障体系的构建，通过一系列立法举措，逐步确立并完善了国家安全保障的相关措施与制度框架，现已基本构建起全面、系统的国家安全保障体系。如《国家情报法》规定要加强国家情报工作机构建设，对其机构设置、人员、编制、经费、资产实行特殊管理，给予特殊保障；《反间谍法》规定了新闻、广播及互联网信息服务等单位，须面向社会有针对性地开展反间谍宣传教育；《突发事件应对法》规定了应急物资储备和使用等。这些法律制度为构筑国家安全防线、维护国家安全提供了坚实支撑。随着国家安全内涵与外延不断丰富，为构建适应大安全格局的国家安全保障体系，我国须从法制建设、经费保障、物资储备、科技创新、人才培养、专门工作手段强化以及宣传教育普及等多个维度出发，为国家安全工作提供全方位、强有力的支持。以高水平的国家安全保障手段全方位维护国家安全。本章的学习可着重关注法制、科技、专门工作手段及宣传教育的方法的相关规定。

第六十九条　国家健全国家安全保障体系，增强维护国家安全的能力。

条文解读

本条是关于国家安全保障体系的规定。

一、国家安全保障体系的内涵与特征

国家安全事关一国生存发展，在世界各国都受到高度重视，国家通常采取各种措施保障维护国家安全的各种需要。国家安全保障主要是指国家为国家安全工作主体依法履行法定职责，完成国家安全任务，实现国家安全目标而提供的人力、物力、财力以及制度等方面的支持和保证。建立国家安全保障体系是我们国家为解决国家在安全工作中出现的各项保障问题，以系统性思维理论为指导，实质性增强国家安全能力而提出的最新举措，是深入贯彻总体国家安全观的应然之义，同时也是推动国家治理体系与治理能力迈向现代化的必要之需。

国家安全保障体系是一个有机整合的系统，国家安全保障的各项措施相互作用，缺一不可。法制保障是国家安全保障体系的核心，是一切国家安全工作的权威支持。人力、物资、技术保障是国家安全保障体系的基础，任何事务都需要人来执行，也需要物资、技术来支撑。国家安全专门手段保障是对国家安全事务的特殊保障。为显著提升国家安全工作的效能，我们必须确保在法制框架内稳健运作，同时在经费、物资、科技、人才资源、专业工作手段以及公众宣传教育等多个维度，给予国家安全工作全方位的支持与强化，从而构建起坚实的国家安全总体保障体系。这一体系的完善，是提升我们维护国家安全工作能力的必由之路。

二、构建国家安全保障体系

当前，国际局势复杂多变，国内外风险挑战增多，国家安全形势严峻，

各种“灰犀牛”以及“黑天鹅”事件随时可能会发生。为积极响应新时代赋予的使命与要求，国家需构建并完善一个全面覆盖、高效协同的国家安全保障体系。这一体系旨在推动国家安全体系与能力的现代化进程，通过不断优化法制、经费、物资、科技、人才、专业手段及宣传教育等关键要素的配置，以更加坚实的步伐维护国家安全与社会的和谐稳定。

一是要加强党对国家安全工作的领导。党的领导在国家安全工作中的核心地位，是社会主义制度优越性的具体体现，也是确保国家安全与社会长期稳定不可动摇的政治基石。这一领导体制为有效应对各类安全挑战、维护国家根本利益提供了最根本的政治保障。2017 年 2 月，习近平总书记主持召开国家安全工作座谈会，进一步强调，各地区要建立健全党委统一领导的国家安全工作责任制，强化维护国家安全责任。

二是要持续增强国家安全委员会的功能。国家安全委员会，作为一个高瞻远瞩的战略机构，其核心职责不限于制定规划、策略与指导方针，更在于促进跨领域的协调与合作。它需精准把握国防安全、外交策略与对外贸易之间的微妙平衡，尤其是要强化这三者之间的综合协调机制，确保国家安全政策的连贯性与高效执行，以应对复杂多变的国内外安全环境。作为维护中国国家安全的一个总枢纽，国家安全委员会需要在以后的工作和运行中更加有效地统筹安全与发展、中央和地方、传统安全和非传统安全等各方面关系，促进国家安全战略的“一盘棋”运作，确保国家的长治久安。

三是全党全国上下需深刻认识到潜在的风险与挑战，树立起强烈的忧患意识，紧密围绕总体国家安全观所涵盖的广泛领域，强化跨部门间的协同合作与无缝对接，形成强大合力，确保国家安全的每一个方面都能得到周全而有效的维护，共同筑牢国家安全的坚固防线。同时，我们必须深入贯彻执行《国家安全战略纲要》，以此为指引，不断加强经济、关键基础设施、金融体系、网络安全、数据保护、生物安全、资源保障、核安全、太空探索以及海洋权益等多个领域的安全保障体系建设；持续完善国家安全力量布局，构建全域联动、立体高效的国家安全防护体系，不断提升维护国家安全和社会稳定的能力水平。

总之，只有坚持底线思维、居安思危、未雨绸缪，发扬斗争精神，增强斗争本领，准确把握国家安全形势新变化新趋势，着力推进国家安全体系和能力现代化，健全国家安全保障体系，增强维护国家安全的能力，才能有效防范化解重大安全风险，为全面建设社会主义现代化国家、全面推进中华民族伟大复兴提供坚强安全保障。

案例分析

案例

2020 年 3 月 7 日 19 时 14 分，福建省泉州市鲤城区欣佳酒店所在建筑物发生坍塌，造成 71 人被困。事故发生后，应急管理部立即启动应急响应，会同住房和城乡建设部等部门派出工作组连夜赶赴现场指导协助应急处置工作。福建省、泉州市迅速组织力量开展救援。国家综合性消防救援队伍、国家安全生产专业救援队伍、中交集团、地方专业队伍、社会救援力量等共计 118 支队伍、5 176 人参与抢险救援。福建省消防救援总队迅速调派 10 个支队的重、轻型救援队 1 086 名指战员，携带生命探测仪、搜救犬以及特种救援装备到场处置。救援人员采取多种方式反复侦查，确定被困人员方位，按照“由表及里、先易后难”的顺序，合理使用破拆、撑顶、剪切等方式破拆建筑构件，多点作业、逐步推进，全力搜寻营救被困人员。卫健部门调派 56 名专家赶赴泉州支援伤员救治，并在事故现场设立医疗救治点，调配 125 名医务人员、20 部救护车驻守现场，及时开展现场医疗处置、救治工作。经过 112 小时的艰苦奋战，成功将 71 名被困人员全部救出，其中 42 人生还。①

分析

该事故发生原因是，事故单位将欣佳酒店建筑物由原四层违法增加夹层改建成七层，达到极限承载能力并处于坍塌临界状态，加之事发前对底层支承钢柱违规加固焊接作业引发钢柱失稳破坏。事故中存在的主要问题：一是企业违法违规肆意妄为。欣佳酒店的不法业主在未取得建设相关许可手续，且未组织勘察、设计的情况下，多次违法将工程发包给无资质施工人员，在明知楼上有大量人员住宿的情况下违规冒险蛮干，最终导致建筑物坍塌；相关中介服务机构违规承接业务甚至出具虚假报告。二是安全发展理念不牢。鲤城区片面追求经济发展，通过“特殊情况建房”政策为违法建设开绿灯，

---

① 应急管理部公布 2020 年全国应急救援和生产安全事故十大典型案例 . [2024-04-20]. https://www.gov.cn/xinwen/2021-01/04/content_5576955.htm.

埋下重大安全隐患；福建省有关部门及泉州市对违法建筑长期大量存在的重大安全风险认识不足，房屋安全隐患排查治理流于形式。三是地方政府有关部门监管执法严重不负责任。泉州市、鲤城区的规划、住建、城管、公安等部门对欣佳酒店未取得建设相关许可手续、未取得特种行业许可证对外营业等违法违规行为长期视而不见。四是相关部门审批把关层层失守。泉州市、鲤城区消防机构、公安等有关部门及常泰街道在材料形式审查和现场审查中把关不严，使不符合要求的项目蒙混过关、长期存在。

关联法规

《国防教育法》第 24、25 条,《国防动员法》第 33 条,《突发事件应对法》第 32、33 条。

习近平法治思想指引

要加大对维护国家安全所需的物质、技术、装备、人才、法律、机制等保障方面的能力建设，更好适应国家安全工作需要。

——习近平总书记在国家安全工作座谈会上的重要讲话（2017 年 2 月 17 日）

第七十条　国家健全国家安全法律制度体系，推动国家安全法治建设。

条文解读

本条是关于国家安全法治建设的规定。

国家安全法治建设既是国家安全工作的基础和保障，也是国家安全保障体系的基础和保障。

一、我国国家安全法律制度的体系

在新中国成立初期，为应对国家安全方面的严峻复杂形势，我国颁布了具有临时宪法性质的《中国人民政治协商会议共同纲领》，规定了镇压反革命活动、严惩战犯和反革命首要分子的内容。同时，制定颁布了《惩治反革命条例》《管制反革命分子暂行办法》《保守国家机密暂行条例》等法律法规。这些法律法规奠定了我国国家安全的立法基础，对于保卫新生的人民政权发挥了积极作用。改革开放后，我国更加重视对社会主义法律法规的建设，国家安全相关立法工作进入探索发展阶段，先后颁布了《国家安全法》《保守国家秘密法》《出入境管理法》《反分裂国家法》等法律。

党的十八大以来，在总体国家安全观的指引下，我国国家安全立法进入跨越式发展阶段，先后制定出台了新的《国家安全法》《反间谍法》《境外非政府组织境内活动管理法》《反恐怖主义法》《网络安全法》《国家情报法》《核安全法》《香港特别行政区维护国家安全法》《生物安全法》《数据安全法》《反外国制裁法》《公民个人信息保护法》等相关法律。据不完全统计，与国家安全直接相关的法律、行政法规分别有40余部、60余部，与国家安全治理有关的法律法规有200余部。目前，我国基本形成了以宪法相关规定为基础，以《国家安全法》为核心，包括国家安全法律、行政法规、地方性法规、部门规章、地方政府规章等规范类别的制度体系。

二、我国国家安全法治建设的现状

经过不断探索和实践，中国国家安全法治建设积累了维护国家安全的中国经验，走出了一条中国特色国家安全法治发展道路，形成了诸多鲜明的特色。同时，我国国家安全法治建设尚有多方面的提升空间。一是部分关键领域的法律框架尚不完善，如海外利益保护、极地活动规范及太空探索管理等领域存在立法空白，急需填补。二是现有国家安全立法在立法层级上仍有待提升，部分领域仍过度依赖政策指导和文件管理，缺乏更为稳固的法律基础。三是国家立法体系在系统化方面存在不足，如国家安全风险预警与评估机制尚未全面建立，影响了风险的及时发现与有效应对。四是国家安全法治的保障机制尚不健全，涉及国家安全部门间的协调联动机制、安全检查及责任追究制度等方面均需进一步完善，以确保法治措施的有效落地与执行。为此，我们仍需在中国共产党的坚强领导下，坚持以总体国家安全观为指导，强化法治保障，织密防护网。

三、我国国家安全法治的建设与完善

一是要加强立法工作的引领作用，不断完善国家安全法律制度体系。国家安全法治建设是我国全面依法治国进程的重要内容，随着国家安全形势的发展与演化，我们需根据新时代的发展需要，不断健全和完善"基本法律+专门法律+其他法律中相关规定+行政法规+地方性法规"的"五位一体"国家安全法律制度体系，以保障国家安全工作从国家层面到基层工作的安全职能、权责划分、资源配置等都有法可依。

二是要规范国家安全执法建设。国家安全法治保障不仅要在立法层面上解决法律制度体系建构问题，更要在执法层面建立切实可行的执法体系，真正发挥国家安全法治的权威作用。一方面要严格约束行政执法主体的权限，防止行政执法权泛化。另一方面要严格规范国家安全行政执法行为，国家安全领域执法要与部门执法对应起来，要将分散的执法尽快规范化，形成明确的体系。

三是要完善国家安全司法制度。国家安全类案件通常涉及国家核心利益，需要综合考虑国家安全和法治原则，确保在维护国家安全的同时，尊重和保护个体的基本权利。在法律程序中确保所有当事人都受到平等对待，法官和法院在审理案件时不受到不当的影响，并确保收集的证据合法、合规，避免使用非法手段获取证据，保障司法公正的实现。

四是要强化国家安全守法意识。守法是法律实施的重要环节，营造依法治理的重要环境，既包括执法者的守法，也包括普遍意义上的全民守法。我们要通过多种方式开展国家安全教育活动，提高全民的国家安全意识。

总之，在总体国家安全观的指引下，持续推动国家安全法治建设，构建立法、执法、司法、普法并进的国家安全法治布局，更好发挥法治固根本、稳预期、利长远的保障作用。

案例分析

案例

2020 年 7 月 1 日，唐某杰在湾仔驾驶电单车，车上插着写有"港独"标语的旗帜，冲越 3 道警方防线，并导致 3 名警员身体受到严重伤害。唐某杰被控煽动他人分裂国家罪、恐怖活动罪，以及危险驾驶致他人身体受严重伤害等罪。

3名国安案件指定审理法官聆讯后，于2021年7月27日作出裁决，裁定唐某杰煽动他人分裂国家及恐怖活动两罪成立，并于7月30日下午，判唐某杰就两项控罪入狱9年，下令取消其驾驶资格10年。根据《香港特别行政区维护国家安全法》，煽动分裂国家罪情节严重者可被判5至10年监禁，情节较轻者可被判5年以下监禁、拘役或管制。至于恐怖活动罪，致人重伤、死亡或者令公共财产遭受重大损失，可被判处终身监禁或者10年以上监禁，其他情况可被判处3至10年监禁。法官裁决时表示，唐某杰展示相关旗帜，有意图将分裂国家的意思传递给其他人，有意煽动他人分裂国家。同时，他冲向警方，是刻意挑战代表香港法治的警察，行为涉及严重暴力，是危险活动，严重危害公众安全，给社会带来严重伤害，其有关行为是想威吓公众，以达到政治目的。[①]

分析

该案是《香港特别行政区维护国家安全法》2020年6月30日生效之后，香港出现的首宗被控涉嫌违反《香港特别行政区维护国家安全法》的案件，是国安法治教育的典型案例。尽管案情简单，但整个司法过程前后持续一年多，注重扎实的证据、精准的法律解释与公正的量刑裁断。该案中间经过保释争议等相关环节，所涉国安法制度解释与本地化的工作一个都不少。香港司法以此案之正当程序和稳妥判决，彰显香港的国安司法正义，表明香港法院有能力公正有效地实施《香港特别行政区维护国家安全法》，维持司法独立和法治标准。高院法官判定煽动分裂国家罪和恐怖活动罪成立，判处总体刑期9年，符合《香港特别行政区维护国家安全法》的罪刑条文要求，体现了刑罚威慑性与公正性的结合，是经得起考验的第一起《香港特别行政区维护国家安全法》判例，更是香港国安司法的一个里程碑和富有法律意义的实践起点。

首先，该案全程展现了《香港特别行政区维护国家安全法》在香港本地司法程序中的严格法治标准和正当程序，向香港社会与国际社会传递积极法治信号，破解对《香港特别行政区维护国家安全法》的污名化与借《香港特

---

① 香港国安法首犯判了：唐英杰被判处有期徒刑9年. [2024-04-20].https://www.thepaper.cn/newsDetail_forward_13816415.

别行政区维护国家安全法》之名义制裁香港与内地的干预正当性。其次，该案在有关国安法罪名的证据、保释、定罪、量刑、执行以及国安法条文解释与香港普通法司法之间的互动融合方面，形成了初步的标准化与流程化的司法经验，对今后其他的案件有指导意义和判例约束力。最后，本案判决对香港社会具有法治教育意义，有助于引导香港社会尤其是青少年形成正确的法治观和正义观。

关联法规

《反间谍法》第 1 条,《反恐怖主义法》第 1 条,《国家情报法》第 1 条,《香港特别行政区维护国家安全法》第 1 条,《反外国制裁法》第 1 条。

习近平法治思想指引

健全国家安全体系，加强国家安全法治保障，提高防范和抵御安全风险能力。严密防范和坚决打击各种渗透颠覆破坏活动、暴力恐怖活动、民族分裂活动、宗教极端活动。

——习近平总书记在中国共产党第十九次全国代表大会上的报告

（2017 年 10 月 18 日）

第七十一条　国家加大对国家安全各项建设的投入，保障国家安全工作所需经费和装备。

条文解读

本条是关于经费和装备保障的规定。

经费与装备的支持，在国家安全工作保障体系中占据着不可或缺且至关重要的基础性地位。国家安全工作的涵盖范围广泛，包括政治安全、国土安全、军事安全、经济安全、社会安全等二十多个安全领域，以及随着社会经济发展新出现的安全领域。在工作内容方面，国家安全工作涉及情报信息的收集、研判和使用，风险的预防、评估和预警，国家安全审查和监管，危机管控，国家安全违法犯罪行为的侦查和处置等。开展各个领域的国家安全工作，完成维护国家安全的任务，都必须要有充足的经费和装备作为基础保障。

一、国家安全工作的投入范围

国家安全建设的投入是一个长期而持续的过程，需要全社会的共同努力和支持。为了加强国家安全建设，国家需要确保各项国家安全工作得到充足的经费支持，并建立维护国家安全的坚强保障体系。这需要国家在人力、物力和财力等各个方面进行投入，具体来看，国家安全工作的全面发展，既依赖于设备、器械、基础设施等硬件设施的投入与建设，也离不开人才培养、科技研发等软实力方面的投资与提升。同时，为确保国家安全体系的健全与高效，还需在制度、体制及机制等层面加大建设力度，形成全方位的保障网络。只有这样，国家安全才能得到有效的保障，从而确保国家长期稳定和发展。

二、国家安全工作的经费来源

国家安全工作的经费来源主要是中央和地方财政拨款。国家对国家安全工作的投入应当保持与国民经济增长的水平相适应，满足国内外国家安全形势和任务发展的需要。中央及地方各级政府应当积极提升对国家安全领域的投资强度，为各项工作提供充足的经费支持，以确保维护国家安全的各项举措得到有效执行与落实。

三、国家安全工作经费的筹措和使用原则

国家安全工作经费的筹措和使用对于保障国家安全、维护社会稳定具有重要意义，各级政府和有关部门应当严格遵守相关规定，确保国家安全工作经费的合理、合法、有效使用。

1. 中央和地方共同负担原则

维护国家安全是一种国家行为，其经费保障体系由中央政府与地方政府共同构建。中央政府作为核心力量，承担着国家安全工作经费的主要供给责任；而地方政府则需依据自身职责范围，合理分担相应的经费开支。中央和地方需紧密协作，基于国家安全工作的实际需求，进行科学规划与精准预

算，确保经费数额的合理性与充足性，并将国家安全工作经费明确纳入中央与地方的财政预算体系之中，以保障国家安全事业的稳健发展。

2. 高效使用和节约原则

在保障国家安全的前提下，国家安全工作经费应当根据各项任务的重要性和紧迫程度进行合理分配，以确保资源的最大化利用，保障经费使用的高效性和经济性。同时，各项经费使用都应当严格执行相关的制度和规定，坚持厉行节约，减少不必要的开支，杜绝浪费和经费滥用现象发生。

3. 突出重点原则

中央层面应抓住国家安全工作的主要矛盾问题，将维护国家安全的经费主要投入重点地区和重点领域，将经费使用在刀刃上，重点解决国家安全突出问题。

案例分析

案例

李某系中国农业大学教授，担任中国农业大学农业生物技术国家重点实验室（以下简称中国农大重点实验室）主任、中国农业大学生物学院李宁课题组（以下简称李宁课题组）负责人，还担任国家科技重大专项课题等多项课题负责人。自 2008 年 7 月至 2012 年 2 月，李某利用其管理课题经费的职务便利，伙同张某采取侵吞、虚开发票、虚列劳务支出等手段，贪污课题科研经费共计 3 410 万余元，其中贪污课题组其他成员名下的课题经费 2 092 万余元。上述款项均被李某、张某转入李某个人控制的账户并用于投资李某等参股、控股的多家公司。

2020 年 1 月 3 日，吉林省松原市中级人民法院公开宣判中国工程院院士、中国农业大学教授李某及同案被告人张某贪污一案，对被告人李某以贪污罪判处有期徒刑 12 年，并处罚金人民币 300 万元，对被告人张某以贪污罪判处有期徒刑 5 年 8 个月，并处罚金人民币 20 万元。[①]

---

① 中国工程院院士李宁案判决背后：科研经费中饱私囊触法 . [2024-05-25]. https://www.thepaper.cn/newsDetail_forward_5506443.

分析

国家安全工作的全面发展，既依赖于设备、器械、基础设施等硬件设施的投入与建设，也离不开人才培养、科技研发等软实力方面的投资与提升。随着科技兴国强国的政策推进，国家对全面贯彻科技创新发展和创新驱动作出了新部署，科研经费的投入逐年增大，科研人员违规违法套取科研经费的案件时有发生，“李某贪污科研经费案”是当前科技领域、教育领域腐败的现象之一。李某作为中国工程院院士，在所从事研究的领域内享有很高的知名度和巨大的影响力，其所实施的科研经费贪腐行为对整个科技领域、教育领域都敲响了警钟。本案的审理与认定对科技领域、教育领域腐败案件的侦办，以及科研活动中合理合法使用科研经费等都具有重要指导意义。科研经费属于财政资金，其属性是国有财产，必须按照规定由单位统筹管理，且要有严格的审批程序。对于用于特定科研项目的国家科研经费，既不能擅自改变用途用于其他个人项目，也不允许利用国家科研经费为个人项目买单。

关联法规

《反恐怖主义法》第 32 条,《国防动员法》第 6 条,《人民防空法》第 4 条,《人民武装警察法》第 26 条,《突发事件应对法》第 31 条,《传染病防治法》第 61 条,《动物防疫法》第 64 条。

习近平法治思想指引

财政是国家治理的基础和重要支柱，科学的财税体制是优化资源配置、维护市场统一、促进社会公平、实现国家长治久安的制度保障。

——习近平总书记关于《中共中央关于全面深化改革若干重大问题的决定》的说明

（2013 年 11 月 15 日）

第七十二条　承担国家安全战略物资储备任务的单位，应当按照国家有关规定和标准对国家安全物资进行收储、保管和维护，定期调整更换，保证储备物资的使用效能和安全。

条文解读

本条是关于承担国家安全战略物资储备任务的单位的职责的规定。

一、国家安全战略物资储备制度

战略物资储备是国家基于周密规划和审慎决策，在日常阶段有计划地构建的重要物质资料储存体系。这些物资对国计民生及国家安全具有深远的影响，旨在应对战争或各类突发事件，确保国民经济在各类情境下均能保持稳健运行，同时满足国家安全的基本需求。

二、承担国家安全战略物资储备任务的机构或单位

国家安全战略物资储备具有多元化的实施方式，以确保物资的稳定供应和国家的安全需求，包括国家储备、军队储备和企业储备。按照法律规定，具备国家规定的资格条件，经过相关部门的审核批准，承担战略物资储备任务的企业事业单位都可以作为承担国家安全战略物资储备任务的单位。这些单位包括国有企业、事业单位以及其他所有制单位，比如中国储备棉管理总公司、华商储备商品管理中心有限中心、中国储备粮管理集团有限公司等。

三、承担国家安全战略物资储备任务的单位的职责

（一）总体规划与设计

国家发展和改革委员会协同财政部等部门，拟定国家物资储备的发展规划，并由国务院进行审批。该规划对战略储备物资的种类、规格、数量及储备地点等作出了总体安排。同时，储备局建立监测预警制度，为国家战略物资储备工作提供决策支持。

（二）物资保管与维护

国家安全战略物资储备单位，要按照国家规定和标准，认真保管和维护储备物资，确保它们能够被有效地使用，并且安全可靠。这样，国家在

应对战争或其他军事威胁时，就能有足够的物资保障。以《中央储备粮管理条例》为例，该条例明确规定：承储企业必须保证入库的中央储备粮达到收购、轮换计划规定的质量等级，并符合国家规定的质量标准。承储企业还需要对中央储备粮进行专仓储存、专人保管、专账记载，确保中央储备粮的账目与实际情况相符，质量良好且储存安全。

（三）定期调整与更换

储备物资在储存期间，由于受到风吹日晒等自然力的作用，容易发生锈蚀、霉变等有形损耗，从而影响其使用价值；同时，由于科技进步、产品更新换代等原因，储备物资还会遭遇淘汰、报废等无形损耗。为了确保储备物资能够适应国家安全需要，必须按照国家规定和标准定期调整和更换储备物资。根据《中央储备粮管理条例》，中央储备粮实行均衡轮换制度，每年轮换的数量一般为中央储备粮储存总量的 20% 至 30%。

（四）保证效能与安全

《国防法》第 49 条明确规定，战略物资储备应当储存安全。《国家物资储备管理规定》要求：国家物资储备的安全保障工作遵循“安全第一、预防为主、综合治理”的方针。储备局应当建立健全安全责任、重大事项报告等安全保障工作制度，并负责对国家储备物资、储备仓库等的安全进行监督检查。国家物资储备仓库应当在地方政府的统一组织下，积极会同政府有关部门与周边村镇、街道、企业、事业单位成立保卫工作联防组织。国家物资储备仓库应当组织专职守卫力量开展守卫工作。符合武警部队内卫执勤任务范围规定的国家物资储备仓库，应当按照国家有关规定申请派驻武警部队进行守卫。

关联法规

《国防法》第 49 条，《国防动员法》第 33 条，《突发事件应对法》第 32 条，《国家物资储备管理规定》第 22 条，《中央储备粮管理条例》第 16 条。

案例分析

案例

2016年4月间，被告人周某先后三次采用破坏性手段盗窃中国人民解放军某部队油料转运站配电间内电缆线，致使配电间内的配电柜遭受破坏，配电间不能为库区油料转运输送泵房提供电力支撑，无法完成担负的战备油料转运任务。经鉴定，被盗电缆线共计价值人民币409元。法院认为，被告人周某明知是军事设施而予以破坏，其行为已构成破坏军事设施罪。鉴于周某系未成年人，认罪、悔罪态度较好，社会危害性较小，依法可以宣告缓刑。依照《中华人民共和国刑法》的相关规定，对周某以破坏军事设施罪判处有期徒刑8个月，缓刑1年。[①]

分析

周某破坏军事设施案，是近年来人民法院审理的一起典型危害国家安全犯罪案件。本案中，被告人周某盗窃油料转运站配电间内电缆线，且明知是军事设施而予以破坏，其行为不仅违反了法律规定，而且严重威胁了国家的军事安全。案件的依法审理，传递出国家安全不容侵犯的坚决态度：不管是谁，只要触犯了中华人民共和国法律，危害到了我国国家安全，都将依法追究其刑事责任。国家安全，人人有责，又必须人人负责、人人尽责。随着对总体国家安全观认识的不断深入，领导干部的国家安全意识显著增强，为国家安全机关防范、制止和惩治各类危害国家安全的违法犯罪活动提供了有力支持。

习近平法治思想指引

要加强国家战略物资储备制度建设，在关键时刻发挥保底线的调节作用。

——习近平总书记在中央经济工作会议上的讲话

（2021年12月10日）

第七十三条　鼓励国家安全领域科技创新，发挥科技在维护国家安全中的作用。

---

① 全民国家安全教育典型案例及相关法律规定 . [2024-06-23]. http://legal.people.com.cn/n1/2019/0415/c426440-31030492.html.

条文解读

本条是关于科技保障的规定。

党的二十大报告明确提出："完善科技创新体系，坚持创新在我国现代化建设全局中的核心地位。"保障国家安全，发挥科技的战略支撑作用非常重要。目前，涉及国家安全保障各个领域的法律法规都对科技创新提出了许多明确要求。

一、军事安全和国土安全领域的科技创新

按照《国防法》第五章的规定，我国要建立和完善国防科技工业体系，大力发展国防科研生产，目标是提供武装力量性能领先、质量靠谱、配套齐全、便于操作和维修的武器装备以及其他军用物资，满足国防建设的需求。在规划国防科技工业建设上，我国采用统筹规划的方法，保持适度的规模、专业的配套和合理的布局，提升国防科研生产能力。同时，国家积极促进国防科学技术的进步，加强高新技术的研究与开发，发挥高新技术在武器装备发展中的先导作用，增加技术储备，并组织研制新型武器装备。为了保障承担国防科研生产任务的企业事业单位的顺利运行，国家为其提供必要的保障条件和优惠政策等支持措施。

二、能源资源安全领域的科技创新

《节约能源法》对节能技术进步作出了明确规定。其第 57 条明确指出，县级以上各级人民政府应当将节能技术研究开发作为政府科技投入的重要领域，支持科研单位和企业开展节能技术应用研究，制定节能标准，研发节能共性和关键技术，推动节能技术创新与成果转化。第 58 条规定，国务院管理节能工作的部门会同有关部门制定并公布节能技术、节能产品的推广目录，引导用能单位和个人使用先进的节能技术、节能产品。同时，国务院管理节能工作的部门会同有关部门组织实施重大节能科研项目、节能示范项目、重点节能工程。这些规定强调了政府在推动节能技术进步方面的主导作用，引导企业和个人积极应用先进的节能技术，促进全社会节能水平的提升。

三、粮食安全领域的科技创新

根据《农业法》第七章，农业科技与农业教育在国家政策层面得到了高度重视。其中，国务院和省级人民政府需制定农业科技、农业教育发展规划，以推动农业科技、教育事业的发展。县级以上人民政府需按国家有关规定逐步增加农业科技经费和农业教育经费，以保障农业科技与教育的顺利实施。同时，社会各界也被鼓励和引导参与农业科技投入，包括农民、农业生产经营组织、企业事业单位等，以促进农业科技的发展和普及。

四、社会安全领域的科技创新

根据《突发事件应对法》第 36 条的规定，国家鼓励并扶持教学科研机构以及有关企业研究开发用于突发事件预防、监测、预警、应急处置与救援的新技术、新设备和新工具。此外，关于情报工作，《国家情报法》第 22 条规定，国家情报工作机构应当运用科学技术手段，提高对情报信息的鉴别、筛选、综合和研判分析水平。

五、生态安全领域的科技创新

根据《环境保护法》第 7 条的规定，国家支持环境保护科学技术研究、开发和应用，鼓励环境保护产业发展，促进环境保护信息化建设，以提高环境保护科学技术水平。

六、核安全领域的科技创新

根据《民用核安全设备监督管理条例》第 6 条第 2 款的规定，国家鼓励民用核安全设备设计、制造、安装和无损检验的科学技术研究，以提高安全水平。

案例分析

案例

李某利，原名李某祥，多年间表面上维持着“爱国商人”的形象，暗地里勾结西方反华势力，从事反中乱港活动。2016 年至 2019 年，李某利以现金或支票方式资助境外反华势力和反中乱港分子从事危害国家安全犯罪活动，共计 133 万余元。2019 年 11 月，李某利因资助危害国家安全的行为，被国家安全机关逮捕。广东省广州市中级人民法院一审以资助危害国家安全犯罪活动罪判处李某利有期徒刑十一年，并处没收个人财产 200 万元。广东省高级人民法院二审维持原判。[①]

分析

本案是危害国家安全犯罪的典型案例。经办李某利案的广东省国家安全厅干警评价：这是一起吃中国饭、砸中国碗的典型案件。“李某利之流，将这些钱财用于资助境外反华势力，支持反中乱港。他们的行为给香港的社会政治稳定，给我国的国家安全，造成了严重危害。”李某利资助境外反华势力和反中乱港分子从事危害国家安全犯罪活动，对我国政治安全造成极大危害，影响恶劣。国家安全乃国之大事。安而不忘危，存而不忘亡，治而不忘乱。有一小撮人，流淌着炎黄子孙的血脉，享受着中国经济高速发展的红利，却甘当内奸，充当“两面人”，暗中勾结西方反华势力，国家安全机关重拳出击，严厉打击此类危害国家安全的犯罪活动。本案依法惩治危害国家安全犯罪，体现了人民法院维护国家政治安全、制度安全、政权安全的坚定决心和有力作为。

关联法规

《国防法》第五章,《国家情报法》第 22 条,《突发事件应对法》第 36 条,《节约能源法》第 57、58 条,《农业法》第七章,《环境保护法》第 7 条,《民用核安全设备监督管理条例》第 6 条。

① 危害国家安全，被告人李某利获刑十一年 . [2024-06-23]. https://www.chinacourt.org/article/detail/2021/04/id/5978181.shtml.

习近平法治思想指引

重大科技创新成果是国之重器、国之利器，必须牢牢掌握在自己手上，必须依靠自力更生、自主创新。

——习近平总书记在北京大学考察时的讲话

（2018 年 5 月 2 日）

第七十四条　国家采取必要措施，招录、培养和管理国家安全工作专门人才和特殊人才。

根据维护国家安全工作的需要，国家依法保护有关机关专门从事国家安全工作人员的身份和合法权益，加大人身保护和安置保障力度。

条文解读

本条是关于专门人才、特殊人才保障的规定。

一、关于国家安全工作专门人才与特殊人才的招录

“专门人才”是指为契合国家安全工作的实际需要，经过一系列招录、培养、选拔和任用等严格流程，形成的一支具备专业职业素养、能够胜任相关专门工作的人才队伍。而“特殊人才”则是指在国家安全工作中，具备独特能力与卓越才干，对国家安全工作具有显著贡献和影响力的特殊人才资源。

二、国家安全工作专门人才、特殊人才的培养

国家安全人才培养工作应通过两方面进行：一是在国民教育体系中根据国家安全工作的需求设立相关专业，以培养国家安全所需的专业人才，适应国家安全形势的需求；二是完善对在职工作人员的培训和培养，建立符合国家安全工作特点的人事培养制度，使国家安全队伍能够适应不断发展和变化的国家安全工作任务需求。根据《国家情报法》的规定，国家应加强国家情报工作机构建设，并对人员进行特殊管理，给予特殊保障。《突发事件应对法》规定，国家鼓励和扶持具备相应条件的教学科研机构培养应急管理专门

人才。此外，《核安全法》规定，国家鼓励和支持核安全相关科学技术的研究、开发和利用，加强知识产权保护，注重对核安全人才的培养。

三、国家安全工作专门人才、特殊人才的管理

针对国家安全人才队伍的管理，涵盖干部职级设定、绩效评估、奖惩机制以及合理的退出流程，同时亦包含工作人员在履职过程中遭遇风险时的紧急营救与合理安置机制。《国家情报法》已明确规定，需建立健全一套完善的管理制度，以适应情报工作的特殊需求，这包括人员的录用、选调、考核、培训、待遇以及退出等各个环节。

案例分析

案例

赵某军是一名航天领域的科研人员，在赴国外大学做访问学者期间，被境外间谍情报机关人员一步步拉拢策反，出卖科研进展情况信息，严重危害我国国家安全。起初，对方只是约他吃饭出游、赠送礼物。随着双方关系拉近，对方不时向他询问一些敏感问题，并支付不菲的咨询费用。赵某军临近回国前，对方向他亮明了间谍情报机关人员身份，将赵某军策反。随后，该国间谍情报机关为赵某军配备了专用U盘和网站，用于下达任务指令和回传情报信息。赵某军访学结束回国后，在国内多地继续与该国间谍情报机关人员多次见面，通过当面交谈及专用网站传递等方式向对方提供了大量涉密资料，并以现金形式收受间谍经费。不久后，赵某军的间谍行为引起了国家安全机关注意。2019年6月，北京市国家安全机关依法对赵某军采取强制措施。2022年8月，人民法院以间谍罪判处赵某军有期徒刑7年，剥夺政治权利3年，并处没收个人财产人民币20万元。[①]

分析

近年来，随着我国航天技术的高速发展，航天领域日益成为境外间谍情报机关觊觎的对象。当前，中国公民出国学习、工作、旅游也越来越方便，

---

① 航天科研人员留学遭策反，向间谍提供大量核心要害情报 . [2024-06-23]. https://m.gmw.cn/2023-04/14/content_1303342779.htm.

境外间谍情报机关看准一些人出国后放松心理戒备的时机，趁机设置圈套陷阱，在给我国公民人身安全造成威胁的同时，也给我国国家安全和利益带来了风险隐患。国家安全机关坚持以总体国家安全观为指导，加快构建工作新格局，推动国家安全体系和能力现代化，陆续破获一大批危害国家安全重要案件，切实有效防范化解重大风险，坚定捍卫了国家主权、安全、发展利益。

关联法规

《突发事件应对法》第36条，《中国人民解放军文职人员条例》第35条，《核安全法》第10条，《反恐怖主义法》第75条。

习近平法治思想指引

人才是创新的第一资源，人才资源是我国在激烈的国际竞争中的重要力量和显著优势。创新驱动本质上是人才驱动，立足新发展阶段、贯彻新发展理念、构建新发展格局、推动高质量发展，必须把人才资源开发放在最优先位置，大力建设战略人才力量，着力夯实创新发展人才基础。

——习近平总书记在中央人才工作会议上的讲话

（2021年9月27日）

第七十五条　国家安全机关、公安机关、有关军事机关开展国家安全专门工作，可以依法采取必要手段和方式，有关部门和地方应当在职责范围内提供支持和配合。

条文解读

本条是关于国家安全专门工作手段的保障的规定。

一、国家安全专门工作可依法采取必要手段和方式

1. 采取必要手段和方式须以开展国家安全专门工作为前提

国家安全机关、公安机关、有关军事机关开展国家安全专门工作，是依

法采取必要手段和方式的前提和基础。国家安全专门工作，是指依据本法第42条，国家安全机关、公安机关、有关军事机关开展国家安全专门工作的职责，如：国家安全机关、公安机关依法搜集涉及国家安全的情报信息，依法行使侦查、拘留、预审、执行逮捕及法定其他职权；有关军事机关在国家安全工作中依法行使相关职权等。

2. 国家安全专门工作的手段和方式

国家安全专门工作的执行手段与方式涵盖两大类：一般手段与方式、特殊手段与方式。

第一，一般手段与方式指的是国家安全机关在依法履行职责过程中，所采取的一系列常规性、普遍性的执法活动，包括法律赋予的一般行政执法职权和刑事执法职权，如行政许可、行政处罚、行政强制等行政执法活动，扣押、搜查、讯问、询问、勘验、检查等刑事侦查措施以及拘传、取保候审、监视居住、拘留、逮捕等强制措施。

第二，特殊手段与方式是指，在面临国家安全领域的特殊需求或紧急情况时，当一般手段与方式不足以有效保障国家安全时，依法经过严格审批程序，由国家安全机关、公安机关及相关军事机关等特定部门所采用的特别工作方法和措施。例如，《反间谍法》第36条规定：国家安全机关发现涉及间谍行为的网络信息内容或者网络攻击等风险，如情况紧急，不立即采取措施将对国家安全造成严重危害的，国家安全机关可责令有关单位修复漏洞、停止相关传输、暂停相关服务，并通报有关部门。该法第37条规定：国家安全机关因侦察间谍行为的需要，根据国家有关规定，经过严格的批准手续，可以采取技术侦察措施。再如，《刑事诉讼法》规定对危害国家安全案件的证人、鉴定人采取特殊保护措施，对涉嫌危害国家安全案件的犯罪嫌疑人可采取指定居所监视居住及技术措施等。《人民警察法》规定，如在盘问或检查时，遇有拒捕、暴乱、越狱、抢夺枪支或者其他暴力行为的紧急情况可使用武器，对严重危害社会治安秩序的突发事件根据情况实行现场管制等。

二、相关部门和地方对国家安全专门工作的义务

维护国家安全是全社会的共同责任。本法11条规定，中华人民共和国

公民、一切国家机关、武装力量、各政党、各人民团体、企业事业组织和其他社会组织都有维护国家安全的责任和义务。国家安全工作不能脱离人民群众和社会环境而孤立开展，要坚持专门工作与群众路线相结合的原则，充分发挥专门机关和其他有关机关维护国家安全的职能作用，广泛动员公民和组织，防范、制止和依法惩治危害国家安全的行为。具体实践中，有关部门和地方提供的支持和配合可根据国家安全工作的实际需要来确定。具体而言，上述支持和配合的行为包括及时提供其履行职责中掌握的有关档案、资料、信息、数据，协助发现、调查、制止危害国家安全的行为，协助对支持国家安全工作人员及近亲属的保护，配合对国家安全工作人员的人身保护和安置保障措施，保守国家安全工作秘密等。

案例分析

案例

被告人吴某某，男，案发前系某机场航务与运行管理部运行指挥员。2020 年 7 月，被告人吴某某通过自己及其姐姐、哥哥等人的闲鱼账号在“闲鱼”软件承接跑腿业务，某间谍组织代理人“鱼总”通过“闲鱼”软件的自动回复号码搜索添加了被告人吴某某的微信。之后吴某某在金钱诱惑下被“鱼总”发展，并接受其要求吴某某提供政府机关重要人员到某机场的行程信息，被告人吴某某利用自己在该机场运行管理部担任运行指挥员的便利，多次刺探、截获政府机关重要人员的行程信息，并通过境外聊天软件发送给“鱼总”，共收取“鱼总”提供的间谍经费人民币 2.6 万余元。经鉴定，被告人吴某某为间谍组织代理人“鱼总”提供的信息涉 1 项机密级军事秘密，2 项秘密级军事秘密。最终，吴某某因犯间谍罪被判处有期徒刑十三年，剥夺政治权利四年。[①]

分析

上述案例中，吴某某作为机场航务与运行管理部运行指挥员，其本应具备较群众更为敏锐的维护国家安全意识，自觉抵制境外间谍情报机关的诱

---

① 最高人民检察院发布 4 起检察机关依法惩治危害国家安全犯罪典型案例之三：吴某某间谍案 . [2023-06-16]. https://www.pkulaw.com/pfnl/95b2ca8d4055fce1a2b301db216e4e3420b8f2fcbf812215bdfb.html?keyword=%E9%97%B4%E8%B0%8D&way=listView.

惑，却仅因小恩小惠而毫无底线地刺探贩卖国家秘密，可惜可叹可悲可恨！我国相关法律规定了安全防范重点单位应当建立反间谍安全防范的工作制度，履行反间谍安全防范工作等要求；对重点岗位的工作人员也开展了国家安全教育培训，并强调承担反间谍安全的防范职责，但存在一些参训人员认为培训“走过场”，把安全纪律要求当“耳旁风”，认为与己无关，维护国家安全意识极其淡薄同时又缺少坚定的理想信念，一旦被境外情报机构盯上后很快“束手就擒”的情况。作为国家机关工作人员，尤其是掌握关键情报和重要信息的领导干部，维护国家安全、保护国家秘密应警钟长鸣！

关联法规

《刑事诉讼法》第二章第八节，《国家安全法》第 9、11、39、40、42 条，《反间谍法》第 6 条、第三章、第四章，《反恐怖主义法》第 61、62 条，《国家情报法》第 20、23 条，《人民警察法》第二章、第五章、第 34、35 条，《出境入境管理法》第六章，《集会游行示威法》第 27 条，《军事设施保护法》第 42 条。

习近平法治思想指引

坚持发扬斗争精神，坚持并不断发展总体国家安全观，推动国家安全领导体制和法治体系、战略体系、政策体系不断完善，实现国家安全工作协调机制有效运转、地方党委国家安全系统全国基本覆盖，坚决捍卫了国家主权、安全、发展利益，国家安全得到全面加强。

——习近平总书记在二十届中央国家安全委员会第一次会议上的讲话（2023 年 5 月 30 日）

第七十六条　国家加强国家安全新闻宣传和舆论引导，通过多种形式开展国家安全宣传教育活动，将国家安全教育纳入国民教育体系和公务员教育培训体系，增强全民国家安全意识。

条文解读

本条是关于国家安全宣传教育保障的规定。

一、加强国家安全新闻宣传和舆论引导工作

当前，社会上对于国家安全的整体认知尚显薄弱，部分领导干部在应对国家安全领域的风险与挑战时，其认识深度与广度有待加强，广大社会公众在主动维护国家安全方面的意识与能力也较为薄弱。鉴于此，我们急需深入开展国家安全的宣传教育活动，广泛普及相关知识，并强化舆论引导工作，以有效提升全民国家安全意识和自我保护能力。首先，应坚定不移地秉持马克思主义新闻观，将其作为引领方向的核心原则，确保在国家安全领域的新闻宣传与舆论引导中，能够牢牢把握正确的思想方向，从而提升国家安全媒体宣传与舆论引导的时效性、权威性、公信力与影响力。其次，要大力提升舆论引导工作能力。一方面要充分保障群众的知情权、参与权、表达权、监督权；另一方面领导干部要扬正气、通民意，不断提升在数字社会背景下应对处理网络舆情的能力。最后，面对热点问题，国家安全宣传工作应从群众关注的问题入手，着力解决源头矛盾，创新工作方式方法，提高时效性，增强透明度，营造和谐稳定的舆论氛围。

二、丰富国家安全宣传教育工作的形式和途径

国家机关、武装力量、各政党、社会团体、企业事业组织及其他社会组织均应在国家安全宣传教育工作中各尽其责，积极组织并开展针对本部门、本单位以及面向全社会的宣传教育活动。广大党员，尤其是党的领导干部，应发挥先锋模范作用，率先垂范，深入学习国家安全相关知识，并以此为契机，引领并推动多样化的国家安全宣传教育活动蓬勃开展。一是采用群众喜闻乐见的形式与手段，通过小视频等线上媒介推动国家安全宣传教育，使国家安全教育入脑入心；二是在国家安全教育的内容上，选取与群众日常生活联系密切的具体事件，避免“假大空”和填鸭式的说教，增强宣传教育工作的针对性和生动性；三是借助全民国家安全教育日，开展系列活动，及时公布危害国家安全的典型犯罪案例，积极引领广大人民群众对国家安全工作形势形成全面而准确的认识，增强其维护国家安全的主动性与积极性。

三、将国家安全教育纳入国民教育和公务员培训体系

加强国家安全教育，是国家安全的固本之策与经久之计。面对波谲云诡的动荡国际局势，进行深入、广泛的全民国家安全教育迫在眉睫。国民教育体系作为国家教育制度的核心框架，涵盖了从学前教育至高等教育的各个正规学校教育阶段，形成了一个完整而系统的教育层级链条。这一体系包括基础性的学前教育、小学教育、初中教育、高中教育与高等教育等不同层级，在类型上可区分为普通教育与职业教育。要在坚持总体国家安全观的基础上，构建大安全格局下全方位、全过程、全阶段的国民安全教育体系。要不断推进国家安全一级学科建设，实施循序渐进的国家安全人才培养计划，与时俱进优化国家安全教育教材，充分发挥中国特色新型高校国家安全智库的谏言作用，不断提升国家安全教育的理论与实践质效，才能实现“人民有信仰，国家有力量，民族有希望”的安全目标。

本法第 43 条规定，国家机关及其工作人员在履行职责时应维护国家安全，应严格依法履职，不得超越和滥用职权，不得侵犯个人和组织的合法权益。将国家安全教育纳入公务员培训体系，有利于提高公务员的履职能力，培养自觉维护国家安全的意识和工作原则。为构建系统、全面的公务员培训体系，应根据培训公务员的职级、工作内容、业务领域、行业特色制定不同的培训内容，做到理论联系实践，紧密贴合工作特点，兼顾灵活性、实用性和趣味性。

案例分析

案例

云南省某省直机关工作人员、副高级工程师黄某，在情感和金钱的双重诱惑下丧失底线和原则，不仅自己被境外间谍情报机关人员拉拢策反，还将丈夫李某伟拉下水，最终夫妻双双被判间谍罪，锒铛入狱。

处心积虑地设计　不期而遇的“邂逅”

一天，黄某收到境外一所知名大学硕士研究生的录取通知，怀揣着对美好未来的憧憬，独自踏上了异国他乡的求学之旅。与此同时，境外间谍徐某，通过黄某的求学信息了解到其职业和国内工作单位，并掌握了其家庭情况。在黄某留学期间，徐某把自己伪装成一位风度翩翩、温文尔雅的“完美

先生”，声称自己是做海外投资政策研究的学者，希望获取一些我国经济类、政策性文件作为参考，还可以支付一定报酬。黄某想到能帮朋友的忙，又能赚点外快，便在一次回国探亲时顺便收集了一些资料准备带出境给徐某。

突如其来的车祸　彻底沦陷的“助攻”

不料，黄某在返程途中遭遇了车祸，导致左手手臂骨折，性格执拗的黄某执意继续她的学业。这时，徐某加大了对她的感情拉拢，每天百倍殷勤，安排保姆全程照顾，并亲自陪伴黄某做康复理疗。在徐某的百般呵护和一系列金钱诱惑、感情拉拢下，黄某掉入了“温柔陷阱”，接受了这个在异国他乡的“情人”。

交往中，徐某得知黄某的丈夫李某伟正在云南省某县挂副县长，就向黄某提出，是否也请其丈夫帮忙搜集一些工作中接触的内部文件。而此时的黄某虽然已经对徐某的真实身份心存疑虑，但感情上已经彻底沦陷，便欣然应允。

艰难维系的婚姻　违法犯罪的“借口”

黄某回国探亲时，告知丈夫李某伟，自己在境外认识了研究中国政策的学者，需要一些内部材料作为参考。为了维系原本不佳的夫妻关系，李某伟虽然有所怀疑，但没有拒绝黄某的要求，反而在日后的工作中将接触到的涉密文件资料偷偷复印交给黄某，黄某再将这些资料通过行李托运携带出境，卖给境外间谍情报机关人员。随着徐某需要的资料涉密程度越来越高，李某伟对他境外间谍的身份已心知肚明，但依然睁一只眼闭一只眼地搜集情报维系着脆弱的夫妻感情。

金钱情感的裹挟　分工协作的“默契”

黄某毕业前夕，徐某向其公开了自己境外间谍情报机关工作人员身份，还专门对她进行了间谍培训，并为其配备了相机和伪装加密软件。同时，徐某给黄某明确下达了搜集涉密红头文件的任务。在金钱诱惑和感情拉拢下，夫妇二人将工作中接触到的涉密文件擅自带回家中。两人分工协作，李某伟负责对涉密文件进行拍照，黄某则负责将照片伪装加密后拷入U盘，并伺机出境与境外间谍情报机关人员进行交接。

不可饶恕的罪行　无法逃脱的“法网”

法网恢恢，疏而不漏。2019年4月，国家安全机关依法对黄某、李某伟采取刑事强制措施；2020年5月，黄某因犯间谍罪被判处有期徒刑10年，剥夺政治权利10年；李某伟因犯间谍罪被判处有期徒刑3年，剥夺政治权利3年。本案中，黄某、李某伟为谋取个人私利，漠视国家法律法规，为境外间谍情报机关收集情报。二人心存侥幸，错过了从轻、减轻处罚的机会，在违法犯罪的道路上越走越远，给国家安全造成了无法挽回的损失，最终受到法律的严惩。[①]

分析

近年来，随着我国综合国力的不断提升，反间谍斗争形势日趋激烈。我国党政军机关、军工企业、科研院所等核心岗位涉密人员及高校师生是境外间谍情报机关开展情报搜集、渗透窃密的重点目标。他们通过情感拉拢、诱蚀腐化、金钱收买、提供帮助等多种手段、千方百计拉拢策反机关干部、科研人员、赴境外工作人员甚至是华人华侨，对我国国家安全构成严重威胁。广大人民群众务必擦亮双眼、提高警惕，提升国家安全意识和素养，筑牢维护国家安全的钢铁长城。4月15日是我国设立的全民国家安全教育日。推进全民国家安全教育，不仅是当今新型国内外环境下的迫切需求，也是每位领导干部的重要工作内容之一。

对于如何开展国家安全教育，《国家安全法》提纲挈领地规划了四条路径：第一，要加强国家安全新闻宣传和舆论引导。第二，将国家安全教育纳入国民教育体系。第三，将国家安全教育纳入公务员教育培训体系。将全民国家安全教育纳入各级党校、行政学院等教育培训体系，纳入领导班子和领导干部考评体系。第四，实现国家安全教育的常态化和全覆盖。推进全民国家安全教育是多层次、多维度的，与铸牢中华民族共同体意识教育、传承中华优秀传统文化、弘扬社会主义核心价值观等目标一致、内容相通。中华民族共同体意识是国家统一之基、民族团结之本、精神力量之魂。要增进全民对伟大祖国、中华民族、中华文化、中国共产党、中国特色社会主义的认同。要坚定全民文化自信，将中华民族发展史、中华优秀传统文化、历史文化遗产等作为重要内容；并充分发挥历史文化遗产等的教育功能。与此同时，要将全民国家安全教育与民众的工作生活紧密结合。要杜绝填鸭式的灌输和空洞的口号，在我国悠久的文化和历史中挖掘出民众看得见摸得到、与

① 警惕境外间谍的“温柔陷阱”！. [2024-05-23].https://mp.weixin.qq.com/s/PFene_UoQb3Wayd3QSF_4g.

民众生活联系密切的故事，润物无声地激发民众的国家情怀和民族认同。同时，要进一步加强全民国家安全教育的顶层设计，形成一以贯之的国家安全教育体系，构建全阶段、全方位、全过程、全系统的全民国家安全教育体系。

关联法规

《反间谍法》第13条,《国防教育法》有关条文,《公务员法》第十章,《国家安全法》第14、43条。

习近平法治思想指引

国际话语权是国家文化软实力的重要组成部分。尽管我们在提高国际话语权方面取得了重要进展，但同西方国家相比，我们还有不小差距。应该承认，对国际话语权的掌握和运用，我们总的是生手，在很多场合还是人云亦云，甚至存在舍己芸人现象。要精心构建对外话语体系，发挥好新兴媒体作用，增强对外话语的创造力、感召力、公信力，讲好中国故事，传播好中国声音，阐释好中国特色。

——习近平总书记在十八届中央政治局第十二次集体学习时的讲话（2013年12月30日）

第六章　公民、组织的义务和权利

导　学

我国《宪法》第 54 条规定了中华人民共和国公民有维护祖国的安全、荣誉和利益的义务，不得有危害祖国的安全、荣誉和利益的行为。《国家安全法》同样强调公民和组织维护国家安全的义务和责任。同时，《国家安全法》也注重保护公民、组织在维护国家安全中的权利，包括公民、组织在国家安全工作中，享有申请人身保护的权利，获得补偿和抚恤优待的权利，面对国家机关及其工作人员提出申诉、控告和检举的权利等。本章对公民和组织在维护国家安全方面应当主动履行的七项具体义务和必须履行两项禁止性义务作出规定。《宪法》第 54 条、55 条规定了公民维护国家安全的义务，《国家安全法》将此项义务细化为了公民和组织两个主体。《国家安全法》第 77 条第 2 款规定了公民和组织在维护国家安全方面应当履行的七项积极义务和应遵循的两项消极义务，即禁止性义务。积极义务，是指依照法律的相关规定，行为人应当主动为一定的行为，以促成受法律保护的特定或不特定权利人的合法权益实现。消极义务，是指依照法律的相关规定，行为人应当不为法律规定的禁止性行为，以保证由法律保护的权利或利益不受侵犯或损害。领导干部应根据工作需要，学习国家安全相关法律，统筹发展和安全，提高运用法律武器防范化解重大风险的能力，增强依法斗争的本领；在履职过程中，认识到法定职责必须为、法无授权不可为，与危害国家安全的行为作坚决斗争。

第七十七条　公民和组织应当履行下列维护国家安全的义务：

（一）遵守宪法、法律法规关于国家安全的有关规定；

（二）及时报告危害国家安全活动的线索；

（三）如实提供所知悉的涉及危害国家安全活动的证据；

（四）为国家安全工作提供便利条件或者其他协助；

（五）向国家安全机关、公安机关和有关军事机关提供必要的支持和协助；

（六）保守所知悉的国家秘密；

（七）法律、行政法规规定的其他义务。

任何个人和组织不得有危害国家安全的行为，不得向危害国家安全的个人或者组织提供任何资助或者协助。

条文解读

本条是关于公民和组织维护国家安全方面义务的规定。

一、公民和组织应当履行下列维护国家安全的义务

（一）遵守宪法、法律法规关于国家安全的有关规定

公民应积极主动地全面了解宪法、法律法规关于国家安全的规定，在准确理解的基础上，提高认识，自觉遵守，履行维护国家安全的相关义务。与此同时，公民和组织应主动参与党政机关、专门的普法机构以及单位、社区、学校组织的宣传教育活动，提高认识，增强遵守宪法、法律、法规的自觉性。

（二）及时报告危害国家安全活动的线索

危害国家安全的行为一般都具有隐蔽性，因此，专门的国家安全机关需要依靠群众提供关于可能危害国家安全行为的线索，公民和组织也应当积极、主动地向国家安全机关报告相关线索，以及时制止违法行为，增强专门国家安全机关侦查危害国家安全活动的能力。例如《反间谍法》第 16 条规

定："公民和组织发现间谍行为，应当及时向国家安全机关报告。"因此，领导干部应明确在工作职能范围内所涉岗位的特殊性，以及关涉国家安全的岗位职责，更应严格履责，如察觉可能危害国家安全的行为，应及时向相关部门报告。

（三）如实提供所知悉的涉及危害国家安全活动的证据

公民或组织在履行报告危害国家安全的线索时，应如实提供相关证据。其要求包括三点：第一是应如实汇报，实事求是地提供知悉内容。第二，相关的证据应指向其在认知范围内所知晓并熟悉的关涉国家安全的活动，第三，提供的证据应是涉及危害国家安全、且符合证据特性的材料。

（四）为国家安全工作提供便利条件或者其他协助

公民和组织应配合专门的国家机关开展维护国家安全的工作，并提供便利条件和协助。提供便利条件，包括使执行国家安全任务的机构和人员进入特定场所、使用特定工具、查阅必要材料，也包括拆除各种妨碍国家安全工作的设施设备、停止影响国家安全工作的行为、暂时中断与外界的联系。例如：努力配合国家安全机关在国家安全工作中职权的落实；限制进入的地区、场所、单位应当为国家安全机关依法进入提供方便；铁路、民航、航运等交通工作部门应当尽可能为执行任务的国家安全机关工作人员优先乘坐交通工具提供方便；交通管理部门应当保证国家安全机关必要时的优先通行；对国家安全机关需要优先使用机关团体、企业事业组织和个人的交通工具、通信工具、场地和建筑物时，尽量予以协助；对国家安全机关查验组织和个人的电子通信工具、器材等设备设施时予以配合；海关、边防等检查机关对国家安全机关的免检请求，依法免于检验；等等。

（五）向国家安全机关、公安机关和有关军事机关提供必要的支持和协助

公民和组织有直接配合和协助专门国家安全机关开展国家安全工作的义务。被赋予特定任务的公民和组织必须要认真履行这一义务，相关单位及组织应当无条件给予支持和协助。如《反间谍法》第8条规定："任何公民和组织都应当依法支持、协助反间谍工作，保守所知悉的国家秘密和反间谍工作秘密。"

（六）保守所知悉的国家秘密

国家秘密是关系国家安全和利益，依照法定程序确定，在一定时间内只限一定范围的人员知悉的事项。根据《保守国家秘密法》《刑法》的相关规定，国家秘密受法律保护，违反保密规定、泄露国家秘密的行为将受到法律追究。

（七）法律、行政法规规定的其他义务

本项为兜底性条款，公民和组织在维护国家安全方面具有广泛的法律义务，需要与时俱进地调整义务的范围；同时，公民和组织需认真履行各项法律义务。

二、任何个人和组织不得有危害国家安全的行为，不得向危害国家安全的个人或者组织提供任何资助或者协助

本款规定了公民和组织必须遵守的两项禁止性条款，包括：不得有危害国家的行为，不得向危害国家安全的个人或者组织提供任何资助或者协助。禁止性条款是以消极义务为内容的“勿为”模式，如果不能履行此项消极义务而从事危害国家安全的行为，将被依法追究法律责任。根据《刑法》第102、103、104、105、107条的规定，资助危害国家安全犯罪活动罪，是指境内外机构、组织或者个人资助实施背叛国家、分裂国家、煽动分裂国家、武装叛乱、暴乱、颠覆国家政权、煽动颠覆国家政权的行为。这些行为都是对国家安全具有重大危害的犯罪，对这些危害国家安全的犯罪活动进行资助，实际上就是帮助犯。资助行为与被资助的危害国家安全犯罪活动侵害的目标是一致的，都是国家安全。

案例分析

案例

近期，国家安全机关经缜密侦查，破获一起英国秘密情报局（MI6）策反某中央国家机关工作人员王某某、周某夫妇的重大间谍案件。

2015年，王某某申请参加中英交流项目赴英留学，MI6看重其核心涉密岗位，迅速操作批准其申请。王某某抵英后，MI6特意安排有关人员对其特殊关照，邀请吃饭聚餐、参观游览，设法了解其性格弱点和爱好需求。

在掌握王某某有较强金钱欲望后，MI6派遣人员以校友名义在校园内与其结识，声称可提供咨询兼职的机会，并可给付高额报酬。王某某在金钱利诱下，答应从事有偿咨询。英方以公开研究项目切入，逐步涉及中央国家机关内部核心情况，支付的报酬明显高于正常咨询费数倍。王某某对此虽有所警觉，但在大额金钱诱惑下，仍继续为英方提供所谓"咨询"服务。

经过一段时间后，英方评估认为条件成熟，便转介MI6人员对王某某亮明身份，要求其为英国政府服务，并允诺更高报酬和安全保障。王某某为谋求利益，答应了英方要求，履行了参谍手续。MI6对王某某进行了专业的间谍培训，指挥其回国潜伏，搜集涉华重要情报。

王某某的妻子周某也在某核心要害单位工作，MI6在认为已将王某某套牢的基础上，多次要求将其妻也一同拉下水，并允诺提供双倍报酬。王某某虽有所犹豫，但经不住英方反复劝说、利诱甚至威逼胁迫，最终同意。周某在王某某极力策动下，答应为英方搜集情报。至此，王某某夫妇一同沦为英方间谍。

国家安全机关经缜密侦查，在掌握扎实证据后，果断采取措施，对王某某夫妇依法审查，一举挖出英方在我内部安插的重要"钉子"[①]。

分析

案例中的王某某、周某夫妇，身为原中央国家机关工作人员，本应更加积极地履行维护国家安全的义务，严格地保守所知悉的国家秘密，对于不正常的拉拢行为，保持高度的警惕心理，王某某在意识到英方的行为存在问题时，本应及时向国家安全机关报告，但其并没有及时地悬崖勒马，反而越陷越深，最终沦为英方的间谍，对国家安全造成严重危害。西方国家正是利用了人性的弱点，对我国留学人员进行了策反，这种心理战是美西方国家惯用的手段，我国的国家安全机关会果断采取措施予以识破并采取相关措施。

---

① 国家安全机关又破获一起英国MI6重大间谍案．[2024-06-03].https://www.chinacourt.org/article/detail/2024/06/id/7969474.shtml.

关联法规

《宪法》第 33、52、53、54 条，《反间谍法》第 4、6、21、22、23 条，《反恐怖主义法》第 8、9 条。

习近平法治思想指引

反恐怖斗争事关国家安全，事关人民群众切身利益，事关改革发展稳定全局，是一场维护祖国统一、社会安定、人民幸福的斗争，必须采取坚决果断措施，保持严打高压态势，坚决把暴力恐怖分子嚣张气焰打下去。要建立健全反恐工作格局，完善反恐工作体系，加强反恐力量建设。要坚持专群结合、依靠群众，深入开展各种形式的群防群治活动，筑起铜墙铁壁，使暴力恐怖分子成为“过街老鼠、人人喊打”。

——在十八届中央政治局第十四次集体学习时的讲话

（2014 年 4 月 25 日）

第七十八条　机关、人民团体、企业事业组织和其他社会组织应当对本单位的人员进行维护国家安全的教育，动员、组织本单位的人员防范、制止危害国家安全的行为。

条文解读

本条是关于单位对本单位的人员进行国家安全教育和动员，组织单位人员防范、制止危害国家安全行为的法律义务的规定。《反间谍法》第 12 条第 1 款规定：“国家机关、人民团体、企业事业组织和其他社会组织承担本单位反间谍安全防范工作的主体责任，落实反间谍安全防范措施，对本单位的人员进行维护国家安全的教育，动员、组织本单位的人员防范、制止间谍行为。”这是《反间谍法》对《国家安全法》第 78 条的继承。另外，《国防教育法》第二章、第三章对学校国防教育和社会国防教育也提出了要求。

在大中小学安全教育领域，2020 年，教育部印发《大中小学国家安全教育指导纲要》对大学阶段国家安全教育目标作了明确规定。同时，国家安全教育已逐渐融入中小学教育当中，各地中小学根据需要开设了地方课程和校本课程，国家安全教育取得了实效。此外，相关法律对单位在各个领域开展国家安全教育、承担动员义务都作出了较为详细的规定。领导干部在开展相关工作过程中，需要根据单位工作职权范围有针对性地开展维护国家安全的主题教育活动。

事例分析

事例

【香港举办国家安全常识挑战赛】2023 年 12 月 3 日，由香港特别行政区政府律政司、保安局、教育局及香港善德基金会共同举办的“全港学界国家安全常识挑战赛”在香港特别行政区举行启动礼。超过 10.2 万名学生参加网上初赛。[①]《香港特别行政区维护国家安全法》第 10 条规定：香港特别行政区应当通过学校、社会团体、媒体、网络等开展国际安全教育，提高香港特别行政区居民的国家安全意识和守法意识。

【第八个全民国家安全教育日】2023 年 4 月 15 日是第八个全民国家安全教育日。4 月 12 日，重庆市“争当红岩先锋·维护国家安全”青少年大课堂在巴蜀中学开课，现场近 1 000 名师生以及视频连线渝中区 8 所中小学校的近 3 万名师生共同学习总体国家安全观。2023 年全民国家安全教育日的活动主题是：贯彻总体国家安全观，增强全民国家安全意识和素养，夯实以新安全格局保障新发展格局的社会基础。[②]

分析

2015 年 7 月 1 日，第十二届全国人大常委会第十五次会议通过《国家安全法》，将每年 4 月 15 日确定为全民国家安全教育日。2024 年是习近平总书记提出总体国家安全观 10 周年，4 月 15 日是第九个全民国家安全教育日，活动主题是“总体国家安全观·创新引领 10 周年”，其同时也是香港特别行政区完成基本法第 23 条立法后的首个全民国家安全教育日。目前我国已经形成了多层次、全领域的国家安全教育的新局面，但是在教育内容、教育模式等方面还存在一系列的不足和问题。国家安全教育是一项系统性、长

---

① 香港全港学界国家安全常识挑战赛举行颁奖典礼 . [2024-02-27]. http://www.locpg.gov.cn/jsdt/2024-02/27/c_1212336594.htm.

② 重庆市“国家安全宣传月”活动丰富多样 全市“争当红岩先锋·维护国家安全”青少年大课堂开课 . [2023-04-13]. http://admin.cq.gov.cn/ywdt/jrcq/202304/t20230413_11870609.html.

期性、战略性的工作，需要全社会的共同参与和支持。

关联法条

《反间谍法》第19条，《国防教育法》第5条，《反恐怖主义法》第17、18、19条，《网络安全法》第19条。

习近平法治思想指引

各地区各部门要贯彻总体国家安全观，准确把握我国国家安全形势变化新特点新趋势，坚持既重视外部安全又重视内部安全、既重视国土安全又重视国民安全、既重视传统安全又重视非传统安全、既重视发展问题又重视安全问题、既重视自身安全又重视共同安全，切实做好国家安全各项工作。要加强对人民群众的国家安全教育，提高全民国家安全意识。

——习近平总书记在十八届中央政治局第十四次集体学习时的讲话

（2014年4月25日）

第七十九条　企业事业组织根据国家安全工作的要求，应当配合有关部门采取相关安全措施。

条文解读

本条是关于企业事业组织配合有关部门维护国家安全的一项特定法律义务。从本条可以看出，一般企业事业组织负有配合专门国家安全机构开展特定项安全措施、防止出现安全隐患和风险的义务，同时也负有与专门国家安全机构配合、合作的特殊义务。其旨在保证专门的国家安全机构维护国家安全的整体能力，同时，《国家安全法》也通过各项措施对调动有关部门采取相关安全措施履行法律义务的主动性和积极性提供了激励机制，例如，本法第12条规定："国家对在维护国家安全工作中作出突出贡献的个人和组织给予表彰和奖励。"

案例分析

案例

2022年6月，西北工业大学发布“公开声明”称，西北工业大学电子邮件系统遭受网络攻击，有来自境外的黑客组织和不法分子向该校师生发送包含木马程序的钓鱼邮件，企图窃取相关师生邮件数据和公民个人信息。2022年9月5日，国家计算机病毒应急处理中心发布《西北工业大学遭美国NSA网络攻击事件调查报告（之一）》称，国家计算机病毒应急处理中心和360公司联合组成技术团队（以下简称“技术团队”），全程参与了此案的技术分析工作。技术团队先后从西北工业大学的多个信息系统和上网终端中提取到了多款木马样本，综合使用国内现有数据资源和分析手段，并得到了欧洲、南亚部分国家合作伙伴的通力支持，全面还原了相关攻击事件的总体概貌、技术特征、攻击武器、攻击路径和攻击源头，初步判明相关攻击活动源自美国国家安全局（NSA）“特定入侵行动办公室”（Office of Tailored Access Operation）。本次报告的分析成果，揭露了美国NSA长期以来针对包括西北工业大学在内的中国信息网络用户和重要单位开展网络间谍活动的真相。在本案例中，相关单位履行了直接配合和协助专门国家安全机关开展国家安全工作的义务。①

分析

此次调查报告披露，美国国家安全局（NSA）利用大量网络攻击武器，针对我国各行业龙头企业、政府、大学、医疗、科研等机构长期进行秘密黑客攻击活动。调查报告全面还原了数年间美国国家安全局（NSA）利用网络武器发起的一系列攻击行为，打破了一直以来美国对我国的单向透明优势，为世界各国有效防范抵御美国国家安全局（NSA）后续网络攻击行为提供了有力借鉴。

关联法规

《反恐怖主义法》第78条，《网络安全法》第47、48、49条，《个人信息保护法》第51条。

---

① 详情公布！西北工业大学遭美国国家安全局网络攻击. [2023-12-09].https://baijiahao.baidu.com/s?id=1743105570480063357&wfr=spider&for=pc.

习近平法治思想指引

要依法加强对大数据的管理。一些涉及国家利益、国家安全的数据，很多掌握在互联网企业手里，企业要保证这些数据安全。企业要重视数据安全。如果企业在数据保护和安全上出了问题，对自己的信誉也会产生不利影响。

——习近平总书记在网络安全和信息化工作座谈会上的讲话

（2016 年 4 月 19 日）

第八十条　公民和组织支持、协助国家安全工作的行为受法律保护。

因支持、协助国家安全工作，本人或者其近亲属的人身安全面临危险的，可以向公安机关、国家安全机关请求予以保护。公安机关、国家安全机关应当会同有关部门依法采取保护措施。

条文解读

"以人民为宗旨"是《国家安全法》的一个亮点。《国家安全法》第 1 条就强调了"保护人民的根本利益"的立法宗旨，第 3 条强调了"以人民安全为宗旨"的总体国家安全观内涵，第 7 条在总体国家安全观内涵中强调了"尊重和保障人权，依法保护公民的权利和自由"，第 16 条规定："国家维护和发展最广大人民的根本利益，保卫人民安全，创造良好生存发展条件和安定工作生活环境，保障公民的生命财产安全和其他合法权益。"这些规定体现了维护国家安全要坚持以民为本、以人为本，坚持一切为了人民、一切依靠人民的立法理念。本条明确了公民和组织支持、协助国家安全机关的行为受法律保护。习近平总书记在党的二十大报告中强调：只有坚持国家安全一切为了人民、一切依靠人民，才能构筑坚不可摧的人民防线，打赢维护国家安全的人民战争。要汇聚国家安全力量，坚持把党的群众路线贯穿国家安全工作始终，把人民群众作为维护国家安全的主体力量，把维护国家安全作为全社会的共同责任，不断夯实社会基础，汇聚形成强大合力，确保国家安全全民共建、全民共享。因此，国家安全工作的开展，不仅要依靠国家安全机关依法履行职责，也要充分发挥全社会维护国家安全的积极性，鼓励和保护公民和组织对国家安全工作的开展予以协助，同时免除其后顾之忧，对其行为予以必要的法律保护，对其人身安全和财产安全采取必要的保护措施。此处的“支持、协助”包括两种情形：一种是根据《国家安全法》履行支持和协助的义务，另一种是根据其他法律规定，履行相关义务，包括及时报告危害国家安全活动线索，如实提供所知悉的危害国家安全活动的证据，为国家安全工作提供便利条件或协助，向国家安全机关、公安机关、有关军事机关提供支持和协助。

本条第 2 款规定，公民可以向公安机关、国家安全机关请求予以保护，相关部门应依法采取保护措施。请求保护的前提是“公民因支持、协助国家安全工作，本人或近亲属人身安全面临危险”，危险包括：被胁迫、被威胁、面临打击报复或者在境外人身自由和基本权利受到威胁等现实危险。相关部门采取何种保护措施应根据公民人身安全现实危险的情况而定。保护措施包括：（1）不公开姓名、住址和工作单位等个人信息，可以在起诉书、询问笔录等法律文书、证据材料中使用化名。但是应当另行书面说明使用化名的情况并标明密级，单独成卷。（2）需要公民作为证人出庭作证的，建议法庭采取不暴露外貌、真实声音等出庭作证措施。（3）禁止特定的人员接触证人、鉴定人、被害人及其近亲属。（4）对人身和住宅采取专门性保护措施。（5）根据公民面临人身安全危险的实际程度、具体情况和客观条件等，采取必要的保护措施。

案例分析

案例

2018 年 11 月 28 日，记者获悉，银川市西夏区法院积极探索证人出庭作证保护机制，利用信息化技术手段建成全市首家“隐身”证人作证室，有效保护刑事案件庭审证人、鉴定人、侦查人员出庭作证时的身份信息安全，打消了出庭作证人员的疑虑，有效促进和激励证人出庭作证。证人作证室位于该院刑事法庭南侧，与法庭一墙之隔，将证人与法庭在物理空间上完全隔绝开来，证人可以通过作证室内的庭审现场视频清晰地看到庭审全过程，并与审判人员、公诉人、辩护人及被告人进行隔空对话。庭审现场除法官之外的其他人面前呈现的是经过马赛克处理的证人图像，经过人声变音系统处理的声音。此举使证人在自身得到保护的同时，进一步还原案件真相，真正做到诉讼证据质证在法庭、案件事实查明在法庭。[①]

分析

《人民检察院刑事诉讼规则》第79条规定："人民检察院在办理危害国家安全犯罪、恐怖活动犯罪、黑社会性质的组织犯罪、毒品犯罪等案件过程中，证人、鉴定人、被害人因在诉讼中作证，本人或者其近亲属人身安全面临危险，向人民检察院请求保护的，人民检察院应当受理并及时进行审查。对于确实存在人身安全危险的，应当立即采取必要的保护措施。"案例中银川市西夏区法院积极探索的证人出庭作证保护机制，是保护证人合法权益的一种法律制度的创新，也是将庭审实质化改革工作推向深入的举措。这是以法律的形式为公民和组织支持、协助国家安全工作的行为提供了保护。

关联法条

《刑事诉讼法》第63条，《反恐怖主义法》第76条，《反间谍法》第7条，《国家情报法》第23条。

习近平法治思想指引

前进道路上，全党要坚持全心全意为人民服务的根本宗旨……始终保持同人民群众的血肉联系，始终接受人民批评和监督，始终同人民同呼吸、共命运、心连心。

——习近平总书记在省部级主要领导干部"学习习近平总书记重要讲话精神，迎接党的二十大"专题研讨班上的重要讲话（2022年7月26日）

第八十一条　公民和组织因支持、协助国家安全工作导致财产损失的，按照国家有关规定给予补偿；造成人身伤害或者死亡的，按照国家有关规定给予抚恤优待。

---

① 证人可"隐身"出庭隔空对话. [2023-12-09]. http://www.ycxixia.gov.cn/zxdt/bmdt/201811/t20181129_1184984.html.

条文解读

本条明确公民或组织因支持、协助国家安全工作而受到财产损失或人身伤害时，国家应给予补偿和抚恤优待。本条的目的是对个人或组织积极履行国家安全义务的行为给予法律上的有效保障。对经济损失的补偿，体现了我国宪法对公民合法私有财产保护的原则；对人身伤害或死亡给予抚恤优待体现了法律上的公平和公正原则，以及公民获得物质帮助的权利。其中有两个概念应予以区分。国家补偿是指国家机关及其工作人员在行使职权过程中，因其合法行为给公民、法人或其他组织造成了特别损失，国家对其予以补偿的制度。国家赔偿是指国家机关及其工作人员违法行使职权，侵犯公民、法人和其他组织的合法权益并造成损害，由国家承担责任对受害人予以赔偿的制度。两者存在性质上的不同：国家补偿的根本属性在于国家对特定受害的公民、法人或其他组织予以损失的填补，旨在对因公共利益遭受特别损失的公民、法人或者其他组织提供补救，以体现其与普通公众间的利益平衡 。国家赔偿制度中有追偿制度，在国家赔偿了受害人的损失后，要向有故意或重大过失的作出违法行为的国家机关工作人员进行追偿，而国家补偿制度中没有相关追偿制度。

第一，公民或组织遭受财产损失的，国家应予以补偿的相关法律规定。《宪法》第 13 条规定："公民的合法的私有财产不受侵犯。国家依照法律规定保护公民的私有财产权和继承权。国家为了公共利益的需要，可以依照法律规定对公民的私有财产实行征收或者征用并给予补偿。"财产权是公民享有的一项基本权利，各国宪法都将财产权的保护作为一项基本原则；但同时，《宪法》也规定国家为了公共利益的需要，可以依据法律规定对公民的私有财产实行征收或者征用并予以补偿。在公民的私有财产的征收征用过程中，相关国家机关应当遵守以下三个原则，包括：公共利益原则、依照程序法定原则、依法给予补偿原则。同时，公民也有按照有关规定获得补偿的权利。根据《反间谍法》第 44 条之规定，国家安全机关对于公民或组织在因反间谍工作需要而遭受财产损失时应予以补偿。

第二，公民或组织遭受人身伤害或者死亡的，国家应予以抚恤优待的相关法律规定。《英雄烈士保护法》第 21 条中规定："国家实行英雄烈士抚恤优待制度。英雄烈士遗属按照国家规定享受教育、就业、养老、住房、医疗等方面的优待。”这体现了国家对于公民和组织在保卫国家安全时所造成的人身伤害予以抚恤的相关原则。

案例分析

案例

董某系革命烈士卢兴的遗孀，现年83岁，体弱多病，由孙女卢某长年照顾。2012年，老人原有住房面临拆迁，政府为照顾烈属，特批安置给老人一套房屋，并按老人意愿，在拆迁协议上将孙女卢某加在董某名字后面，注明董某百年后，房屋产权归卢某所有。2016年，董某与卢某领取拆迁安置房，但因老人身体问题一直未办理不动产权登记证。后卢某未经董某同意，擅自将房屋转卖给同事李某。李某向其支付购房款32万余元。2021年，李某起诉卢某、第三人董某，要求办理房屋过户手续，被法院以卢某系无权处分为由驳回诉讼请求。判决生效后，李某仍占有房屋。2022年，董某办理不动产权属证书，后多次要求李某搬出未果，无奈诉至法院，要求李某搬出案涉房屋。江苏省淮安市淮安区人民法院认为，本着优待烈属的原则，政府安置给烈士遗孀董某一套房屋，并充分尊重老人意愿，明确其百年后房屋归孙女所有。现在老人健在，房屋却被其孙女卢某擅自转卖。此举既不合法，又与政府优待烈属的初衷相违背，导致烈士遗孀老无所居。法院从关爱烈属的角度，动员李某主动搬离。经过法院调解，三方当事人达成调解协议，李某同意限期搬出案涉房屋。《中华人民共和国英雄烈士保护法》规定：“国家实行英雄烈士抚恤优待制度，英雄烈士遗属按照国家规定享受教育、就业、养老、住房、医疗等方面的优待。”《关于加强新时代烈士褒扬工作的意见》明确要加强烈属人文关怀和精神抚慰，突出解决烈属家庭后续生活保障、救助帮扶援助等实际问题，优化烈属住房、养老等服务专项优待内容。做好烈属优待工作，让广大烈属享受到应有的优待和国家改革发展成果，是关心关爱烈属的具体举措，也是对革命烈士的告慰。[①]

分析

本案通过司法手段推动落实烈属优待政策，切实解决烈属生活困难，依

① 涉英烈权益保护十大典型案例 [2023-12-11]. https://www.court.gov.cn/zixun/xiangqing/382301.html.

法维护烈属合法财产权利，保障烈属居住权益，实现老有所养、住有所居，是弘扬英烈精神、褒恤烈属的生动司法体现。

关联法规

《反恐怖主义法》第 75 条，《宪法》第 45 条，《刑事诉讼法》第 64 条，《反恐怖主义法》第 76 条，《国家情报法》第 25 条。

习近平法治思想指引

我们的红色江山是千千万万革命烈士用鲜血和生命换来的。江山就是人民，人民就是江山。我们决不允许江山变色，人民也绝不答应。吃水不忘挖井人。新中国成立 70 多年来，经过一代又一代人艰苦奋斗，我们的国家发生了翻天覆地的变化，人民过上了全面小康生活，中华民族屹立于世界民族之林。我们要继续向前走，努力实现中华民族伟大复兴，以告慰革命先辈和先烈。各级党委和政府要关心老战士老同志和革命烈士亲属，让老战士老同志享有幸福晚年，让烈士亲属体会到党的关怀和温暖。红色江山来之不易，守好江山责任重大。要讲好党的故事、革命的故事、英雄的故事，把红色基因传承下去，确保红色江山后继有人、代代相传。

——习近平总书记在辽宁考察时的讲话

（2022 年 8 月 16 日至 17 日）

第八十二条　公民和组织对国家安全工作有向国家机关提出批评建议的权利，对国家机关及其工作人员在国家安全工作中的违法失职行为有提出申诉、控告和检举的权利。

条文解读

本条是关于公民和组织的批评建议权及申诉、控告和检举权的规定。《宪法》第 41 条规定：“中华人民共和国公民对于任何国家机关和国家工作人员，有提出批评和建议的权利。”批评权，是指公民在政治生活和社会生活中，有权对国家机关和工作人员的缺点、错误提出批评意见。建议权是指公民为帮助国家机关及其工作人员改进工作，对国家机关及其工作人员的各项工作，提出意见和建议的权利。国家机关不符合人民利益的所作所为，不限于违法失职方面的行为，还包括其他方面的不负责行为、不适当行为、效率不高行为等。《宪法》第 41 条规定："中华人民共和国公民对于任何国家机关和国家工作人员，有提出批评和建议的权利；对于任何国家机关和国家工作人员的违法失职行为，有向有关国家机关提出申诉、控告或者检举的权利，但是不得捏造或者歪曲事实进行诬告陷害。对于公民的申诉、控告或者检举，有关国家机关必须查清事实，负责处理。任何人不得压制和打击报复。由于国家机关和国家工作人员侵犯公民权利而受到损失的人，有依照法律规定取得赔偿的权利。"申诉权是指公民对本人及其亲属所受到的有关处罚或处分不服，或者受到不公正的待遇，可以向有关国家机关陈述理由、提出要求的权利。控告权是指公民向有关国家机关指控或者告发某些国家机关及其工作人员各种违法失职行为的权利。检举权是指公民对国家机关及其工作人员违法失职行为向有关国家机关揭发的权利。同时，根据宪法和有关法律，对国家机关及其工作人员提出申诉、控告和检举，不得捏造或者歪曲事实进行诬告陷害。同时，对于公民和组织的批评建议权以及申诉、控告和检举权，我国多部单行立法都予以明确规定，例如《反恐怖主义法》《反间谍法》《刑法》等。

案例分析

案例

公民行使批评、建议、申诉、控告和检举权的途径：一是监督信箱及专线。2023 年 4 月 17 日，国家安全部向全社会公布了监督举报专用信箱 100091 信箱—091 分箱，监督举报专用电话 400—040—5198 专线，正式开通国家安全机关监督举报平台，主动接受社会各界监督。二是国家安全机关举报受理平台（www.12339.gov.cn）。三是国家安全机关举报电话"12339"。后两者主要是受理危害国家安全线索举报事项，同时兼受理对国家安全工作人员违法失职行为的控告、检举。①

① 如何监督国家安全机关？进来看！. [2023-12-09]. https://mp.weixin.qq.com/s/gRu8XzJEFx-Y8nPdwgSw6w

分析

国家安全机关监督举报平台的开通，是国家安全部党委贯彻党的群众路线、厚植维护国家安全民心基础的重大创新举措，也是新时代新征程国家安全机关纵深推进全面从严管党治警的重大创新举措。

关联法规

《宪法》第 41 条，《刑法》第 243 条，《反间谍法》52 条。

习近平法治思想指引

推进严格执法，重点是解决执法不规范、不严格、不透明、不文明以及不作为、乱作为等突出问题。要以建设法治政府为目标，建立行政机关内部重大决策合法性审查机制，积极推行政府法律顾问制度，推进机构、职能、权限、程序、责任法定化，推进各级政府事权规范化、法律化。

——习近平总书记在党的十八届四中全会第二次全体会议上的讲话（2014 年 10 月 23 日）

第八十三条　在国家安全工作中，需要采取限制公民权利和自由的特别措施时，应当依法进行，并以维护国家安全的实际需要为限度。

条文解读

本条是关于特别措施遵循合法性和合理性的规定，既是对公民权利的保障，又是对公民义务的克减。国家安全工作的性质决定了在特殊情况下，有关机关及其工作人员有必要采取限制公民权利和自由的特别措施。例如，《宪法》第 40 条规定："中华人民共和国公民的通信自由和通信秘密受法律的保护。除因国家安全或者追查刑事犯罪的需要，由公安机关或者检察机关依照法律规定的程序对通信进行检查外，任何组织或者个人不得以任何理由侵犯公民的通信自由和通信秘密。"根据这一规定，因国家安全的需要，公安机关或者监察机关可以依照法律规定的程序对公民的通信自由和通信秘密进行一定的限制。根据《国家安全法》总则中关于尊重与保障人权的原则的规定，《国家安全法》既是授权法，也是限权法。为了防止权力滥用，即使在特殊情况下也应当最大限度地维护公民的权利和自由，即国家安全机关在采取上述特别措施时，必须依法进行，遵循合法性原则，同时，必须以维护国家安全的实际需要为限度，遵循适当原则。《行政强制法》第 3 条规定："行政强制的设定和实施，应当依照法定的权限、范围、条件和程序。"为了进一步推进依法行政，加快建设法治政府，中共中央、国务院《法治政府建设实施纲要（2021—2025 年）》第 34 条提出："全面加强依法行政能力建设。推动行政机关负责人带头遵守执行宪法法律，建立行政机关工作人员应知应会法律法规清单。坚持把民法典作为行政决策、行政管理、行政监督的重要标尺，不得违背法律法规随意作出减损公民、法人和其他组织合法权益或增加其义务的决定。"一般而言，合法性原则要求，采取限制公民权利和自由的特别措施的权限、范围、条件和程序都应当依法进行。此处采取的特别措施也应以国家安全实际需求为限。相关法律在规定特别措施时，会留有一定的自由裁量的余地，但为了防止自由裁量权的滥用，在采取特别措施时，既要合法，也要适当、合理，即实施的特别措施应以维护国家安全实际需要为限。例如，《突发事件应对法》规定："突发事件的威胁和危害得到控制或者消除后，履行统一领导职责或者组织处置突发事件的人民政府应当停止执行依照本法规定采取的应急处置措施。"《人民警察使用警械和武器条例》第 7 条规定，人民警察遇有八类情形，经警告无效的，可以使用警棍、催泪弹、高压水枪、特种防暴枪等驱逐性、制服性警械，但是人民警察依照规定使用警械，应当以制止违法犯罪行为为限度；当违法犯罪行为得到制止时，应当立即停止使用。相关法律法规均对在国家安全工作中公民的权利和自由进行了保障。

案例分析

案例

成某，女，1975 年 6 月生，澳大利亚籍，原系境内媒体聘用人员。2020 年 5 月，成某受某境外机构人员攀拉，违反与聘用单位签署的保密条款，非法将工作中掌握的国家秘密内容通过手机提供给该境外机构。北京市国家安全局经立案侦查，于 2020 年 8 月对成某依法采取刑事强制措施。成某到案后，如实供述犯罪事实，自愿认罪认罚。北京市第二中级人民法院经开庭审理，以为境外非法提供国家秘密罪判处成某有期徒刑 2 年 11 个月，附加驱逐出境。成某未提起上诉。2023 年 10 月 11 日，澳大利亚籍人员成某在服刑期满后，被北京市国家安全局依法执行驱逐出境。[①]

分析

从本案中可以看出，北京市国家安全局对成某采取刑事强制措施、执行驱逐出境等限制公民权利和自由的特别措施时，严格依照法律规定，并以维护国家安全的实际需要为限度。

关联法规

《宪法》第 40、37 条，《刑事诉讼法》第 75、81、85、151 条，《国家情报法》第 27 条。

习近平法治思想指引

坚持全面推进科学立法、严格执法、公正司法、全民守法。要继续推进法治领域改革，解决好立法、执法、司法、守法等领域的突出矛盾和问题。

——习近平总书记在中央全面依法治国工作会议上的讲话

（2020 年 11 月 16 日至 17 日）

① 澳大利亚籍人员成某被国家安全机关依法执行驱逐出境 . [2023-12-11]. https://www.takefoto.cn/news/2023/10/11/10589688.shtml.

第七章　附　则

第八十四条　本法自公布之日起施行。

条文解读

附则是附在法律、法规后面的规则，与法律、法规的其他组成部分具有同等的法律效力。从立法实践来看，附则主要对以下内容作出规定：一是名词、术语的定义，二是适用范围，三是解释权，四是与其他法律、法规的关系，五是实施时间。本法根据需要，在附则中对本法的实施日期进行了规定，即“本法自公布之日起施行”。

图书在版编目（CIP）数据

国家安全法释义与适用 / 周尚君主编. -- 北京 : 中国人民大学出版社, 2024. 9. --（领导干部应知应会党内法规和国家法律丛书 / 付子堂, 林维总主编）.
ISBN 978-7-300-33144-7

Ⅰ. D922.145

中国国家版本馆 CIP 数据核字第 20243P0V60 号

领导干部应知应会党内法规和国家法律丛书

总主编　付子堂　林　维

国家安全法释义与适用

主　编　周尚君

Guojia Anquan Fa Shiyi yu Shiyong

出版发行　中国人民大学出版社

社　　址　北京中关村大街 31 号　　**邮政编码**　100080

电　　话　010–62511242（总编室）　　010–62511770（质管部）

010–82501766（邮购部）　　010–62514148（门市部）

010–62515195（发行公司）　　010–62515275（盗版举报）

网　　址　http:www.crup.com.cn

经　　销　新华书店

印　　刷　天津中印联印务有限公司

开　　本　720 mm × 1000 mm　1/16　　**版　　次**　2024 年 9 月第 1 版

印　　张　15.5 插页 1　　**印　　次**　2024 年 9 月第 1 次印刷

字　　数　250 000　　**定　　价**　58.00 元